Norbert Hummelt
Klaus Siblewski

Wie Gedichte entstehen

Norbert Hummelt
Klaus Siblewski

Wie Gedichte entstehen

Sammlung Luchternhand

Ästhetik des Schreibens, Band 4,
herausgegeben von Hanns-Josef Ortheil

MIX
Papier aus verantwortungsvollen Quellen
Paper from responsible sources
FSC® C105338

Penguin Random House Verlagsgruppe FSC® N001967

2. Auflage
Originalausgabe
© 2009 Luchterhand Literaturverlag
in der Penguin Random House Verlagsgruppe GmbH,
Neumarkter Str. 28, 81673 München
produktsicherheit@penguinrandomhouse.de
(Vorstehende Angaben sind zugleich
Pflichtinformationen nach GPSR)

Satz: Greiner & Reichel, Köln
Printed in Germany
ISBN 978-3-630-62166-1

www.luchterhand-literaturverlag.de

Gedichte stehen am Anfang aller Literatur. Ihr Ursprung liegt im Ritus, und bis heute kann man ihnen anmerken, dass sie aus Gesängen und Zauberformeln hervorgegangen sind. Die meisten Menschen lernen Gedichte schon in früher Kindheit kennen, als Wiegenlied oder Abzählreim. In der Pubertät versucht sich fast jeder selbst einmal an einem solchen Gebilde, später tritt diese Beschäftigung zurück, und wenn man sich in einer Buchhandlung umschaut, kann man die Lyrik glatt übersehen. Doch trotz der marginalen Lage dieser Gattung auf dem Buchmarkt werden Gedichte auch heute noch in großer Zahl und Vielfalt geschrieben. Unter künstlerischen Gesichtspunkten ist die Situation der deutschsprachigen Lyrik gerade zur Zeit sogar ausgesprochen interessant. In Literaturzeitschriften finden erregte Debatten statt, welche Schreibweise heute angemessen ist, und dabei herrscht an ästhetischen Grundsatzerklärungen kein Mangel. Anthologien, die eine neue Autorengeneration vorstellen, gibt es ebenso wie Lehrbücher, die das klassische Repertoire der Vers- und Strophenformen erklären.

Eine wichtige Frage aber ist bislang merkwürdig unterbelichtet: wie Gedichte eigentlich entstehen. Selbst in Poetikvorlesungen bedeutender Autoren wird sie kaum berührt. Das könnte daran liegen, dass es zwei sehr unterschiedliche Grundannahmen gibt, die sich kaum miteinander vertragen: auf der einen Seite die sogenannte Genie-Ästhetik, die das Gedicht als rätselhaften Wurf ansieht, dem man sich mit analytischen Fragen gar nicht nahen darf. Auf der anderen Seite die Vorstellung, dass sich alle Kunst auf kalkuliert eingesetztes Handwerk zurückführen lässt. Beide Annahmen greifen jedoch zu kurz, und so fehlt es bis heute an einer grundsätzlichen und zugleich praxisnahen Darstellung und Reflexion des Vorgangs, in dessen Verlauf Gedichte aus dem Kopf eines Autors auf ein Blatt Papier und in ein Buch gelangen.

Das vorliegende Buch versucht, diese Lücke zu schließen, indem es aus zwei verschiedenen Perspektiven die Entstehung von Gedichten beleuchtet: aus der Sicht eines Lyrikers und der eines Lektors. Beide arbeiten seit zwölf Jahren zusammen und stehen seither in einem intensiven Gespräch. Während der Lyriker die eigene Erfahrung des Schreibens zur Grundlage seiner Überlegungen über das Entstehen von Gedichten nimmt, bildet für den Lektor am anderen Ende des Schreibtischs die Arbeit mit den verschiedensten Autoren, deren Gedichtbände er im Verlag ermöglicht und begleitet hat, den Ausgangspunkt seiner Darstellung.

Dabei wird das Entstehen von Gedichten in drei Phasen erfasst, die jeweils ausführlich erörtert werden: der Einfall – das Gedicht – der Gedichtband. Die Phasen bedingen und durchdringen einander, aber jede dieser Phasen hat ihre eigenen Problemstellungen. So wird die Frage, wie ein Lyriker eigentlich zu seinen Einfällen kommt, zwar häufig und gerade im Anschluss an Lesungen immer wieder gestellt, aber fast immer nur salomonisch beantwortet, da die meisten Lyriker darauf bedacht sind, ihre

Betriebsgeheimnisse zu hüten. Ziel der Darstellung dieser ersten Phase ist es, die anspruchsvollen Theorien, die zur Frage der Eingebung existieren, an die tatsächliche Schreibpraxis rückzubinden. Wann und wie diese Einfälle notiert werden, auf welchen Schreibgeräten erste Entwürfe entstehen, wie diese korrigiert und am Ende in eine Reinschrift überführt werden, gehört zur zweiten Phase, dem eigentlichen Schreibprozess. Und letztlich wird ein besonders wenig beachteter Arbeitsschritt ebenso ausführlich beleuchtet: wie aus lauter Einzelstücken ein Gedichtband komponiert wird, wie er seinen Platz in einem Verlagsprogramm findet und so am Ende zu den Lesern von Gedichten gelangt.

Da der an diesem Buch beteiligte Lyriker Gedichte schreibt, in denen autobiographische Motive eine Rolle spielen, und er überdies der Meinung ist, dass Leben und Schreiben zusammengehören, sind in seine Darstellung einige zufällige, für sein Schreiben jedoch folgenreiche biographische Aspekte eingeflossen; mit dem Gedanken, dass Übertragbarkeit nicht aus Verallgemeinerung, sondern aus Konkretion erwächst. Deshalb wird auch die Frage gestellt, wie man überhaupt dazu kommt, Gedichte zu schreiben und sich ihnen dauerhaft zu widmen. Und so treffen sich Leser und Autoren von Gedichten in der Überzeugung, dass sie sich ein Leben ohne Gedichte weder wünschen noch vorstellen können.

Norbert Hummelt, Klaus Siblewski
Berlin/München, Oktober 2009

Norbert Hummelt

Wie Gedichte entstehen – Teil 1

Er ging langsam und sinnend seine Straße,
denn er musste ja einen Vers ersinnen.

Wilhelm Hauff, *Das kalte Herz*

I. DER EINFALL

Ursprünge

Eines weiß ich merkwürdigerweise immer: wann und wo mir der Einfall zu einem Gedicht gekommen ist. Vielleicht prägt es sich deshalb gut ein, weil mir Einfälle nie am Schreibtisch kommen, sondern unterwegs. Ich vergesse es auch nach Jahren nicht, dabei ist dieses Wissen nutzlos, denn produktiv gemacht werden kann es nicht – die Rückkehr an einen Ort, an dem ich geschrieben habe, erscheint mir zwar manchmal reizvoll, aber dann ist wieder eine andere Stunde, die für nichts garantiert, und der konfuse Lauf der Gedanken, der einmal auf etwas Bestimmtes führte, das ich mir merken konnte oder musste, ist stets und allerorten ein anderer.

An einem Tag im September 2000 fuhr ich abends mit dem Fahrrad durch Köln. Ich kam aus einem Krankenhaus in der Südstadt, wo ich eine Freundin in der Psychiatrie besucht hatte, und war auf dem Weg nach Hause. Sie war Künstlerin und hatte eine bipolare Störung, helfen konnte ich ihr nicht. Ohne schlüssigen Grund kam mir in dieser Stunde ein Scherz meines Vaters in den Sinn, den er gelegentlich zum Besten gab, auf meine Kosten. Er sagte: »Du wirst bestimmt mal Dichter werden, und wenn du Rohrabdichter wirst.« Dass ich tatsächlich einmal Gedichte schreiben und daraus sogar einen Beruf machen würde, hat er nicht mehr erlebt, denn er starb, als ich 16 war. Bis zu diesem Zeitpunkt hatte ich genau ein Gedicht geschrieben, von dem ich nicht weiß, ob ich es ihm zeigte und damit vielleicht Anlass zu seinem Spott gab; auch hatte ich lange nicht an dieses Gedicht gedacht, bis ich es eines Tages zwischen alten Heften entdeckte. Mittlerweile ist dieses Gedicht wieder verschwunden, so dass ich langsam Zweifel hege, ob es überhaupt je entstand. Ich sehe es aber genau vor mir, auf einem gelochten DIN-A5-Blatt mit Rechenkästchen, mit Kugelschreiber beschrieben. Es hieß *Herbst am Fluß* und war in Stabreimen verfasst. Um diese kenntlich zu machen, hatte ich die alliterierenden Anfangsbuchstaben mit Kuli gefettet. Ich erinnere die Zeilen: »Wolken seh nach Westen ich wandern«, »Weit noch ist mein Weg« und »Es nahet die Nacht«. Als ich das schrieb, war ich vielleicht zehn oder elf und las *Die Sagen der Germanen*, herausgegeben von Edmund Mudrak. Dort fand ich die folgenden Verse aus der Edda, die mich zweifellos zu meinem ersten Gedicht anregten: »Urzeit war es, / da nichts noch war: / Nicht war Sand noch See / noch Salzwogen, / nicht Erde unten, / noch oben Himmel. / Gähnung grundlos, / doch Gras nirgends.« Am Anfang war also der Nachahmungstrieb, die wichtigste Voraussetzung für jede Kunstanstrengung, wenn auch meinem ersten Versuch lange kein weiterer folgte. Es ist aber gut möglich, dass die Verse aus dem Altisländischen, ein Gesang von der Erschaffung der Welt, meine erste Begegnung mit schriftlich fixierter Lyrik überhaupt waren.

Lyrik wurde bei uns zu Hause nicht gelesen, dennoch umgaben mich Gedichte in Form von Liedern und Gebeten, Letztere bekam ich täglich zu Gehör und lernte sie mitzusprechen, lange bevor ich sie verstand. Vor warmen

Mahlzeiten beteten wir *Aller Augen warten auf dich,* nach dem Essen eine kleine Litanei, bestehend aus einem Dankgebet, einem Ave Maria und einer Fürbitte für die Toten. Die Litanei konnte aber verkürzt werden, wenn es schnell gehen musste, und in Fällen großer Eile pflegte mein Vater sie durch ein bündiges »Gut geschmeckt, lecker geschmeckt, Amen« zu ersetzen. Der einzige Lyriker, den er im Munde führte, war Wilhelm Busch, denn wann immer es passte oder nicht, warf er – recht frei nach Busch – ein »Kaum war diese Tat geschehen, hörte man auch schon ein Krähen« in die Runde. Der gereimte Zweizeiler war die ihm gemäße Ausdrucksform, er produzierte Zweizeiler auch selbst, im Spazierengehen, wenn wir eine Viehweide passierten: »Guten Tag, ihr Kühe, gebt euch keine Mühe.« Das aufzuschreiben wäre ihm nie in den Sinn gekommen, er hatte es ja im Kopf, und so existierten auch die Lieder, die zu meiner Kindheit gehörten, nur mündlich und auswendig. Sie waren da wie Naturdinge, über deren Entstehung man nicht nachdenken muss. Als ich dann lesen konnte und während der Messe das Gesangbuch studierte, fiel mir auf, dass unter jedem Lied die Urheber von Text und Melodie genannt wurden, und es ergab sich, dass einige der Lieder, die mir am besten gefielen, sogar vom selben Dichter herrührten, nämlich von Friedrich Spee. Dass aber auch viele der Lieder, die wir beim Wandern sangen, nicht anonyme Früchte vom Baum der Überlieferung, sondern von Dichtern bewusst und mit Kunst verfasste Gebilde waren, konnte ich erst später recherchieren. Und weiß so, dass jenes *Heut' noch sind wir hier zu Haus, morgen geht's zum Tor hinaus,* das meine Mutter auf jedem Gang anstimmte, nicht immer schon da war, sondern von Hoffmann von Fallersleben stammt.

Nach meinem ersten Gedicht wechselte ich in die erzählende Prosa, aber nur kurz. Mit etwa zwölf plante ich, Reiseerzählungen im Stil von Karl May zu schreiben, und legte dafür ein Werkverzeichnis an. Es entstand jedoch nur eine einzige kurze Erzählung, deren Held Old Knife hieß und die mit dem Satz begann: »Wer schon einmal droben in Montana gewesen ist, kennt auch den Yellowstone River.« Danach wechselte ich in den Sportjournalismus, in dem ich weit größere Ausdauer bewies, denn von meinem 13. Lebensjahr an gab ich sechs Jahre lang das *Neusser Tipp-Echo* heraus. Es war das meist aus zwei eng betippten DIN-A4-Seiten bestehende Mitteilungsblatt eines Clubs, in dem nach einem von mir erdachten System alle aktuellen Fußballspiele getippt werden mussten, und enthielt neben der Tipp-Tabelle meine Leitartikel zur Bundesliga und Nationalmannschaft. Diese Artikel las mein Vater alle, denn er musste sie auf dem Büro fotokopieren, und ich vermute, dass es diese Texte waren, die seinen auf mich gemünzten Dichter-Scherz inspirierten. Er selbst hatte beruflich deutlich mehr mit Rohrabdichtern als mit Literaten zu tun. Als Angestellter einer Wohnungsgenossenschaft war er für die Aufträge an die Handwerker zuständig. 1938 hatte er seine kaufmännische Lehre bei dieser Genossenschaft begonnen, nach nur acht Jahren Volksschule. Der Hitlerjugend gehörte er nicht an. Das wesentliche Bildungserlebnis seiner Jugend war sein Dienst als Ministrant. Er lernte die lateinischen Messtexte sprechen, ohne sie zu verstehen, aber das musste er auch nicht, weil er die rituellen Handlungen sehen konnte, die von den Worten begleitet oder bewirkt wurden. Im Krieg war er Funker an der Ostfront und kam bis auf die Krim. Seinen Feldpostbriefen kann ich entnehmen, dass er von seinem Wehrsold Bücher kaufte, die er nach Hause schickte, damit seine Mutter sie für ihn aufbewahrte. Zu seinen Lektüren dieser Zeit gehört eine umfangreiche Monographie über den Apostel Paulus. Er legte so den Grundstock für seine kleine Bibliothek, die das geistige Klima meiner Kindheit prägte, wenn ich von den Büchern auch lange Zeit nur die Rücken sah. Es waren theologische und zeitgeschichtliche Werke, aber auch Belletristik war dabei wie die Erzählungen des flämischen Dichters Felix Timmermans, die er mir vorlas; manches von Heinrich Böll, Edzard Schaper, Peter Bamm oder Pearl S. Buck. Einige dieser Bücher las ich nach seinem Tod und sie beschäftigen mich bis heute, wie Reinhold Schneiders Essaysammlung *Macht und Gnade* oder die Schriften des Religionsphilosophen Romano Guardini. Dazwischen nur ein einziger schmaler Lyrikband, Gertrud von Le Forts *Hymnen an die Kirche,* von dem mir meine Mutter einmal sagte, mein Vater habe das gemocht, sie selbst aber habe es furchtbar gefunden.

Da mein Vater zu früh starb, um meine Berufswahl beeinflussen zu können, frage ich mich bis heute, was er von meinen Gedichten halten würde, erst recht von denen, die seinem Leben und meinen Erinnerungen an ihn gelten. Manchmal denke ich, dass ich gar nicht auf das Schreiben von Gedichten verfallen wäre, wenn er länger gelebt hätte, aber das ist, wie jede Vermutung über die Gründe des Schreibens, reine Spekulation. Ganz sicher aber hat sein Tod und der Umstand, dass ich ihn bis heute vermisse, mein Verständnis dessen geformt, was ein Gedicht können sollte: Es soll das Abgesunkene und das Vergangene, das weit Entfernte und das Verlorene wieder

heranholen und gegenwärtig machen, in den sinnlichen
Formen von Bild und Klang. Es soll auch das immer
nur im Augenblick Gegenwärtige, die Menschen und die
Dinge, die Luft und das Licht, Gedanken und Gefühle in
Worte verwandeln und sie so im Bewusstsein dauerhaft
anwesend halten, wenn auch hinter der Glasscheibe der
Sprache, wenn auch nur für die Dauer des Gedichts, die
sehr kurz und sehr lang sein kann, je nachdem, ob man
es nur liest oder es auch im Kopf behält, vielleicht für
immer. Es dauerte nach seinem Tod jedoch sieben Jahre,
bis ich wirklich mit dem Schreiben begann, weitere sechs,
bis ich erstmals in Gedichten auf seinen Tod und dann
auf sein Leben und auf mein eigenes zu sprechen kom-
men konnte, und bis zu jenem Septemberabend, als ich
auf dem Fahrrad durch Köln fuhr und mir sein Spruch
über Dichter und Rohrabdichter wieder einfiel, gingen
weitere acht Jahre ins Land. Der flüchtige Gedanke wäre
allerdings an der nächsten Straßenecke schon verpufft
gewesen, wenn ich nicht plötzlich eine gereimte Antwort
auf seinen Scherz im Kopf gehabt hätte. »Du wirst be-
stimmt mal Dichter werden, und wenn du Rohrabdichter
wirst: So sprach zu mir mein Vater, dieser Dichterfürst.«
Das allein war zwar noch kein Gedicht, aber es bewirkte
sofort, dass ich die mich belastenden Eindrücke aus der
Psychiatrie abschütteln und meine Gedanken auf meinen
Vater fokussieren konnte. Und dann sah ich ihn vor mir
für einen Augenblick, wie er in einem seiner karierten
Hemden, in Cordhose und grauem Sakko die Wohnung
verließ, um im Kiosk am Bahndamm Zigaretten zu holen,
Ernte 23, die er seit dem Krieg rauchte, bis ihn ein erster
Herzinfarkt davon abbrachte. Dieses Bild war wieder da
in meinem Kopf, vollkommen plastisch, als sei es niemals

weg gewesen. Eine Epiphanie, und als ich das Fahrrad im Hof abschloss, war das kurze Gedicht, das sie bannen sollte, bereits fertig, ich musste es nur noch aufschreiben.

aus der kindheit[1]

»du wirst bestimmt mal dichter werden
u. wenn du rohrabdichter wirst«, so
sprach zu mir mein vater, dieser dichterfürst
u. ging zum büdchen zigaretten holen u.
für mich einfacheiscreme in stanniolpapier.

Mit diesem kurzen Gedicht gelang es mir, eine über zwei Monate während Schreibblockade zu brechen, die nach der Fertigstellung eines wesentlich längeren Gedichts, der 225 Zeilen umfassenden Verserzählung *früchte,* im verregneten Sommer des Jahres 2000 eingetreten war. Das Schreiben und Datieren dieses Gedichts bewirkte außerdem, dass ich mir diesen Tag – es war der 14. September – überhaupt einprägen konnte, denn Tagebuch habe ich niemals geführt. Wie es aber letztlich kam, dass ich in dieser Stunde und in keiner anderen dieses weit zurückschauende Gedicht schreiben konnte, dessen Stoff bereits seit über 20 Jahren fertig für mich bereitlag, blieb vollkommen unerfindlich. Was zählt, ist der gelebte Augenblick, den das Gedicht verewigt, wenn ich aufhöre, sein Autor zu sein, und beginne, sein Leser zu werden und es als etwas zu betrachten, das keineswegs von mir ist, sondern schon immer da gewesen zu sein scheint, eine Postkarte, ein Foto, ein Brief, der nur verlegt war. Zuerst aber

---

1 Norbert Hummelt, *Zeichen im Schnee,* Luchterhand Literaturverlag 2001, S. 40.

zählt auch das nicht, sondern allein die innere Sammlung, die durch das Einsetzen des Schreibens sofort bewirkt wird, und die sich daran anschließende Euphorie, die die konzentrierte Arbeit am Gedicht verschafft, wenn sich die Möglichkeit des Gelingens abzeichnet. Wenn es stimmt, was George Steiner schreibt, dass Denken traurig macht, weil es flüchtig, unbegrenzt und nicht fassbar bleibt, dann macht Dichten glücklich, weil es das Flüchtige in eine Form bannt, die alles nicht in ihr Erfasste ausschließt. Und wenn ich selbst derjenige bin, der diese Form erschafft, dann ist das, für Sekunden, ein Allmachtsgefühl. Die Freude des Lesers mag lang sein, die des Schreibenden ist deutlich begrenzt, sie hält nur wenig länger als der eigentliche Schreibprozess an und endet, wenn das flüchtige Denken wieder einsetzt. Das Schreiben von Gedichten wirkt wie keine andere mir bekannte geistige Tätigkeit entlastend und befreiend für eine kurze Spanne Zeit, bis die Flüchtigkeit von neuem Raum greift, in Köln, im September, im Kopf und überall.

Theorien der Eingebung

Der zündende Einfall, der das Schreiben eines Gedichts in Gang setzt, kommt für mich immer überraschend. Ihm vorzugreifen durch planmäßiges Vorgehen bedeutet Unglück, und dieses Unglück tritt in Form von Gedichten ein, die ich besser nicht geschrieben hätte. Es fehlt ihnen das Lebendige, ein Glanz oder auch nur ein Schimmer, der nicht mutwillig erzeugt werden kann, sondern sich der Gnadengabe verdankt, die man Eingebung oder Einfall nennt. Dieser Einfall ist nur der Auslöser, aber ohne ihn geht nichts, und wenn er ausbleibt, bin ich als Lyriker zur Untätigkeit verdammt. Diese Untätigkeit kann, wenn sie länger anhält, zu großer Niedergeschlagenheit führen, und das ist der Grund, warum sich Lyriker wie auch andere Künstler mit dieser Abhängigkeit vom Unverfügbaren schwertun, und so sehr sie auch davon überzeugt sein mögen, dass sich ihr Werk der Planbarkeit entzieht, werden sie immer wieder auf Möglichkeiten sinnen, diese schwer begreifliche, aber deutlich fühlbare Gesetzmäßigkeit zu durchkreuzen. Oder sie überhäufen sich mit Arbeiten anderer Art, um die Leere nicht zu fühlen, die das Ausbleiben des Einfalls aufreißt. Und gerade dann, wenn sie von Ansprüchen, die vielleicht ihr bürgerlicher Beruf oder ihr Privatleben an sie stellt, sich nahezu erdrückt fühlen, kann es geschehen, dass das Gedicht mit großer Macht sein Recht fordert, nämlich die ausschließliche Aufmerksamkeit des Schreibenden, der dann für die Dauer seines Schaffens nicht mehr ansprechbar ist und somit für die menschliche Gemeinschaft nicht mehr taugt.

Gottfried Benn beschreibt die Entstehung seines frühen Zyklus *Morgue* als jähen Vorgang, der in einer ärztlichen Stresssituation einsetzt. »Als ich die *Morgue* schrieb, mit der ich begann, (…) war es abends, ich wohnte im Nordwesten von Berlin und hatte im Moabiter Krankenhaus einen Sektionskurs gehabt. Es war ein Zyklus aus sechs Gedichten, die alle in der gleichen Stunde aufstiegen, sich herauswarfen, da waren, vorher war nichts von ihnen da; als der Dämmerzustand endete, war ich leer, hungernd, taumelnd und stieg schwierig hervor aus dem großen Verfall.«[1]

---

1 G. Benn, »Lebensweg eines Intellektualisten«, in: ders., *Prosa und Autobiographie*, S. Fischer 1984, S. 376.

Dass man auch selbst Gedichte schreiben könne, darauf sei er nie gekommen, sagte mir einmal mein Onkel, als ich ihn nach einem Besuch bei mir in Köln zur S-Bahn brachte. Ich schloss daraus, dass er diese Tätigkeit nicht von vornherein verwerflich fand, und fast klang so etwas wie Trauer über eine ungelebte Möglichkeit in seinen Worten an. Mein Onkel war nach dem Tod meines Vaters der einzige ältere Mann in der Familie, und er nahm an meinem Weg in die freie Existenz des Schreibens einen gewissen Anteil, wenn er es auch lieber gesehen hätte, dass ich Lehrer geworden wäre, diesen Beruf übte er nämlich selbst aus. Er interessierte sich vor allem für die Zeitungsartikel, die ich schrieb, las aber auch in meinen Gedichten und fand zumindest eines richtig gut, das *bukolische sonett,* in dem sich alle vierzehn Zeilen auf *-achte* reimen. Er schenkte mir einmal einen Band von Ringelnatz und hätte es wahrscheinlich gut gefunden, wenn ich insgesamt eher in die humoristische Richtung gegangen wäre. Dass ich es nach seinem Tod in einigen Gedichten unternommen habe, seinen Schatten zu beschwören, wäre ihm vermutlich unheimlich gewesen. Er fehlte mir jedoch, und ich hatte das Gefühl, dass unser Gespräch gerade erst begonnen hatte in dem Moment, als es für immer abriss. Aus seinem Nachlass durfte ich mir ein paar Bücher aussuchen, und ich war sehr überrascht, dass ich dabei ein Reclam-Heft mit den Gedichten Stefan Georges entdeckte. Ich wusste nicht, dass er einmal George gelesen hatte, und hätte mich gern mit ihm darüber ausgetauscht, so wie ich auch mit meinem Großvater gern über Eichendorff gesprochen hätte, doch er starb wenige Wochen nach meiner Geburt.

Von dieser Seite, der mütterlichen, mag eine gewisse Offenheit gegenüber dem Lyrischen angelegt sein. Aus den Büchern meines Großvaters kamen zwei Bände Eichendorff auf mich, eine Gedichtauswahl und ein Novellenband. Die Neigung zur romantischen Melancholie wurde von meiner Mutter geteilt, jedoch zum Unwillen meiner Großmutter. In einer Szene, von der ich nicht mehr weiß, inwieweit meine Mutter sie mir so erzählte und inwieweit sie meiner Phantasie entsprang, denn sie fand Eingang in das Gedicht *margueriten,* sehe ich meine Mutter in der Küche der großelterlichen Wohnung am Bügelbrett stehen, sie singt dabei *In einem kühlen Grunde, da geht ein Mühlenrad,* wohl ohne zu wissen, dass dieses von Friedrich Silcher vertonte Lied auf ein Eichendorff-Gedicht zurückgeht, und wird von ihrer Mutter gebeten, dieses Singen sein zu lassen oder nicht immer nur so traurige Lieder zu singen, in diesem Moment gehen die Sirenen, sie packen die Koffer und eilen zum Bunker, es ist Fliegeralarm. Während mein Vater seine Fronterlebnisse auf lustige Anekdoten verkürzte und ich nur von meiner Mutter weiß, dass er bis zu seinem Tod vom Krieg träumte, hat meine Mutter mir häufig vom Luftkrieg berichtet. Wenn wir im Hunsrück wanderten, wo wir oft in meiner Kindheit Ferien machten, lösten die Überschallflüge der dort stationierten Amerikaner bei meinen Eltern stets die sofortige Erinnerung an den Krieg aus, so dass ich nach und nach das Gefühl bekam, die Bombennächte sogar selbst noch miterlebt zu haben. So bin ich zu der Überzeugung gelangt, dass dieser Kriegshintergrund, der im Erzählen wie im Verschweigen zu meiner Kindheit gehörte, für mein Schreiben eine Rolle spielt.

Vielleicht ist die Faszination, die enge, dunkle Behausungen auf mich ausüben, eine erblich bedingte Bunkererinnerung. Oder es sind frühkindliche Bilder, Eindrücke aus den Zimmern, die ich zuallererst erblickte; manchmal fällt ein Strahl Erinnerung auf sie, so dass ich sie kurz wiedersehen kann, und die Gedichte spüren ihnen umso länger nach. Der englische Dichter Ted Hughes führt sein Schreiben auf einen Eindruck zurück, der ebenfalls von Enge und Düsternis geprägt ist: »Der eindrucksvollste Gefährte meiner frühen Kindheit war eine düstere Felswand oder das, was wie eine düstere Felswand aussah, in südlicher Richtung von unserem Haus; eine Mauer aus Stein, an der steil der Wald emporkroch und den halben Himmel ausfüllte, so dass im Winter die Sonne gerade noch darüber hinwegkam. Das war das *memento mori* meiner Geburt: meine spirituelle Hebamme und seither mein Pate – oder einer meiner Paten. Seit meinem ersten Lebenstag beobachtete sie mich. Wenn sie mich nicht direkt sehen konnte, als aufragende Düsternis über meinem Kinderwagen, beobachtete sie mich durch eine Art Periskop und durchsetzte sogar das Licht in meinem Zimmer mit ihrem besonderen Schatten.«[1] Meine spirituelle Hebamme ist der Ort, den ich öfter als jeden anderen in Gedichten aufsuche: die großelterliche Wohnung, in die meine Mutter mich als Säugling mitnahm, als sie an einer Wochenbettdepression litt; zwei Zimmer mit Wohnküche, in der wir jeden Sonntag zum Kaffeetrinken erwartet wurden. Ihre Wände waren mit alten Stichen und zahllosen Kalendern zugedeckt, die nicht regelmäßig abgerissen wurden, dazwischen hingen Wand-

---

1 Ted Hughes, *Wie Dichtung entsteht. Essays,* ausgewählt und übersetzt von Jutta Kaußen, Wolfgang Kaußen und Claas Kazzer, Insel Verlag 2001, S. 9.

uhren, von denen keine richtig ging, sie schlugen zu allen möglichen Zeiten, und wenn einmal nicht geredet wurde, waren die Bewegungen des Kanarienvogels vernehmbar, der von einer Stange zur anderen hüpfte. Dort fühlte ich mich zugleich geborgen und verloren, ein ambivalentes Gefühl, das dem Schreiben von Gedichten förderlich ist. Den Kreis der frühen Bilder immer wieder abzuschreiten, einem rilkeschen Panther gleich, der die Stäbe abgehen muss, die ihn einschließen, ist eine der Reisen, auf die mich das Dichten geschickt hat.

Wie ich aber letztlich aufs Gedichteschreiben gekommen bin, darauf konnte ich meinem Onkel keine vernünftige Antwort geben. Ich konnte ihm nicht von einem Initiationserlebnis berichten, wie Friederike Mayröcker es für sich geschildert hat, die zu Pfingsten 1939 einen brennenden Dornbusch sah, sich bei diesem Dornbusch niedersetzte und in seinem Schatten ihr erstes Gedicht schrieb. In einem brennenden Dornbusch am Berge Horeb offenbarte sich Gott dem Mose und teilte ihm seinen geheimen Namen mit. Am Pfingsttag kam in Jerusalem der Heilige Geist in Form von Feuerzungen über die versammelte Gemeinde, wie in der Apostelgeschichte erzählt wird: »Da entstand plötzlich vom Himmel her ein Brausen, gleich dem eines daherfahrenden heftigen Windes, und erfüllte das ganze Haus, wo sie saßen. Es erschienen ihnen zerteilte Zungen, wie von Feuer, und als sich je eine auf jeden einzelnen von ihnen niederließ, wurden alle vom Heiligen Geiste erfüllt und fingen an, in verschiedenen Sprachen zu sprechen, so wie der Geist ihnen eingab, zu reden.«[1] Die

---

1 Apg 2, 2–4.

Apostel waren nunmehr Sprachbegabte und Begeisterte, sie waren ein für allemal inspiriert und konnten so das Wort Gottes zu allen Völkern bringen.

Der Gedanke, dass sich die Inspiration göttlichen Quellen verdankt, begegnet bereits Platon. Im »heiligen Wahn«, der mit Gewalt den Sänger ergreift, wie Hölderlin in *Brod und Wein* beschreibt, wird der gewöhnliche Zustand des Menschen aufgehoben. Die Lehre von der göttlichen Eingebung der Schrift war seit dem Mittelalter eine Domäne der Theologen und lange allein auf die Bibel bezogen. Spätestens im Barock scheint sich eine Ausweitung dieses Gedankens auf die geistliche Dichtung ereignet zu haben, wie eine Liedstrophe von Tobias Clausnitzer zeigt: »Unser Wissen und Verstand ist mit Finsternis umhüllet, wo nicht Deines Geistes Hand uns mit hellem Licht erfüllet; gutes Denken, Tun und Dichten musst Du selbst in uns verrichten.« Das selbstbewusste Gegenprogramm zu diesem demütigen Einverständnis mit der Unverfügbarkeit der himmlischen Gaben formuliert Goethe im *Prometheus*. Prometheus hat den Göttern das heilige Feuer entwendet und sich damit die Verfügungsgewalt über das Schöpferische, den göttlichen Funken, verschafft. Wenn er auch zur Strafe dafür an den kaukasischen Felsen gefesselt wurde, wo ein Adler täglich seine Eingeweide fraß: Der Gedanke, Menschen formen zu können nach dem eigenen Bilde und nicht mehr von den Ratschlüssen der Götter abhängig zu sein, war ein für allemal in der Welt. Goethes frühe Erlebnisgedichte zeigen dabei einen ganz neuen Weg, woher der Dichter die Einfälle nehmen kann: aus den Tiefen des eigenen, erregbaren Gemüts, das von der größten Lust bis zur tiefsten Niedergeschlagenheit alle Stufen der Existenz in sich birgt. Allerdings bedarf es einer unbestellbaren Reizung von außen, um diese schöpferischen Erregungszustände zu erzeugen. Goethe hatte kein Problem damit, dass solche Augenblicke geschenkt sein mussten, denn er war zeitlebens mit Einfällen gesegnet. Seinem unverkrampften Schaffensdrang steht Schiller als Typus eines Dichters gegenüber, der die Eingebung mit dem Willen zwingen will. Thomas Mann hat diesen Gegensatz in seiner Erzählung *Schwere Stunde* deutlich ausgemalt: Während Schiller in Jena Nacht um Nacht verquält um die Vollendung des *Wallenstein* ringt, schickt er manchen neidischen Gedanken nach Weimar hinüber, wo dem Kollegen Goethe die Einfälle nur so in den Schoß fallen. Dieser Gegensatz ist natürlich überspitzt. Bis zu einem gewissen Grad gehören beide Momente, das Intuitive und das Konstruktive, zu jedem Autor und zu fast jedem schöpferischen Akt, nur in sehr unterschiedlichen Mischungsverhältnissen.

Selten behauptet ein Dichter, die völlige Kontrolle über sein Werk auszuüben, vom ersten Gedanken bis zur letzten Feinheit. Ein solcher Fall ist Edgar Allan Poe. In seiner Schrift *The Philosophy of Composition* legt er am Beispiel des Gedichts *The Raven* dar, »dass sich kein einziger Punkt in seiner Komposition auf Zufall oder Intuition zurückführen lässt: dass das Werk Schritt um Schritt mit der Präzision und strengen Folgerichtigkeit eines mathematischen Problems seiner Vollendung entgegenging«.[1] Nichts am Gedicht ist persönlicher Ausdruck oder innere Notwendigkeit, alles ist auf die Wirkung auf den Leser

---

1 Edgar Allan Poe, »Die Methode der Komposition«, zit. nach: W. Höllerer (Hrsg.), *Theorie der modernen Lyrik,* Bd. I, Carl Hanser Verlag 2003, S. 66.

ausgerichtet. Diese soll eine Stimmung erhabener Trauer sein, weil so die von jedem Gedicht angestrebte Schönheit am besten erreicht werden kann: »Schönheit jeglicher Art bewegt in ihrer höchsten Entfaltung die empfindsame Seele unvermeidlich zu Tränen. Melancholie ist daher die rechtmäßigste aller poetischen Tonarten.«[1] Poe stellt dar, wie er jeden Schritt in der Komposition auf diesen Effekt abstellt, von der Wahl des Themas (Vergänglichkeit) über die Entscheidung für das Motiv des Raben bis zum Refrain und jenem einen Wort, das der Rabe spricht, und das die Essenz reiner Vergeblichkeit, wie er meint, am besten ausdrückt: *nevermore*. Sogar die ideale Länge von 100 Versen sei Vorausberechnung gewesen. Nun ist es interessant, dass Poe zu der Zeit, als er das schrieb, gerade versuchte, vom Alkohol loszukommen, und das Bedürfnis, alles in der Hand zu haben, war für ihn zweifellos elementar. Die meisten Autoren von Gedichten machen eine solche Erfahrung uneingeschränkter Kontrolle über ihr Schaffen jedoch nicht, zumindest erstreckt sie sich nicht auf den allerersten Moment der Initiation. Die späte Lyrik von Ernst Jandl ist ein Beispiel dafür, welche Ausmaße die Not des Wartens auf den Einfall annehmen kann, denn von kaum etwas sprechen diese Gedichte so oft wie vom Horror vor dem weißen Blatt: »wie oft-oft / sein ich gesessen vorn vom / weißen papieren und nicht / gefüllen sich haben mit lettern und wörtern den / weißen papieren sondern weißen geblieben es sein.«[2] Je heftiger man aber nach der Muse verlangt, um so mehr entzieht sie sich:

---

1 Ebd., S. 68.
2 Ernst Jandl, »*von tauben*«, in: *der gelbe hund* & selbstporträt des schachspielers als trinkende uhr (= Poetische Werke 8, hrsg. von Klaus Siblewski), Luchterhand Literaturverlag 1997, S. 18.

»um ein gedicht zu machen / habe ich nichts // eine ganze sprache / ein ganzes leben / ein ganzes denken / ein ganzes erinnern // um ein gedicht zu machen / habe ich nichts«[1], bekennt Jandl. Auch wenn niemand mehr an das Eingreifen höherer Mächte glaubt und die Ursachen der Unverfügbarkeit im Inneren des Menschen, in den Wirkungen des Unbewussten, vermutet werden, bleibt das Moment des Absichtslosen eine unverrückbare Bedingung alles Schöpferischen: Es überkommt den Dichter ohne jede Berechnung. Marcel Proust hat dafür den Begriff der unwillkürlichen Erinnerung gefunden. Die bekannte Szene aus seinem Roman *Auf der Suche nach der verlorenen Zeit,* in der der Erzähler zufällig eine Madeleine in eine Tasse Lindenblütentee tunkt und aus diesem Geschmackserlebnis die Welt seiner Kindheit in tausend Einzelheiten und den ganzen Kosmos seines Werkes aufsteigen sieht, ist eine Schlüsselerzählung über den Vorgang der Inspiration: Sie überkommt den Dichter in einer Fülle, gegen die er sich gar nicht wehren kann, aber gerade auf solche Momente baut er seine literarische Strategie – er schöpft die Bilder aus, die ihm auf diesem Weg zuteil werden.

Allerdings gibt es in der Lyrik seit der Moderne eine gegenläufige Theorie, die das Schreiben von den Zufälligkeiten solcher Erlebnisse abkoppelt. Sie beruft sich fast immer auf den Satz des französischen Symbolisten Stephane Mallarmé, wonach Gedichte aus Worten und nicht aus Empfindungen gemacht werden. Mir scheint jedoch, dass eine solche Trennung künstlich ist, da sich Sprache und Bewusstsein nicht wirklich voneinander lö-

---

1 Ernst Jandl, *inhalt*, a.a.O., S. 7.

sen lassen; die Sprache ist, wie Wilhelm von Humboldt schrieb, das bildende Organ des Gedankens. Andererseits sind auch Gedichte, die man als Erlebnisgedichte bezeichnen könnte, zweifellos nur aus Worten und nicht aus irgendwelchen anderen Substanzen gebaut. Wenn die Verwandlung, auf die das Gedicht aus ist, gelingt, können sie jedoch eine existenzielle Aufladung erfahren. Ein weiterer Satz, der gern zitiert wird, wenn gezeigt werden soll, dass Gedichte heute nicht mehr wie zu Goethes Zeiten aus dem Gefühlsleben hervorbrechen dürften, stammt von Gottfried Benn. In seiner Rede *Probleme der Lyrik,* die er 1951 in Marburg hielt, antwortet er auf die Frage, wie Gedichte entstehen: »Ein Gedicht entsteht überhaupt sehr selten; ein Gedicht wird gemacht.«[1] Dieser Satz hat für die experimentelle Lyrik seit den fünfziger Jahren Signalwirkung. Der Romancier Hermann Lenz, der in seinem Roman *Ein Fremdling* die literarischen Debatten jener Zeit reflektiert, lässt eine Figur, die dem Autor Helmut Heißenbüttel nachempfunden ist, dezidiert feststellen: »›Die moderne Poetik arbeitet mit der These, dass ein Gedicht *gemacht* wird. Das lesen Sie bei Benn und überall ... Darüber dürfen wir nicht hinausgehen.‹«[2]

Liest man Benns Satz jedoch im Kontext, dann wird deutlich, dass er keineswegs meinte, dass sich die Phase der Eingebung auf technische Weise umgehen ließe. Er wandte sich damit lediglich gegen die banale Vorstellung, dass Gedichte auf eine somnambule Weise ganz von selbst entstünden, sobald jemand nur in melancholischer Stim-

---

1 Gottfried Benn, *Probleme der Lyrik,* in: ders., *Essays und Reden,* S. Fischer Verlag 1989, S. 505 f.
2 Hermann Lenz, *Ein Fremdling.* Suhrkamp Verlag 1983, S. 449.

mung einen Sonnenuntergang betrachte. Den wirklichen Vorgang, der dazu führt, dass am Ende ein Gedicht auf dem Papier steht, hielt er aus jahrzehntelanger Erfahrung aber nach wie vor für rätselhaft. Dass es sich zuallererst um »einen dumpfen schöpferischen Keim, eine psychische Materie« handelt, mit der ein Dichter umzugehen hat, stand für ihn fest, die melancholischen Gedichte seiner Spätphase lassen daran auch gar keinen Zweifel. Er ging sogar so weit, dem Gedicht eine Form von Präexistenz zuzuschreiben, d.h. es als eine Botschaft aufzufassen, die der Dichter gar nicht formuliert, sondern nur entschlüsselt: »Nun kommt das Rätselhafte: Das Gedicht ist schon fertig, ehe es begonnen hat, er weiß nur seinen Text noch nicht. Das Gedicht kann aber gar nicht anders lauten, als es eben lautet, wenn es fertig ist. Sie wissen ganz genau, wann es fertig ist, das kann natürlich lange dauern, wochenlang, jahrelang, aber bevor es fertig ist, geben Sie es nicht aus der Hand.«[1] Seine weiteren Ausführungen zeigen, was er mit dem *Machen* des Gedichts eigentlich meint. Es ist der Schritt vom plötzlichen Einfall, der sich ohne Zutun des Dichters ereignet, zur bewussten Konstruktion: »Irgendetwas in Ihnen schleudert ein paar Verse hervor, irgendetwas anderes in Ihnen nimmt diese Verse sofort in die Hand, legt sie in eine Art Beobachtungsapparat, ein Mikroskop, prüft sie, färbt sie, sucht nach pathologischen Stellen. Ist das erste vielleicht naiv, ist das zweite etwas ganz anderes: raffiniert und skeptisch.«[2] Gibt sich auch die Sprache, in der Benn seine Theorien vorträgt, kühl und technisch (man kann dabei an ein bestimmtes Foto denken, das den jungen Arzt und

---

1 Benn, *Probleme der Lyrik,* a.a.O., S. 515.
2 Ebd.

Dichter über ein Mikroskop gebeugt zeigt), so lassen seine Gedanken doch klar erkennen, dass er das rational nicht Fassliche des Eingebungsvorgangs als etwas ganz Reales sieht, das bedrohliche Züge annehmen kann, wie er es bei der *Morgue* erlebte. Es ist für den Lyriker eine Gegebenheit, über die ihn weder Bildung noch Schreiberfahrung hinausheben können.

Als besonders bedrohlich und mit allen Insignien des Übersinnlichen versehen erlebte Rainer Maria Rilke die Stunde, in der ihn die Inspiration zu jenen Gedichten überkam, die später als *Duineser Elegien* bekannt wurden. »Rilke ging ganz in Gedanken auf und ab, da die Antwort auf den Brief ihn sehr beschäftigte. Da, auf einmal, mitten in seinem Grübeln, blieb er stehen, plötzlich, denn es war ihm, als ob im Brausen des Sturmes eine Stimme zu ihm gerufen hätte: ›Wer, wenn ich schrie, hörte mich denn aus der Engel / Ordnungen?‹ ... Lauschend blieb er stehen. ›Was ist das?‹ flüsterte er halblaut ... ›was ist es, was kommt?‹ Er nahm sein Notizbuch, das er stets mit sich führte, und schrieb diese Worte nieder und gleich dazu noch einige Verse, die sich ohne sein Dazutun formten.«[1] So memoriert die Fürstin Marie von Thurn und Taxis, auf deren Schloss Duino hoch über der Adria Rilke von Oktober 1911 bis Mai 1912 zu Gast war, in ihren Lebenserinnerungen das berühmteste Inspirationsgeschehen der deutschen Lyrik des 20. Jahrhunderts. Anklänge an die Schilderung des Pfingstwunders von Jerusalem sind wohl eine beabsichtigte Zutat der Rilke-Bewunderin. Bevor uns aber diese Kleinigkeit wieder entschlüpft, wollen wir

---

1 Zit. nach: Romano Guardini, *Rainer Maria Rilkes Deutung des Daseins*. Eine Interpretation der Duineser Elegien, Schöningh Verlag 1996, S. 14.

festhalten: Rainer Maria Rilke führte sein Notizbuch immer mit sich. Er war so für alles, was kam, gerüstet. Ich habe es selbst allerdings häufiger erlebt, dass das Einstecken eines Notizbuchs sich nachteilig auf meine Einfälle auswirkte, und schloss daraus, dass sich die Muse oder der Engel auf diese Art nicht locken lässt und die reine Absichtslosigkeit eine bessere Voraussetzung für den Einfall ist, die sich aber nur dann einstellen kann, wenn man den Wunsch zu dichten einmal ganz vergisst, doch das ist für einen Lyriker nicht einfach. Rilke gelang vielleicht beides auf einmal: Er war mit den Gedanken ganz woanders, nämlich mit der Antwort auf einen Brief beschäftigt, und der Griff nach dem Notizbuch hatte dann wieder etwas Unwillkürliches. Das jähe Einsetzen des Schreibens beflügelte Rilke zunächst sehr; den Gedanken, sich einer psychoanalytischen Behandlung zu unterziehen, ließ er fallen, nachdem er die Stimme im Sturm vernommen hatte. Er erlebte dann die zeitliche Kluft zwischen dem ersten Einfall und der Fertigstellung des Gedichts jedoch auf tragische Weise, denn bis zur Vollendung der *Duineser Elegien* im gleichfalls berühmten Schaffensrausch von Muzot verging ein Jahrzehnt, währenddessen das Dichten für Rilke fast unmöglich war. Dass er sich in derselben Zeit aber auch nicht einem ganz anderen Projekt zuwenden konnte, zeigt wiederum, dass sein großes Vorhaben, die Elegien, in ihm gärte. Er konnte nicht schreiben, weil er genau wusste, was sein Auftrag war, wenn er ihm auch lange nicht nachgehen konnte. An zwei Gedichten zugleich zu arbeiten ist auch mir bei weitaus begrenzteren Vorhaben als denen, die Rilke umtrieben, nicht möglich: Es ist immer nur *ein* Gedicht, mit dessen Entstehung und Fertigstellung ich mich abplagen kann.

Dass sich Dichter an höhere Mächte wenden, um die Eingebung zu erflehen, geschieht heute nur noch selten. Für Rilke und vor ihm Hölderlin war dies noch anders. In seiner Ode *An die Parzen* hat Hölderlin die Schaffensnot des Dichters als tragisch beschrieben, denn es ist die Hoffnung auf eine unwiederbringliche Zeit der Erfüllung. Die Parzen oder Moiren sind jene unter den Göttinnen, die die Schicksalsfäden verwalten: »Nur Einen Sommer gönnt, ihr Gewaltigen! / Und einen Herbst zu reifem Gesange mir, / Da williger mein Herz, vom süßen / Spiele gesättiget, dann mir sterbe.« Der *eine Sommer* ist ein mythischer Zeitbegriff, der anzeigt, dass die Phase des Schaffens von Dichtern losgelöst von der messbar verrinnenden Zeit erlebt wird. Benn ruft in einem Gedicht ebenfalls das Bild der Parzen auf: »Die Spindeln drehen still, die Parze sang.« Der mythische Zeitraum ist für ihn die »fremdartige Macht der Stunde, aus der Gebilde drängen unter der formfordernden Gewalt des Nichts« – mächtig ist diese Stunde nicht bloß, weil sich darin etwas Gewaltiges vollzieht, sondern vor allem, weil es nicht in der Macht des Dichters steht, sie einzuläuten. Anders als die Utopie des *einen Sommers* ist die Stunde, so ungewiss sie sein mag, etwas Wiederkehrendes. Romano Guardini hat die Eigenart einer solchen Stunde treffend und mit weniger Pathos als Benn beschrieben:

Daß der Einfall kommt, die Idee aufleuchtet, die Gestalt geboren wird, die Bedingungen des Gelingens sich zusammenfügen, und die inneren Kräfte richtig ineinanderspielen, kann weder berechnet noch erzwungen werden, sondern es geschieht ›wann es will‹ und verlangt die Haltung der Absichtslosigkeit. Damit ist nicht gesagt, die großen Werke und Taten gerieten von selbst; sie setzen vielmehr unablässige Arbeit, große Konzentration und viel Entsagung voraus. Doch kann das alles den grundlegenden produktiven Vorgang, nämlich die Eingebung, nur vorbereiten, sichern und entfalten; ihn selbst aber kann es nicht erzwingen. Ebenso wenig den zweiten, das Gelingen: jenes Ineinander günstiger Fügungen, das die Wirklichkeit für den gestaltenden Griff empfänglich macht und die Vollendung ermöglicht. Auch das kann nicht erzwungen werden; ja Rechnung, Beeinflussung, Nötigung hindern es sogar. Der Raum entsteht dann nicht, in welchem die Gestalt auftaucht, die Elemente sich zur Einheit zusammenschließen, die Formung gerät.[1]

Das ist der Kern der reinen Lehre vom Gedicht. Jeder Weg im Schreiben führte mich immer wieder darauf zurück, manchmal auf Umwegen: Das Gedicht verlangt ebenso die Haltung der Entsagung wie ständige Bereitschaft, einem unvorhersehbaren Impuls nachzugehen. In den Worten T. S. Eliots aus den *Four Quartets*, die den mystischen Lehren des heiligen Johannes vom Kreuz folgen: »Um bei dem anzukommen, was man nicht weiß, / Muß man den Weg gehen, welcher der Weg des Nichtwissens ist.« Dieser Weg ist alles andere als glamourös, und man kann sich leichtere Lebensaufgaben vorstellen, die nicht von einer solchen bipolaren Spannung geprägt sind; aussuchen kann man sie sich nicht. Um diese Spannung auszuhalten, braucht man das, was der englische Romantiker John Keats als *negative capability* bezeichnet hat: die Fähigkeit, Unsicherheiten und Zweifel auszuhalten, ohne

---

1 Romano Guardini, *Freiheit Gnade Schicksal. Drei Kapitel zur Deutung des Daseins*, Grünewald/Schöningh 1994 (zuerst 1948), S. 105 f.

33

einen verbindlichen Halt; aber diese Fähigkeit habe ich nicht immer, manchmal ist sie da, dann geht sie wieder verloren.

Wege zum Gedicht

Ich frage mich manchmal, wie es gewesen wäre, mit meinem Vater über solche Fragen zu sprechen. Gewiss hätte er sich für meine literarischen Versuche interessiert, und wenn er gewusst hätte, dass ich manchen Fund auch in seinem Bücherschrank machen konnte, zum Beispiel bei Guardini, dann hätte er sich gefreut. Vielleicht wäre es für ihn gar keine Frage, sondern nahezu eine Gewissheit gewesen, dass die Eingebung zu Gedichten eine Gnadengabe des Heiligen Geistes sein müsse. Ob ich ihm aber mein immer stärker werdendes Bedürfnis, Gedichte zu schreiben und mein Leben auf etwas so Ungewisses wie die Gnadengaben des Geistes auszurichten, hätte vermitteln können, erscheint mir fraglich. Es wäre ihm nicht verständlich gewesen, dass Gedichte gerade dazu da sein könnten, die Leere auszuhalten, die mit der nachlassenden Glaubensgewissheit verbunden ist, denn diese Leere fühlte er noch nicht. Deshalb konnte mein Vater sich lyrisch an Wilhelm Busch gütlich tun. Für die wesentlichen Fragen der Existenz waren Theologen wie Karl Rahner zuständig, oder gleich der Apostel Paulus. Mit seinem Tod war jedoch der feste Grund, auf dem ich vorher ging, erschüttert, und in der Folgezeit spürte ich ein noch diffuses Ausdrucksbedürfnis, das mit Kommentaren zur Fußball-Bundesliga nicht abzudecken war. Mein Ausdrucksmittel war aber noch nicht das Gedicht, sondern das Klavier, das ich sehr unvollkommen spielte, aber für schwerblütige Improvisationen reichte es, zum Leidwesen meiner Mutter, die dann manchmal die Küchentür schloss. Zu meinem 18. Geburtstag komponierte ich mir eine kleine Suite, zu deren Mittelteil ein englischer Songtext gehörte, der von den Gedichten aus dem *Herrn der Ringe* inspiriert war. Auch machte ich seltsame Aufnahmen mit dem Cassettenrecorder, fuhr über die Saiten einer Zither, die meiner Mutter gehörte, blies ins Mikrophon, um Geräusche eines Sturms zu simulieren, ließ im Hintergrund Händels *Halleluja* laufen oder schnitt bei Familienfeiern heimlich die Gespräche mit.

Die Schule hatte an meiner Suche nach geeigneten Ausdrucksmitteln wenig Anteil. Aus dem Leistungskurs Deutsch beeindruckte mich nichts, keinesfalls *Homo faber*, höchstens *Faust*. Gedichte fehlten, bis auf Jacob van Hoddis' *Weltende*, denn mein Lehrer war 68er, und wahrscheinlich hielt er Lyrik für konterrevolutionär. Ich erinnere mich, dass er einmal sagte, »in letzter Konsequenz« müsse man seine Eltern töten. Worum es ging, weiß ich nicht, eventuell um die RAF oder Kafkas *Brief an den Vater,* und er meinte es sicher freudianisch. Ich konnte diesen Satz so kurz nach dem Tod meines Vaters aber unmöglich annehmen, und diese Situation fällt mir immer wieder ein, wenn ich darüber nachdenke, warum es für mich wichtig ist, die Erinnerung an Dinge zu bewahren, die nicht mehr sind. Dass das mit Gedichten möglich sein könnte, erfuhr ich erst später. Anregungen kamen aus dem Englischunterricht, in dem wir keine Prosa lasen, sondern Becketts *Warten auf Godot,* Shakespeares *Macbeth* und einige seiner Sonette sowie Gedichte von Donne, Milton, Keats, Wordsworth, T. S. Eliot und Dylan Thomas, über dessen *A refusal to mourn the death, by fire, of a child in London* ich meine Abiturklausur schrieb. Den stärksten Eindruck hinterließ bei mir Eliots *Journey of the Magi.* Ich erinnere mich, wie ich im Mund die Laute nachzuformen begann, mit denen dieses Gedicht über die Reise der Weisen aus dem Morgenland einsetzt: *A cold coming we had of it.*

Als ich mein erstes richtiges Gedicht schrieb, hatte ich eigentlich vor, Prosa zu schreiben. Das war im März 1986, ich war 23, studierte im fünften Semester Anglistik und Germanistik in Köln und verbrachte meine Ferien in London. Zwei Jahre zuvor hatte ich eine Erzählung geschrieben, zehn Seiten lang und auf Englisch. Sie hieß *A Light in the Black;* das war ein Songtitel von Rainbow. Die Geschichte erzählt von einer seltsamen Lichterscheinung, die ein paar Freunde in der Nacht am Ufer eines Sees beobachten. Während die anderen nach rationalen Erklärungen suchen, wünscht die Hauptfigur, dass diese Erscheinung ein Geheimnis bleibt. Danach machte ich auf Deutsch weiter. Die Texte wurden bald immer kürzer, und dann hörte dieses Schreiben ganz auf. Als ich in London war, hatte ich seit fünf Monaten nichts mehr geschrieben, und ich hatte mir diese Ferien als letzte Frist gesetzt: Wenn ich bis zur Rückreise nichts zu Papier gebracht hätte, dann sollte meine Autorenlaufbahn damit enden. Die Ferien neigten sich, und es war noch immer nichts passiert. An einem noch recht kalten Vorfrühlingstag setzte ich mich, mit Kuli und Block bewaffnet, auf eine Bank bei einem Brunnen im Hyde Park und läutete die letzte Stunde ein. Aber der Einfall zu einer Geschichte – und ich hatte nicht den blassesten Schimmer, was das für eine Geschichte sein sollte – wollte nicht kommen. Um nun nicht völlig untätig zu sein, sah ich mich um und machte zu meinen Beobachtungen Notizen. Als ich alles notiert hatte, was ich sehen und hören konnte, verspürte ich den Impuls, weitere kurze Sätze zu bilden über Dinge, die ich gerade nicht sehen und hören konnte, an die ich jedoch unwillkürlich denken musste. Dann geschah es, dass ich diese Fragmente miteinander ins Spiel brachte. Es ergab sich wie von selbst ein Rhythmus, der mir half, die losen Sätze und Halbsätze in eine Folge zu bringen, und diese ungewohnte Betätigung machte mir außerordentlich viel Freude. Ich war vollkommen in das versunken, was ich tat, und es fühlte sich leicht an. Als meine letzte Stunde vorüber war, hatte ich mein erstes Gedicht. Ich nannte es *frühling im hyde park*. Es war ein Liebesgedicht geworden, kein trauriges, sondern ein werbendes in spielerischem Ton. Es tastete sich an den Bildern entlang, die es aufrief, indem es ihren Klängen nachhorchte. Dabei scheint eine ferne Erinnerung an meine allerersten Versuche mit germanischem Stabreim hilfreich gewesen zu sein: »denk nicht ich denk an dich«, »was wert farben formen verwirrt«, »werden welt«, »mattgrüne möwen«, »wiesen. wachsen« usw. Eine Anspielung auf Gretchens Lied aus dem *Faust* war eine erste literarische Reminiszenz, die noch recht sorglos mitgenommen wurde. Dieses Gedicht stellte ich wenige Wochen später in der Kölner Autorenwerkstatt vor, einem Kreis von Studenten, die sich jeden Mittwoch trafen, um über neue Texte zu diskutieren. Es fiel in der Besprechung nicht durch, sondern wurde als neuer Anfang gewertet. Tatsächlich war es der Anfang meines Schreibens von Gedichten, das bis heute anhält und nie länger als ein oder zwei Monate unterbrochen war, und an dessen Ende fraglos irgendwann ein letztes Gedicht stehen wird, in möglichst weiter Ferne und möglichst kurz vor meinem Tod.

Im Frühling und Sommer 1986 schrieb ich weitere Gedichte, die von diesem ersten Schwung getrieben waren. Einige standen unter dem Eindruck des Reaktorunglücks von Tschernobyl, und die Angst, die damals allgemein war, wirkte in gewisser Weise lebenssteigernd. Ich war mir damals nicht sicher, ob nach diesem Frühling überhaupt noch einer kommen würde, und das machte das Schreiben umso wichtiger. Auffälligstes Merkmal dieser frühen Gedichte war eine Vorliebe für Wortneuschöpfungen, die durch meine Lektüre der Gedichte von Dylan Thomas angeregt war. Außerdem las ich Joyce und Beckett. Meine Beschäftigung mit der Tradition der deutschsprachigen Lyrik stand noch in ihren Anfängen. Meine Begeisterung galt vor allem der Dichtung der Romantik und einzelnen Autoren der klassischen Moderne. Die Gegenwartslyrik war mir noch weitgehend unbekannt, bis ich an einem Tag im September 1986 bei einem Literaturwettbewerb in Düsseldorf einen Lyriker erlebte, der fünfeinhalb Jahre älter war als ich und Gedichte vortrug, wie ich sie noch nie gehört hatte. Sie waren aus lauter Bruchstücken zusammengesetzt, sie brachen die Wörter und Sätze auf und brachten alle Ebenen des Wörterbuchs bis zum schrillsten Jargon in Bewegung. Der Autor las sie mit variablem Stimmeinsatz, mal komisch, oft aggressiv, etwas von Punk und New Wave lag in seiner Haltung, das provozierend wirkte, weil man es in der Literatur nicht kannte. Dieser Lyriker war nicht größer als ich, aber er trug eine schwarze Lederjacke und darunter einen schwarz-gelb geringelten Pulli. Während seiner Lesung hatte er ein Glas Düsseldorfer Löwensenf vor sich aufgebaut, extra scharf, das er der Jury unter die Nase hielt. Er gewann natürlich den Wettbewerb, was ihn nicht hinderte, schlecht gelaunt auszusehen. Seine Gedichte, die in Fotokopien auslagen, nahm ich mit nach Hause und las sie immer wieder. Wenig später hatte ich Gelegenheit, ihn als Gast in ein Kölner Germanistikseminar einzuladen, das sich unter Leitung von Professor Walter Hinck mit Gegenwartsliteratur befasste. Ich stand also vor dem Eingang des Uni-Hauptgebäudes und wartete auf Thomas Kling. Es war November, es regnete, und er kam eine Dreiviertelstunde zu spät. Er hatte einen Freund dabei, der ihn fahren und fotografieren musste. Im Seminar ließ er sich zweimal bitten, bis er seine Gedichte las, denn zuerst wollte er Texte des verstorbenen österreichischen Lyrikers Reinhard Priessnitz lesen. Nach seinem fulminanten Vortrag waren die meisten Studenten verstört und reagierten derart spießig, dass ich mich für meine Kommilitonen schämte. Wir tranken dann noch einen Kaffee. Er kritzelte ein paar Namen von Musikern und bildenden Künstlern auf ein Blatt, mit denen ich mich befassen sollte. Als ich danach mit einem Ruck die Tür zum Hörsaal aufriss, in dem Walter Hinck nun seine Heine-Vorlesung hielt, zehn Minuten zu spät, mit wehendem Mantel und den Kaffeebecher noch in der Hand, fühlte ich mich beschwingt.

Thomas Kling besaß charismatische Züge, ähnlich wie hundert Jahre vor ihm Stefan George, und er konnte Menschen ebenso begeistern wie vor den Kopf stoßen. Die wesentliche neue Erkenntnis, die ich aus der Begegnung mit ihm gewann, war die, dass es nicht ausreichte, den eigenen Weg zu Gedichten zu finden – sie sollten zugleich das lyrische Genre erneuern, und diese Gedichte mussten durchgesetzt werden gegen jede herrschende Konvention. Zwar hatte ich mich auch um die herrschenden Konventionen bislang noch gar nicht recht gekümmert, Thomas Kling dagegen hatte den Feind schon klar erkannt: Es war die auf womöglich allzu rasche Verständlichkeit zielende Alltagslyrik der siebziger Jahre. Neue Gedichte aber mussten anders aussehen, irgendwie wilder, und ich fing nun an, mich mit den Quellen zu befassen, aus denen auch Thomas Kling schöpfte. Das war vor allem die experimentelle Schule, die aus der Wiener Gruppe der fünfziger Jahre hervorgegangen war, und insbesondere galt es jetzt, Friederike Mayröcker zu lesen. Darin wurde ich von Marcel Beyer bestärkt, den ich ebenfalls an jenem Septembertag in Düsseldorf kennengelernt hatte. Er war drei Jahre jünger als ich, aber er hatte schon mit vierzehn Beckett gelesen, in einem Alter, in dem ich noch zwischen Karl May und Tolkien stand. Wir wurden Freunde und erprobten bald alle möglichen Formen, Gedichte auf einer Bühne so zu präsentieren, wie es bislang noch nicht geschehen war. Bei unserem ersten Auftritt an der Kölner Studiobühne lasen wir meinen kurzen Prosatext *gegen morgen* zweistimmig, teils synchron, teils gegeneinander versetzt. Die Kölnische Rundschau berichtete und fand unseren Vortrag »kakophonisch angestrengt«. Das freute uns, denn die Provokation war offenbar gelungen. Wir nannten uns nun *Postmodern Talking*. Beyer konnte ein bisschen Schlagzeug, das wir bei einigen Nummern unserer in aller Kürze entwickelten Bühnenshow einsetzten. Die Gedichte für diese Auftritte mussten vielfach erst geschrieben werden. Ich probierte verschiedene neue Techniken aus, und damals kam mir Benns These, ein Gedicht werde gemacht, entgegen, und zwar in ihrer experimentell ver-

40

kürzten Auslegung: Wenn man Sprache als Material an-
sah, das sich nach ausgeklügelten Methoden anordnen
ließ, konnte das unbestimmte Warten auf den Einfall
ausgehebelt oder zumindest verkürzt werden. Ich hatte
auch gar keine Zeit, auf die Eingebung zu warten, denn
ich wollte viele Gedichte in kurzer Zeit schreiben. Dazu
trugen die Nächte in der *Station* bei, einer Kneipe, die
genau zwischen der Uni und meiner Wohnung am Zülpi-
cher Platz lag und die für manchen damals jungen Autor
eine ähnliche Bedeutung hatte wie der *Ratinger Hof* in
Düsseldorf für Thomas Kling: als Schnittstelle zwischen
Kunst und Nachtleben. Spät, oft schon gegen Morgen,
saß ich dann in solchen Nächten im Schein der Schreib-
tischlampe mit Blick auf den beleuchteten Asphalt und
brachte neue Entwürfe zu Papier, die anderntags fertig-
gestellt werden konnten.

Unmittelbar an Thomas Kling anknüpfende Montage-
gedichte schrieb ich jedoch nur wenige und sie gelangen
mir nicht wirklich. Stattdessen entwickelte ich eine eigene
Form, die ich *pick-ups* nannte, anspielend auf Rolf-Dieter
Brinkmanns *snap shots,* mit denen er wie mit der Pola-
roidkamera Straßenszenen festgehalten hatte. Brinkmann
war damals erst dreizehn Jahre tot, seine Wohnung in der
Engelbertstraße war gleich um die Ecke, und er spukte
seinerzeit noch häufig in der Gegend herum. Mein Ansatz
ging jedoch nicht aufs Visuelle, sondern aufs Akustische.
Ich schrieb Sätze und Fetzen auf, die um mich herum ge-
sprochen wurden, in der *Station* oder in anderen Kneipen,
die *Podium* oder *Six Pack* hießen und mittlerweile alle ge-
schlossen sind. Diese Satzfetzen, abgebrochene Gespräche
von verschiedenen Stehtischen, Zwischenrufe oder Stoß-

seufzer, traten, wenn man sie gleichzeitig belauschte, in einen zwar zufälligen, aber verblüffend kohärenten Zusammenhang. Meist ging es um nichts weniger als den Sinn des Lebens, der freilich durch eine Nebelwand aus Alkohol umso schwieriger zu erkennen war, »ich kann jetzt nicht nochma pommes essen, im grunde bin ich nur gegen die entfremdete welt«. Die Rolle des Dichters war die des Sammlers und Arrangeurs tatsächlich gesprochener Sprache, und dabei enstand aus vielen einzelnen Stimmen eine Art multiples Ich. An solchen Originaltonmontagen hatte ich große Freude. Sie knüpften in gewisser Weise an meine Aufnahmen mit Cassettenrecorder an, die ich bei Familienfeiern gemacht hatte, und waren das einzige experimentelle Modell, das ich in Serie betreiben konnte, allerdings auch nur für begrenzte Zeit. Denn wenn auch kein einziges Wort in diesen Gedichten von mir war und ich eigentlich nur dafür sorgen musste, möglichst dicht in einem Pulk von Leuten zu stehen und Kuli und Bierdeckel griffbereit zu halten, schien es auch hierfür eines Funkens oder einer guten Stunde zu bedürfen, vielleicht sogar des *einen Sommers,* in dem ein solches Schreiben gelingen konnte. Der Reiz der *pick-ups* lag für mich vor allem in der Verwendung einer degenerierten Form von Alltagssprache, die das Gegenteil dessen war, was man an Sprache in der Lyrik erwartete. Nicht die Momente gesteigerten Daseins, denen sonst die Aufmerksamkeit der Dichtung gilt, sondern einige der zahllosen Momente, in denen wir alle ins Unreine denken und sprechen, sollten festgehalten werden. Ein großes Vorbild war für mich Ernst Jandl, der mit seinen Gedichten »in heruntergekommener Sprache« auf andere Art ein ähnliches Motiv verfolgt hatte: die Literatursprache von unten aufzufrischen.

Jandls Werk ist ein Lehrbeispiel dafür, dass man sich auf der Erfindung neuer Methoden nicht ausruhen kann, denn so originell viele seiner Inventionen auch waren, nach einer gewissen Zeit erschienen sie ihm verbraucht und er musste sich nach neuen umsehen, und einige seiner besten Einfälle, wie die Beschränkung auf nur einen einzigen erlaubten Vokal, reichte oft nur für ein wirklich unverwechselbares Gedicht, nämlich *ottos mops*. Eine ähnliche Erfahrung machte ich in meinen Versuchen, der Sonettform neue Züge abzugewinnen. Im Juli 1989 verzweifelte ich gerade an meiner Examensarbeit, die Friederike Mayröckers Prosa der 8oer Jahre gewidmet war, und da es in dieser Zeit so heiß war, dass ich es in meinem Apartment nicht aushalten konnte, logierte ich mich für ein paar Tage bei Bekannten ein, die gerade in Urlaub waren. Am einem Sonntagnachmittag saß ich in einem Café in Köln-Sülz, dachte, dass ich noch gar nicht wusste, wo ich morgen übernachten sollte, und um dieser Misere kurz zu entfliehen, richtete ich mich auf den Klang des Wortes »übernachten«, suchte nach ähnlich klingenden Worten, die mir plötzlich in rauen Mengen einfielen, und dann schrieb ich auf.

bukolisches sonett[1]

ich stand der tür im rahmen als ich dachte
wie immer ich es wende und betrachte
wohin ich auch mein hab und gut verfrachte
ich weiß nicht wo ich morgen übernachte

---

[1] Norbert Hummelt, *knackige codes*, Druckhaus Galrev 1993, S. 59.

der mond ging auf und ab als ob er schmachte
als ich bei meinen schafen nächtlich wachte
am horizont das weideland verflachte
ich weiß nicht was der schäferhund da machte

worauf ich sonst normalerweise achte
auf einmal fiel ein schuß wobei es krachte
ich sagte zu den schafen sachte sachte

ich sah das schwarze schaf das heimlich lachte
ich sagte sieh dich vor dass ich nicht schlachte
es ist vielleicht dein fell wonach ich trachte

Man mag in diesem Gedicht ein Muster erblicken, das
vervielfältigt werden könnte: Das Sonett, dessen Stro-
phenform imitiert wird, gibt die Beschränkung auf 14
Zeilen vor, und die Verwendung des identischen Reims
als Zufallsgenerator könnte eine Folge weiterer mehr
oder minder sinnvoll verknüpfter Verse erzeugen. Ich
machte noch einen einzigen Versuch, mit einem anderen
Reim und mit derselben Beschränkung zu arbeiten; die-
ser missglückte, und so viele Reime Steputats deutsches
Reimlexikon, das ich nie besessen habe, auch aufweisen
mag, so erkannte ich doch deutlich, dass ich gut daran
tat, es auf diese Art nicht weiter zu versuchen. Der Einfall
in jener Nachmittagsstunde reichte eben nur für genau
ein Gedicht.

Mit dem Reim ging ich damals noch sehr sparsam und
zögerlich um, einerseits, weil ich der verbreiteten Ansicht
nahestand, dass der Reim nicht zeitgemäß sein könnte
und ich den großen Reiz des Unzeitgemäßen noch nicht

für mich entdeckt hatte; andererseits, weil ich glaubte, zu den kurzatmigen Reimereien meines Vaters einen gewissen Abstand halten zu müssen. Reim tauchte überwiegend mit ironischer Note auf, was rückblickend keineswegs originell war, und in parodistischen Verwendungen. Zu den formalen Findungen, die ich im Austausch mit Marcel Beyer erprobte, gehörten Kontrafakturen, die wir – in der Sprache der Pop-Musik – als »Cover-Version« bezeichneten. Dabei wurde der Text eines klassischen Gedichts mit einem neuen Text überschrieben, wobei Rhythmus, Reim, Grammatik und Strophenbau exakt übernommen wurden. Auf diese Weise fand sich nun Stefan Georges »Komm in den totgesagten park und schau« bei mir in »komm vor den spiegel hier im bad und schau« verwandelt; aus Gottfried Benns *Ach, das ferne Land* wurde *ach, das kranke bild*, und Andreas Gryphius' »Der schnelle Tag ist hin. Die Nacht schwingt ihre Fahn« fand sich wieder als »was wäre bloß der sinn? was wäre auch der plan?« Auch dieses Modell hätte in Serie gehen können, klassische Vorbilder gibt es ja genug. Doch das Serielle lag mir nicht.

Während ich Experimente mit unterschiedlichsten Schreibtechniken unternahm, wurde ich mehr und mehr unzufrieden mit den Ergebnissen, die ich auf diese Weise erzielen konnte. Was ich im Schreiben versuchte und was ich im Lesen favorisierte, ging weit auseinander. So begleiteten mich die Gedichte Eichendorffs, ich ging mit der darin gespeicherten Trauer um, sie ging mich unmittelbar an, nur blieb dies von meinen eigenen lyrischen Versuchen lange Zeit merkwürdig abgespalten, die noch vom Gedanken der Innovation bestimmt waren, den ich

aber mehr und mehr als unfruchtbaren Zwang emp-
fand. Mein Interesse an der Romantik ließ sich jedenfalls
nicht mit den Mitteln ausschöpfen, die die Altmeister
der Avantgarde vorführten. Gerhard Rühm hat beispiels-
weise die Gedichte Wilhelm Müllers, nach denen Schu-
bert die *Winterreise* komponierte, unter exakter Kopie
der Vokalfolgen nachgedichtet; auch Oskar Pastior hat,
methodisch überaus variantenreich, die *Winterreise* be-
arbeitet. Mich faszinierte dieser Zyklus – ähnlich wie
die Gedichte Eichendorffs – jedoch nicht allein wegen
seiner Form, die abgezogen vom darin Gesagten wenig
aufregend ist, sondern wegen des Gefühls einer abgrund-
tiefen Verlorenheit, das darin einen stark berührenden
Ausdruck gefunden hat. Schon 1988 hatte ich ein Gedicht
mit dem Titel *winterreise* geschrieben, das Zitate aus dem
Zyklus und anderen romantischen Texten mit einem la-
tent autobiographischen Gehalt verband. Was ich las und
was ich fühlte, kam darin miteinander in Berührung. Das
war womöglich ein Weg für mich, aber ich hatte es auf
zu vielen Wegen gleichzeitig versucht und war noch auf
keinem allzu weit gekommen.

In der Nacht vom 22. auf den 23. November 1912,
im selben Jahr, in dem Rilke seine Vision auf Duino
hatte und Benns *Morgue*-Gedichte entstanden, schrieb
Franz Kafka acht Stunden ohne abzusetzen, an deren
Ende er die Erzählung *Das Urteil* in Händen hielt. Ein
rauschhafter Vorgang, der an die Berichte Rilkes und
Benns erinnert. »Die vom Sitzen steif gewordenen Beine
konnte ich kaum unter dem Schreibtisch hervorziehen.
Die fürchterliche Anstrengung und Freude, wie sich die
Geschichte vor mir entwickelte. (...) Wie alles gewagt

werden kann, wie für alle, für die fremdesten Einfälle ein großes Feuer bereitet ist, in dem sie vergehen und auferstehen«, notierte Kafka in sein Tagebuch. Später bemerkte er in einem Brief: »Nur so kann geschrieben werden, nur in einem solchen Zusammenhang, mit solcher vollständigen Öffnung des Leibes und der Seele. (...) Es ist dies notwendig, denn die Geschichte ist wie eine regelrechte Geburt mit Schmutz und Schleim bedeckt aus mir herausgekommen.«[1] Ein solcher existenzieller Ansatz ist nicht auf der Höhe zeitgenössischer Literaturtheorie und war es auch 1992 nicht, als ich das Manuskript für meinen ersten Gedichtband zusammenstellte. Damals herrschte zumindest an der Universität die Ansicht vor, dass sich Texte nicht mehr auf die Welt bezogen, sondern nur noch endlose Signifikantenketten waren. Insbesondere war man sich einig, dass die Vorstellung eines im Text sich äußernden Subjekts anachronistisch geworden sei, und deshalb durfte ein lyrisches Ich nur noch als ironisches Zitat auftreten. Das berührte sich zwar mit der Methode einiger meiner Gedichte, etwa der *pick-ups,* widersprach aber meiner Weltwahrnehmung und zeigte mir, in welche Richtung ich nicht mehr gehen wollte. Denn soweit ich informiert war, war trotz aller technologischer Fortschritte weder die Sterblichkeit abgeschafft noch die Einsamkeit aufgehoben worden, wenngleich der sich um diese Zeit verschärfende mediale Dauerbeschuss genau das zu suggerieren schien. Konnte es denn sein, dass man mit dem Schreiben von Gedichten, die etwas

---

1 Zit. nach: Steffen Köhler, *Eingebung und Wortglaube,* J.H. Röll Verlag 2004, S. 44. Köhlers Studie ist eine wahre Fundgrube, da sie die selten untersuchten Zusammenhänge zwischen der theologischen Inspirationslehre und der modernen Dichtung an vielen Beispielen erhellend betrachtet.

von der existenziellen Not enthielten, bereits fertig war? Benn hatte 1950 in einem Gedicht behauptet: »Alle haben den Himmel, die Liebe und das Grab, / damit wollen wir uns nicht befassen, / das ist für den Kulturkreis besprochen und durchgearbeitet.« An diese Devise hielt er sich selbst jedoch nie, denn er schrieb gerade in seinen letzten Jahren Gedichte, die weder mit der Liebe noch dem Grab und nicht einmal mit dem Himmel ganz fertig waren. Hier wollte ich ansetzen, und dazu musste erst einmal das Ich-Verbot gebrochen werden.

Ich weiß nicht, ob ich in dieser Zeit mehr an meinen Vater dachte als sonst, aber vergessen hatte ich ihn niemals. Jedenfalls war es im September 1992, als ich auf einer Party irgendwo in der Eifel von einem starken Schmerz über seinen 13 Jahre zurückliegenden Tod erfasst wurde, den ich sehr lange so nicht mehr verspürt hatte. Auslöser war die Rockmusik aus den späten siebziger Jahren, die auf dieser Party lief, und obgleich ich diese Musik schon oft gehört hatte, erwischte sie mich diesmal wie nie zuvor. In dieser Nacht schlief ich an einem Ort hinter der belgischen Grenze. Ich konnte aber noch nicht schlafen, ich weinte zuerst heftig und dann schrieb ich etwas auf, das mich am nächsten Morgen recht fremd ansah.

ende der siebziger[1]

»wer wird deutscher meister?
wer wird deutscher meister?
nie mehr borussia« verfranst

---

1 Norbert Hummelt, *singtrieb,* Urs Engeler Editor 1997, S. 49.

ins logbuch circa mai 79, »ministriere
fronleichnam nur noch undercover«
mit frisch kassierter erster absage
in der brust \ im kopf erste riffs
von brachialer musik, van halen
notiert in den heimlichen charts \
verzeichne borussias letzten
titel: 1:0 gegen roter stern
belgrad, flatterndes fahnenmeer
(grundfarbe schwarz) \ schnitt
auf juli, dreißigster, montag:
vater schmeißt die geplante radtour
im bett vom gehirnschlag
kalt erwischt \ dem noch entronnen
den herbst davor, als ich ihn
mit den verdrehten augen
u. schaum vor dem mund schief
im garten fand \ u. ich, als
»letzter seines stammes«, versäume
den abend mein erstes date \
ein schwarzer flattermann (»sieht
ja korrekt aus«) zerschnäbelt
ein steinkreuz, gruftig bemoost \
restlos verschossene siebziger-
kindheit, abgerufen ein artefakt

Das ist nicht die Ur-, sondern die Endfassung dessen, was
in dieser Nacht einigermaßen roh aus mir hervorgebro-
chen war; eine stenographische Skizze der Umstände, die
mein Leben mit 16 Jahren bestimmten, darunter Fuß-
ball, Hard Rock und der Dienst als Messdiener, den ich
noch immer nicht quittiert hatte, was mir besonders vor

Mädchen peinlich war. Eine Skizze meines Lebens zu dem Zeitpunkt, als mein Vater starb. Obgleich mich die acht Fassungen, die das Gedicht durchlief, viel Mühe kosteten, blieb der rohe Zustand, in dem der Stoff sich dargeboten hatte, gewahrt. Verfeinerung hätte es verfälscht, denn das Rohe war das Neue, das dieses Gedicht von vorherigen unterschied. Es war kein Gedicht, wie ich es mir gewünscht hätte, denn es schien einem grob gestrickten Realismus zu gehorchen, der tat, als könne man auf die Dinge der Vergangenheit direkt zugreifen, indem man sie benannte. Das aber kann man nicht, denn die Worte können immer nur unser Bewusstsein von den Dingen aussprechen, so wie sie uns in der Erinnerung erscheinen, nicht jedoch, wie sie wirklich sind oder waren, und das Schreiben nimmt an den Dingen eine zweite Verwandlung vor: Es gibt ihnen eine Form, unter der sie aufgehoben sind und angeschaut werden können. Dies war mir hier aber noch nicht recht geglückt, weil sich das Gedicht dagegen sperrte. Meine Umgebung reagierte befremdet, denn dieses Gedicht klang nicht sehr musikalisch und hatte gar keine spielerische Leichtigkeit mehr. Für mich jedoch hatte es ein Tor geöffnet, durch das ich gehen konnte, hin zur Erinnerung an die Zeit, in der mein Vater noch lebte, hin zu neuen, ungeschriebenen Gedichten, die zumindest mir selbst genug bedeuten konnten, um mich ihnen dauerhaft zu widmen. Das Schreiben hatte endlich begonnen.

II. DAS GEDICHT

Der erste Vers

Am Anfang steht nicht das Wort, sondern der Vers. Einzelnen Wörtern begegnet ein Lyriker unaufhörlich und wird oftmals den Wunsch verspüren, dieses oder jenes im nächsten Gedicht unterzubringen; meist sind es Substantive, die Benn zu Recht für die bevorzugte Wortklasse der Lyriker hielt, denn sie holen die Dinge der Welt ins Gedicht. Es können klangvolle und suggestive Nomen sein wie *Alleen,* seltenere, aber klangvolle wie *Schattenmorellen* oder ganz spröde wie *Getränkemarkt* oder *Bezahlkanäle,* die man in Gedichten kaum vermuten würde, aber irgendwann ist es für sie so weit, und sie finden ihren Platz in einem Vers. Oder es sind elementare Wörter, die man am liebsten ständig nehmen würde, wie in meinem Fall das Wort *Licht,* das ich für besonders unwiderstehlich halte, wenn es sich auf *nicht* reimt. Aber das geht nicht immer und geht überhaupt nicht, solange nicht der Vers da ist, der diesem Wort wieder neu seinen Platz anweist. Der Vers ist ein Satz oder Satzfragment, und er steht unter einem rhythmischen Gesetz, das ihm die Form gibt, unter der dieser Satz als Vers wahrgenommen werden kann. Dieses rhythmische Gesetz lässt fast immer ein Metrum durchscheinen, wenn der Vers ihm auch nicht genau folgt. Den freien Vers, ganz ohne Rhythmus, gibt es nicht, wie schon T. S. Eliot in seinen *Reflections on vers libre* darlegt: »There is only good verse, bad verse, and chaos.« Grundsätzlich ist jeder Satz eine mehr oder minder akzentuierte

Abfolge von Hebungen und Senkungen, und der qualitative Sprung, der bewirkt, dass ein Satz nicht mehr als Information, sondern als Vers wahrgenommen wird, lässt sich als unwillkürliches Lautwerden dieser Abfolge im Kopf des Dichters beschreiben. Der Grund dafür, warum aber ausgerechnet dieser eine Satz und kein anderer es ist, der im Kopf des Dichters laut wird, ist diesem durchaus nicht von Anfang an klar. Vielmehr ist das Schreiben des Gedichts ein Weg, genau diesen Grund ausfindig zu machen. Immer wird dieser erste, als Vers wahrgenommene Satz jedoch etwas an sich haben, das den Lyriker unmittelbar beschäftigt oder berührt. Der Vers setzt den Lyriker auf eine unbekannte Spur, der er nachgeht, bloß um zu merken, dass er auf diesem Weg ohnehin schon längst unterwegs war. So hörte ich mich vor ungefähr zehn Jahren – wieder saß ich auf dem Fahrrad und fuhr durch die Kölner Innenstadt – zu mir selbst sagen: »Die Post kam glücklich um zwanzig nach zwei.« Ich redete so zu mir, weil ich mir vorstellte, mit diesem Satz meiner damaligen Freundin anzuzeigen, dass die ärgerlich späte Zustellung unserer Post eine neue Rekordmarke erreicht hatte. Indem ich aber so zu mir sprach, stellte ich fest, dass dieser Satz eine rhythmische Struktur aufwies, die sich mit dem bevorzugten Metrum deckte, in dem ich meine Gedichte schrieb. Er ließ sich als Vers mit zehn Silben zu vier Hebungen notieren: »die post kam glücklich um zwanzig nach zwei.« Wenn die gesprochene oder gedachte Phrase einem Metrum gehorcht ohne jede Verrenkung gegenüber dem natürlichen Sprachduktus, ist für mich ein Stilideal erreicht. Sofort stellte sich ein antwortender Reim ein, der dieses metrische Muster nicht genau kopierte, sondern leicht variierte, dabei aber die mit dem ersten

Vers begonnene Erzählung fortschrieb: »es war eine ansichtskarte dabei.« Damit hatte ich den Ausgangspunkt für das Gedicht *spätlese,* das in einer kleinen Phantasie wieder der Erinnerung an meinen Vater galt: indem ich mir vorstellte, die Post habe an diesem Tag einen um ein Vierteljahrhundert verspäteten Postkartengruß von einer unserer Radtouren an der Mosel gebracht. Doch ging diese erinnernde Phantasie fast körperlich aus dem lautlich-rhythmischen Bestand der beiden ersten Verse hervor. Ist im ersten dieser Verse der zweite Fuß ein Jambus und der dritte ein Anapaest, so ist diese Folge der Versfüße im zweiten Vers vertauscht. Damit ist in diesem Anfang auf engstem Raum das Grundmodell rhythmisch variierter Wiederholung enthalten, das sich in den meisten meiner Gedichte auffinden lässt.

Allerdings spielen bei mir die analytischen Begriffe der Verslehre während des Dichtens keine Rolle, sie äußern sich rein motorisch im unausgesetzten Klopfen mit den Fingerspitzen auf die jeweils verfügbare Unterlage, die ebenso gut eine Tischplatte wie ein Fahrradlenker sein kann. Die Finger genügen sich aber auch selbst. Manchmal wird mir erst nach einer längeren Weile bewusst, dass ich pausenlos vier Finger meiner rechten Hand in schneller Folge den Daumen berühren lasse, während ich die Hebungen und Senkungen von Versen zähle. Diese zwanghaften Handlungen sind ein auch von außen wahrnehmbares Zeichen dafür, dass ein Gedicht entsteht oder zumindest das Schreiben eines Gedichts geprobt wird. Sie sind verräterisch, weil sie erkennen lassen, wie stark der Lyriker von dem absorbiert ist, was nun in ihm vorgeht – umso mehr, weil er womöglich lange auf das Wiedereinsetzen des Schreibens hat warten müssen. Er verhält sich in diesem Zustand durchaus rücksichtslos, wenn er auch mehr oder minder bestrebt sein wird, sein egomanisches Tun nach außen zu verbergen. Wohin das führen kann, hat Goethe in der *Fünften Römischen Elegie* ohne jeden Anflug von schlechtem Gewissen beschrieben: »Oftmals hab' ich auch schon in ihren Armen gedichtet / Und des Hexameters Maß leise mit fingernder Hand / Ihr auf den Rücken gezählt.«

Aufschreiben

Im Frühjahr 1945 befand sich der Lyriker Günter Eich in einer weniger komfortablen Lage als seinerzeit Goethe in Rom. Er war amerikanischer Kriegsgefangener in einem Lager in der Nähe der Ahrmündung bei Remagen. Aus dieser Zeit stammen einige Gedichte, die man gewöhnlich als Anfang der deutschen Nachkriegslyrik betrachtet, darunter die berühmte *Inventur*.[1] Meist wird an diesem Gedicht die Aufzählung der Gegenstände hervorgehoben, die dem gefangenen Soldaten noch verblieben sind: »Dies ist meine Mütze, / dies ist mein Mantel, / hier mein Rasierzeug / im Beutel aus Leinen.« Diese elementare Geste des Zeigens hat Schule gemacht und findet sich bis heute in zahlreichen Gedichten. Denn im Grunde ist jedes neue Gedicht eine Stunde Null im Schreiben eines Lyrikers, zu welchem Zeitpunkt er auch immer schreibt. Das Gedicht entwirft die Welt neu, indem es das Schreiben über sie neu beginnt, und es erschafft sie aus Versen, nicht aus Worten. In diesem Sinne ist Günter Eichs Gedicht zeitlos und poetologisch, wenn es auch eine bestimmte histori-

---

1 Günter Eich, *Gedichte,* Suhrkamp Verlag 1973, S. 10.

sche Stunde bannt. Die vorletzte Strophe lautet: »Die Bleistiftmine / lieb ich am meisten: / Tags schreibt sie mir Verse, / die nachts ich erdacht.« Die Bleistiftmine schreibt Verse, nicht nur Worte; auch die Inventur der Dinge in der ersten Strophe geschieht in Versen, die von einem leicht variierten daktylischen Metrum getragen sind. Das Metrum sorgt dafür, dass die Verse über Nacht behalten werden konnten, und dass es Verse sind und sie dies nach dem Wunsch ihres Autors auch sein sollen, macht sie überhaupt erst der Mühe des Aufschreibens bei Tage wert. Eich macht nicht einfach bloß Notizen, aus denen dann irgendwann später ein Gedicht entsteht. Das, was er aufschreibt, ist bereits das Gedicht, oder zumindest sein Anfang.

Zu handschriftlichen Notizen habe ich ein gespaltenes Verhältnis. Das mag daran liegen, dass ich von jeher eine wenig ansehnliche Handschrift besaß. Kurz vor Schulbeginn konnte ich lesen, ging sofort daran, Druckbuchstaben abzumalen, tippte auch schon mit einem oder zwei Fingern auf der alten Olympia meiner Mutter herum und sah schlechterdings nicht ein, wozu die sogenannte Schreibschrift gut sein sollte. Auch bei Vorlesungen in der Uni schrieb ich nie mit. Als ich dann Fernsehkritiken schrieb und dafür während der Sendungen Notizen machen musste, versaute ich meine Handschrift durch das schnelle Mitschreiben nur noch mehr und konnte sie oft schon am nächsten Tag nicht mehr lesen. Lediglich für Ansichtskarten kann ich mir kurze Zeit Mühe geben. Der erste Mensch, der meine Handschrift jemals schön fand, ist meine Frau, und seither betrachte ich meine Kritzeleien mit anderen Augen. Dennoch ist das Gedicht, das sofort als Reinschrift entsteht und keinerlei Spuren der Arbeit hinterlässt, meine Idealvorstellung. Es gibt solche Gedichte, die ohne dokumentierte Fassungen wie aus einem Guss entstehen. Sie können auf zwei verschiedene Weisen zustande kommen, die von den räumlichen Arbeitsbedingungen abhängig sind. Die erste ist das Schreiben im Kopf während eines Spaziergangs, denn anders als Rilke, der auch im Tosen des Sturms sofort zum Stift greifen konnte, habe ich auf Gängen nicht immer ein Notizbuch dabei. Das brauche ich auch nicht, denn ich kann mir Verse merken, was von jeher der Sinn und Zweck gebundener Rede war. So ist das vollständige Memorieren eines neuen Gedichts ohne Notizen keine Hexerei, sondern bis heute eine von mehreren Möglichkeiten, Gedichte zu schreiben. Zugleich ist es Rückkehr an den mündlichen Ursprung aller Literatur. Die einprägende Kraft von Rhythmus und Reim kennzeichnet den archaischen Zustand der Dichtung vor der Schrift, ich halte sie noch immer für das stärkste Mittel, die Worte in jenen anderen Zustand der Sprache zu heben, den Inger Christensen mit einem Wort von Novalis den Geheimniszustand nannte. Derartige Gedanken über Dichtung macht man sich jedoch mehr im Sitzen, während die Spaziergänge, von denen ich Gedichte mitbringe, vom Schauen bestimmt sind. Besonders in den Jahren, als ich nahe bei Köln im Bergischen Land wohnte, konnte ich in dieser Weise arbeiten. Zwar gab es in dieser zersiedelten Gegend keine Wälder, durch die man stundenlang streifen konnte, ohne einem Menschen zu begegnen, aber es gab einen Fluss, der Agger hieß und mit seinem täglich veränderten Wasserstand meine Blicke anzog. Die Ufer der Agger waren zudem einsam genug, um die Verse, die sich in meinem Kopf bildeten und sich der Anschauung der Natur wie dem schweifenden Nachdenken verdankten, gefahrlos laut vor mich hin sprechen zu können und sie sprechend zu ändern. Denn meistens gingen auch diese Gedichte durch Korrekturphasen. Nur sind die erwogenen und wieder verworfenen Fassungen nirgends auffindbar, denn im Kopf löschte ich sie sofort. Gelegentlich kam ich mir an solchen Tagen vor wie einer jener Büchermenschen am Ende des Films *Fahrenheit 451,* die laut vor sich hin murmelnd an einem Flussufer auf und ab gehen, weil sie die Weltliteratur mündlich bewahren und weitergeben müssen, da alle Bücher auf der Erde verbrannt worden sind.

Die zweite Arbeitsweise, die dazu führen kann, dass ein Gedicht so zügig entsteht, dass keine Stufen seiner Genese erhalten bleiben, wirkt weit weniger archaisch, sondern verdankt sich dem Schreiben am Computer und der Möglichkeit, alles soeben Geschriebene mühelos wieder löschen zu können. Auch auf diese Weise entsteht das Gedicht nur scheinbar aus einem Guss. Die Zahl der Verwerfungen ist womöglich sogar außerordentlich hoch, nur geschehen sie mit einer Geschwindigkeit, die sich derjenigen des Denkens annähert, ohne sie jemals zu erreichen. Eine Vielzahl von Entscheidungen über den Wortlaut, den Aufbau, das Satzgefüge bis hin zum äußeren Erscheinungsbild des Gedichts wird in einer Zeitspanne getroffen, die der von Guardini so bezeichneten *guten Stunde* sogar messbar nahe kommt und jedenfalls ein intensives Arbeiten ohne Pause ist. Erst wenn die Strömung merklich unterbrochen ist oder ich zu der Meinung gekommen bin, dass dieses Gedicht so bleiben kann, wie es nun ist, drucke ich es aus und speichere die

Datei. In den letzten Jahren sind solche Niederschriften am Computer innerhalb einer Stunde häufiger geworden, was vielleicht ein Anzeichen von Geläufigkeit ist, aber auch für den Druck spricht, den das seltenere Schreiben von Gedichten erzeugt. Es trifft natürlich nicht immer zu, dass diese Gedichte wirklich in einer Stunde entstehen, denn sie haben oft eine lange Inkubationszeit, die vom manchmal wochenlangen Brüten über möglichen Motiven und ersten Versen angefüllt ist, ohne dass diese gedanklichen Vorbereitungen irgendwo schriftlich fixiert worden wären. Wenn dann aber das Schreiben endlich begonnen hat, geht es oftmals schnell. Anders als das inwendige Schreiben ohne Stift im Gehen ist das Schreiben am Computer jedoch mit einer nicht unbedenklichen Entlastung des auditiven Gedächtnisses verbunden. Reim und Metrum haben nicht mehr ganz dieselbe memorierende Funktion für das Schreiben, da es der Computer ist, der sich merkt, was ich aufschreibe, und dabei nicht auf Klang oder Rhythmus achtet. Wenn es mir auch nicht behagt, muss ich doch feststellen, dass ich die in einer Sitzung am Computer entstandenden Gedichte weniger gut im Kopf habe als die im Gehen oder über einen längeren Zeitraum entstandenen.

Um die Entwicklung eines einzelnen Gedichts aber konkret nachvollziehen zu können, sind diese Reinschriften ohne Vorstufen nicht zu gebrauchen, gleich auf welche Art sie entstanden sind. Dafür sind jene Arbeiten besser geeignet, die auf deutlich mühsamere Weise zustande kommen und bei denen mehr Papier anfällt, das entweder mit dem Stift oder der Maschine oder mit beidem beschriftet worden ist. Wieder kann man zwei Varianten unterscheiden. Die eine ist mit dem Notizbuch verbunden, das ich nicht regelmäßig zum Spazieren, aber doch häufig bei Bahnfahrten mitführe und gelegentlich sogar benutze. Längere Bahnreisen können besonders anregend sein, wenn man übernächtigt ist und nur noch aus dem Fenster starren kann, da die Flüchtigkeit der Erscheinungen draußen ein für das Schreiben von Gedichten günstiges melancholisches Gefühl erzeugt, während man selbst von zwingenden Handlungen entbunden ist und sich den treibenden Gedanken überlassen kann. Wenn dann das Notieren begonnen hat, sind Streichungen notwendig und immer unleserlicher zwischen die Zeilen oder an den Rand gequetschte Notizen, möglichst bald erstelle ich eine neue Reinschrift, so dass binnen kurzem etliche Seiten des Notizbuchs mit Bruchstücken und Versionen des neuen Gedichts angefüllt sind. Auch dies kann bei längeren Fahrten dazu führen, dass das Gedicht bei der Ankunft so gut wie fertig ist und an der Maschine nur noch ins Reine geschrieben wird. Oder es ist der Anfang eines längeren Prozesses. Die meisten Gedichte, die ich seit dem Neubeginn im Sommer 1992 geschrieben habe, beanspruchten eine Arbeitsphase von zwei bis vier Tagen. An jedem dieser Tage machte ich zu Hause mindestens einen Ausdruck und arbeitete dann, wenn ich unterwegs war, mit dem Kugelschreiber am Typoskript weiter. Da das Arbeiten an Gedichten aber kein ruhiges Werkeln ist, sondern ein hochkonzentriertes fieberhaftes Tun, das mit erhöhtem Puls und schnellen Bewegungen verbunden ist wie das von Eile getriebene Auswickeln eines mit sehnsüchtiger Spannung erwarteten Geschenks, drucke ich das vermeintlich fertige, in Wahrheit aber noch in Arbeit befindliche Gedicht oft weit häufiger aus als nötig, schon die kleinste Änderung im Zeilenbruch oder der Austausch eines Wortes genügt, um dem Verlangen nach einer neuen Reinschrift sofort nachzugeben.

Auch kurze Fahrten können zum Schreiben anregen. In den letzten Lebensjahren meiner Mutter besuchte ich sie häufig sonntags, und meist fuhr ich mit der S-Bahn. Während ich auf den Hinfahrten fast nie schrieb, reichten die knapp 25 Minuten der abendlichen Rückfahrt nicht selten für den Anfang eines neuen Gedichts, das durch ihre Erzählungen von früher, alte Briefe, Familienfotos oder die kleinen Dienste, die ich für sie in Haus und Garten verrichtete, angeregt worden war. Auch fielen mir an solchen Tagen Gegenstände aus meiner Kindheit in die Hände, die in diesem Haus aufbewahrt wurden, oder ich zog einen lange nicht mehr betrachteten Band aus dem Bücherschrank meines Vaters. Schon auf dem Weg zum Bahnhof hatte ich einen ersten Vers, der mich auf eine Spur führte, der ich bislang noch nicht gefolgt war. Am Bahnhof kaufte ich mir eine Büchse Bier, und während der Rückfahrt kritzelte ich ins Notizbuch oder auf das nächste verfügbare Blatt. Ich sah aus dem Fenster ein Chemiewerk vorbeihuschen, ich rutschte in mich hinein, wenn in einem Vorort die S-Bahn unterirdisch fuhr und sich die Wagen mit Gestalten füllten. Wenn ich am Kölner Hauptbahnhof ausstieg, hatte ich das Gefühl, aus einer abgesunkenen Zeit meines Lebens zu kommen, und dieses Gefühl der Verlorenheit machte mir die Stadt, in der ich lebte, seltsam neu und fremd. Ich war weder hier noch dort, nicht im Damals und nicht ganz in der Gegenwart, sondern an einem dritten Ort, in der Welt des sich abzeichnenden neuen Gedichts.

Schreibgeräte, Korrekturen

Mit meiner fragwürdigen Handschrift hätte ich vor den gestrengen Augen Stefan Georges wohl keine guten Karten gehabt. Zu seinen Lehren vom schönen Leben, bei denen der rechte Umgang mit Dichtung eine tragende Rolle spielt, gehört die Weisung, bei der Abschrift eines Gedichts keinen Fehler zu dulden, sondern bei der kleinsten Unregelmäßigkeit ein neues Blatt zu nehmen und von vorn anzufangen. Das mag nicht so weit von den ehernen Vorschriften des Deutschunterrichts zur Kaiserzeit entfernt sein, hatte bei George aber meditative Gründe und orientierte sich am Ideal des schreibenden Mönchs im mittelalterlichen Skriptorium, der die Lettern der Evangelien und Messbücher makellos abzumalen hatte. Es war eine ästhetische Reaktion auf den modernen Buchdruck der Jahrhundertwende, denn schon am Gymnasium in Darmstadt hatte George erste Bekanntschaft mit dem eben erfundenen Taschenbuch gemacht. In gewisser Weise beherzige ich seine Weisung zur Sorgfalt durch die Eile, mit der ich immer neue Ausdrucke eines entstehenden Gedichts erstelle, aber das hätte George kaum gefallen, denn die handwerkliche und meditative Seite des Schreibens wird von der modernen Technik ebenso hintertrieben wie das auditive Gedächtnis. George aber ging, was das Kalligraphische angeht, seinen Jüngern mit leuchtendem Vorbild voran. Davon zeugt das Faksimile seines handschriftlichen Buchs *Der Teppich des Lebens und die Lieder von Traum und Tod mit einem Vorspiel*. Dieses Heft diente dem Buchgestalter Melchior Lechter als Vorlage für den Druck des 1900 veröffentlichten Gedichtbands, der in der George-Welt kurz *Teppich* genannt wird. Erst vor zehn Jahren kam dieses Heft zum Vorschein, das nach dem Tod des Dichters von Freunden gehütet worden war. Da es sich bei George um einen Lyriker handelt, der kaum Notizen und Vorstufen hinterlassen hat und sich auch von den vertrautesten seiner Jünger beim Schreiben nicht über die Schulter schauen ließ, ist dieser Fund besonders wertvoll.[1] Anders als gewisse andere Handschriften lesen sich Georges stark stilisierte Lettern ohne jede Mühe. Kein Wunder, dass seine Handschrift sogar zum Vorbild einer eigenen Type wurde, der StG-Schrift, in der nur Georges Bücher gedruckt werden durften. Man kann genau sehen, wo und wie er einzelne Wörter austauschte, zum Beispiel ersetzt er einmal *blicke* durch *augen* und bleibt bei allen Änderungen natürlich vollkommen im Versmaß. Umfangreich sind diese Korrekturen nicht und es grenzt schon fast an eine Sensation, wenn ein unvollkommener Vers durch einen zusätzlichen Fuß ergänzt werden muss. Das eigentlich Faszinierende ist aber der Blick auf die Handschrift selbst, die Buchstaben, die von der Zeit erzählen, dem Menschen, der sie schrieb, und den Handwerkszeugen, die er benutzte. George schrieb in sein Heft mit schwarzer oder blauer Tinte, Überschriften machte er mit roter Tusche und für Korrekturen verwendete er einen Bleistift. Er benutzte keinen Füllfederhalter, Kugelschreiber wären ihm ein Graus gewesen, ebenso wenig kann man sich ihn mit Blättchen oder einem Fläschchen Tipp-Ex vorstellen. Schreibgeräte und Materialien erzeugen eine eigene Aura, die sich auf die Texte auswirkt, und es verwundert nicht, dass Schriftsteller angesichts einer rasant veränderten Technik nicht selten zu einem

---

1 Stefan George: *Der Teppich des Lebens und die Lieder von Traum und Tod mit einem Vorspiel.* Mit einem Beiheft *Befunde der Handschrift* hrsg. von Elisabeth Höpker-Herberg. Stuttgart: Stefan George Stiftung 2003.

gewissen Anachronismus neigen. Hermann Lenz schrieb bis zu seinem Tod 1998 mit einer Stahlfeder, die er in ein Tintenfass von 1837 tauchte, und die handschriftlichen Vorlagen tippte er auf der Maschine ab, die seine Eltern ihm 1937 zu Weihnachten geschenkt hatten. Ich benutzte die alte Olympia meiner Mutter bis 1988, dann kaufte ich mir eine elektrische Schreibmaschine vom Typ Triumph Adler, die auf den Namen Gabriele hörte und als modernen Luxus einen Speicherplatz von 6800 Zeichen hatte. Wollte man ihn nutzen, musste man auf ein winziges Display-Fenster starren, in dem man höchstens einen halben Satz überblicken konnte. Aber das klackernde Geräusch, wenn man den gespeicherten Text abrief und die Maschine ihn wie von Geisterhand auf das Blatt fließen ließ, war toll. Mit dem nächsten innovativen Schub wartete ich bis 1992. An meinem ersten Computer, den ich um die Zeit erwarb, als sich die erste Phase meines Schreibens erschöpft hatte, interessierte mich zunächst vor allem die Möglichkeit, einzelne Wörter kursiv zu setzen.

Nie beginne ich vor dem leeren Bildschirm oder dem weißen Blatt. Ich setze mich erst hin, wenn ich schon etwas im Kopf habe. Das ist jedoch bei anderen Lyrikern durchaus anders. Ein Beispiel ist der Dichter Jürgen Becker. Viele seiner Gedichte sprechen von einem solchen Anfang aus dem Nichts, und er ist bei ihm weniger mit Schrecken besetzt als bei Ernst Jandl. Die Stille vor dem Papier gewinnt etwas Meditatives, wenn man dem Geräusch lauscht, das der Stift macht, den Blick aus dem Fenster schweifen lässt, den Vögeln zusieht und das Radio laufen hat: »Es regnet draußen. Wir bleiben im Haus // und die Tischebene ist noch ruhig. Sie bleibt ruhig, / im trüben

Licht des Vormittags, bis wir anfangen, / die Stille zu vernichten. / Es geht langsam, und man hört, wie immer wieder der Stift aufs Papier // fällt. So entsteht (die kurzen Atemzüge heut früh / lassen mehr nicht zu) der Anfang einer Fortsetzung, / die zu warten gelernt hat, bis jetzt. Ein Radio dröhnt / plötzlich auf.«[1] So beschreibt sich das im Entstehen begriffene Gedicht gleichsam selbst. So mischen sich Bilder und Stimmen der Welt mit den Stimmen im Kopf, und auf diese Weise kann die neue Stimme laut werden, die das Gedicht selber ist. Radiohören ist übrigens gut, das Radio ist für einen Schriftsteller das beste Medium überhaupt, weil es ihm zuspricht, ohne Bilder vorzugeben. Früher konnte ich bei Musik gut arbeiten, heute geht das für mich gar nicht mehr. Fernsehen ist für das Schreiben tödlich, weil Fernsehbilder nie so plastisch sind wie das Erinnerte und Imaginierte. Noch ungünstiger ist der Sog, den das Internet erzeugt. Es zieht einem die Gedanken aus dem Kopf und führt ins Uferlose, aber nie zu einem Vers.

Die Techniken wandeln sich, und sie nehmen Einfluss auf das Schreiben, das Archaische am Vorgang des Dichtens tasten sie im Kern jedoch nicht an. Jede der geschilderten Weisen des Arbeitens am Gedicht setzt nach wie vor einen Vers voraus, der sich in meinem Kopf bereits eingenistet hat und dem ich irgendwann so weit vertraue, dass ich mich auf das Wagnis eines neuen lyrischen Versuchs einlasse. Es ist nicht nur so, dass ich diesem Vers tage-, manchmal auch wochenlang skeptisch gegenüberstehe und es mit Absicht unterlasse, ihn zu notieren. Ich ver-

---

[1] Jürgen Becker, *Das Gedicht von der wiedervereinigten Landschaft,* Frankfurt am Main: Suhrkamp 1988, S. 33.

suche geradezu, ihn zu vergessen, um ihn umso härter auf seine Tragfähigkeit zu prüfen. Er muss durch den Filter des Schlafs und die mannigfaltigen Verrichtungen des Wachzustands gehen, er muss aushalten können, dass ich keine Zeit für ihn habe, keine Lust oder keine Kraft, mich ihm zu widmen. Wenn der Vers kommt, liegt er mir sofort als Ganzes vor, er wird nicht in eine rhythmische Form gebracht, sondern besitzt sie schon. Der Vers wird also weniger gebaut als gefunden. Sobald er vorliegt, kann er bearbeitet werden. Der häufigste Schritt einer Bearbeitung ist der paradigmatische Austausch einzelner Wörter durch andere, die syntaktisch wie rhythmisch passend sein müssen. Ausgetauscht wird so lange, bis eine bestimme Nuance der Bedeutung erzielt ist und die Abfolge der Vokale und Konsonanten innerhalb des ganzen Gedichts durch das neue Wort so optimiert ist, wie mein Ohr es braucht. Deshalb werden die Verse beim Schreiben oft leise oder laut gesprochen, und wenn ein Vers dabei nicht über die Zunge will, merke ich, dass er noch nicht richtig ist oder ganz gestrichen werden muss. Das gilt für jeden Vers im Gedicht, der erste ist jedoch der entscheidende. Der erste Vers enthält das Webmuster des ungeknüpften Teppichs, er ist die erste Phrase einer neuen Melodie, der Kern einer kurzen Erzählung, und er ist genau diese drei Dinge auf einmal. Denn das Gedicht ist immer zugleich sichtbares Gewebe, hörbares Gebilde und Aussage über die Welt. Keiner dieser Aspekte darf vernachlässigt werden, alle drei sind in gleicher Weise unabdingbar und bedeutend. Man ist gewöhnt, in einem Dualismus von Sinn und Form zu denken und dabei das eine mit dem anderen zu verrechnen, aber diese Rechnung ist für Gedichte zu einfach. Denn anders als in der Prosa, bei der sich der Klang – wenn er auch beachtet wird – dem Sinn unterordnet und das Druckbild durch Blocksatz vorgegeben ist, arbeitet der Lyriker auf drei Ebenen gleichzeitig. Form bedeutet demnach für ihn zweierlei: Klangform und Schriftbild. Die Arbeit am Schriftbild ist nur insofern sekundär, als sie beim Schreiben ohne Gerät, dem Dichten im Kopf während des Gehens, in aller Regel noch nicht bedacht wird. Auch bei der Arbeit mit Stift und Notizbuch spielt sie eine untergeordnete Rolle. Geschieht das Schreiben aber gleich an der Maschine, dann ist auch das Bild des Zeilenfalls sofort relevant.

Das Schriftbild

Das Druckbild ist für den Leser die allererste Botschaft, die das Gedicht aussendet. Schon der flüchtige Eindruck eines Druckbilds kann beglückend sein, wenn man an die gleichmäßig dahinfließenden Terzinen aus Dantes *Göttlicher Komödie* denkt, und es ist wohl kein Zufall, dass T. S. Eliot die profunde Einsicht, dass echte Dichtung kommunizieren kann, noch bevor sie verstanden wird, beim Anblick der *Komödie* kam: Das Auge liest mit. Dass das Schriftbild eigens bedacht werden muss, ist jedoch eine Entwicklung der letzten hundert Jahre und eine Folge der Loslösung des Gedichts aus den verbindlichen Vorgaben des Strophenbaus und der Bindung an Metrum und Reim. Bei traditionellen Gedichten – etwa bei Terzinen, im Sonett oder bei vierzeiligen Volksliedstrophen – gehorcht die optische Form einer akzeptierten Regel, die der Dichter übernimmt und nicht neu erfinden muss. Beim Gedicht in mehr oder minder freien Versen muss das Zeilenende anders definiert werden. Dazu ist es sinnvoll, die fast immer synonym verwendeten Begriffe Zeile und Vers klar auseinanderzuhalten: Während die *Zeile* die visuelle Einheit ist, die Folge der Worte von links nach rechts über die Seite bis zum nächsten Zeilenumbruch, so bezeichnet *Vers* das klanglich-syntaktische Gebilde, das mit der Zeile konform oder über sie hinausgehen und eine eigene Ordnung etablieren kann. Geht ein Vers übers Zeilenende hinaus, spricht man von Enjambement, aber mit diesem Begriff ist nur ein Phänomen benannt, die Problematik der Entscheidungsfindung aber ausgeblendet.

Schlägt man Anthologien auf, die die Geschichte der deutschen Lyrik überschauen, dann fällt auf, wie unruhig und regellos, man kann auch sagen: wie vielfältig das Schriftbild wird, wenn man sich Gedichte des 20. und 21. Jahrhunderts ansieht. Einerseits gibt es Gedichte, die nach wie vor dem klassischen Aufbau folgen, bei denen Vers und Zeile identisch und die Strophen regelmäßig gebaut sind. Sie machen es sich womöglich zu einfach, wenn auch die klassische Form immer einen Reiz darstellt und zweifellos dem seit den siebziger Jahren üblichen losen Flattersatz vorzuziehen ist, der den Zeilenbruch oftmals nur als ein Mittel der gedanklichen Gliederung benutzt und kein rhythmisches Gesetz erkennen lässt. In der Konkreten Poesie war das von der Norm abweichende Schriftbild dagegen manchmal schon die einzige Botschaft, und das hilft den meisten Lyrikern bei ihren Problemen mit der Optik des Gedichts auch nicht weiter. Denn es geht nicht um Originalität, sondern um die dem Schreiben angemessene gestalterische Form. Sie soll die Sinne ansprechen, ohne vom Gedanken abzulenken, sie muss einleuchtend, schlicht und wohlproportioniert sein, ohne maniriert zu wirken. Dieses Problem stellt sich für jeden Lyriker individuell, und wenn er auch eine Linie gefunden hat, es anzugehen, so muss er sie für jede neue Arbeit prüfen.

Auch an dieser Aufgabe arbeitet der Lyriker auf der Grundlage jenes einen Verses, der ihm nicht aus dem Kopf geht, denn von diesem ersten Vers hängt alles weitere ab. Zum Beispiel muss der Lyriker spüren, ob dieser Vers überhaupt der Anfang des Gedichts sein kann oder weiter hinten stehen sollte, ob er einen rasch antwortenden Reim verlangt oder einen weit hinausgezögerten, ob mit diesem Vers eine Zeile gefüllt werden kann, ob er auf die zweite übergreift oder aber der zweite Vers noch in derselben Zeile beginnt, ob Satzzeichen nötig, Strophen sinnvoll sind, wie lang das Gedicht werden muss und welches Lebenszeugnis damit abgelegt werden könnte. Das Fehlen verbindlicher poetischer Regeln verlangt es dem Lyriker geradezu ab, sein eigenes Regelwerk zu errichten, und innerhalb dieser Regeln muss er entscheiden, ob er konform bleibt, variiert oder mit einer Regel bricht. Hierzu gehören auch alle scheinbar marginalen Fragen der Zeichensetzung und möglicher orthographischer Besonderheiten. Einige davon trifft man ein für allemal, wie die von vielen Lyrikern gewählte Option für eine durchgehende Kleinschrift. Sie hat in den seltensten Fällen spezifische Relevanz, am ehesten votiert man damit für eine bestimmte Traditionslinie. Was meine Entscheidung für die Kleinschrift angeht, so fallen mir so unterschiedliche Vorbilder wie Stefan George und Ernst Jandl ein. George war der erste, der diese Abweichung von der Norm in die deutsche Lyrik einführte. Er schrieb aber den ersten Buchstaben jeder Zeile groß und verwendete Großbuchstaben für emphatische Hervorherbungen; die Kleinschrift ist bei ihm ein Zeichen elitärer Absonderung. Anders Jandl, der die Kleinschrift eher demokratisch auffasste: Kein Wort sollte aufgrund seiner Klassenzugehörigkeit mehr Gewicht haben als ein anderes. Die einmal getroffene Wahl ist kaum rückgängig zu machen; in regulärer Groß- und Kleinschreibung würden mir meine Gedichte fremd und irgendwie nicht richtig vorkommen.

Weitaus komplizierter liegt der Fall bei der Interpunktion. Es gibt Gedichte, in denen ich einer regulären Handhabung nahe komme, in anderen verzichte ich völlig auf jedes Satzzeichen, und es gibt weitere, die mit spärlicher oder irregulärer Interpunktion versehen sind. Aufs Ganze betrachtet bin ich damit nicht zufrieden, in den Einzelfällen aber erscheint mir die Lösung zwingend. An der Handhabung der Interpunktion lassen sich inhaltliche Tendenzen der Gedichte ablesen. So verzichte ich in Gedichten, bei denen die Vorstellung des inneren Monologs eine Rolle spielt, immer auf Satzzeichen. Ein Muster hierfür ist, wenngleich Prosa, das letzte Kapitel von Joyces *Ulysses*. Die nächtlichen Gedanken der Molly Bloom, die im Bett liegt und auf ihren heimkehrenden Ehemann wartet, erstrecken sich über 40 Seiten ohne Punkt und Komma. Diese Bruchlosigkeit des Bewusstseinsstroms leuchtete mir immer ein und ist ein wichtiges Modell für die Rede im Gedicht. Dagegen legen Gedichte, die weniger auf eine Innenperspektive aus sind, sondern welthaltiger oder erzählerischer sind, eine reguläre Interpunktion nahe. Ausgesprochen schwierig sind die Fälle dazwischen, in denen ein Verzicht auf Interpunktion angestrebt, aber nicht erreicht werden kann, da das rhythmische, semantische oder grammatische Gefühl hier und da ein Komma verlangt. Satzzeichen sind überdies auch Pausenzeichen und musikalische Anweisungen für das innere Ohr. Bei einem Punkt sollte die Stimme gesenkt werden, bei einem Komma bleibt sie in der Schwebe; ein Semikolon verlangt eine ähnlich lange Pause wie ein Punkt, aber die Stimme wird dabei kaum mehr gesenkt als bei einem Komma. Keine noch so geringfügige formale Eigenheit bleibt rein äußerlich. Ebenso wenig ist die Form jemals Selbstzweck. Alle Überlegungen zur Form stehen in wechselseitiger Wirkung zu dem, was das Gedicht sagen, wovon es sprechen kann. Der Lyriker hat keine Botschaft, für die er Formulierungen sucht. Er folgt einem Impuls, über den er sich nur klarwerden kann, wenn er sich, mit einem schönen Wort von Stefan George, der *ursprünglichen Freude am Formen* vertrauensvoll überlässt.

Ausgraben

Mit dem Einbruch des gelebten Lebens in meine Gedichte, der sich mit dem Gedicht *ende der siebziger* im September 1992 ereignete, wurde das Schreiben für mich deutlich schwerer. Waren zuvor etliche, teils sehr kurze und spielerische Gedichte, innerhalb weniger Wochen entstanden, so verlangsamte sich das Schreiben nun enorm, und künftig war ich über zwei Gedichte im Monat froh. Die Gedichte nahmen einen anderen Charakter an, sie verlangten neben der Arbeit an der sprachlichen Oberfläche eine Ausgräbertätigkeit – eine Metapher, die der irische Dichter Seamus Heaney für seine Art des Schreibens fand und die auch Thomas Kling verwendete. Nur war mein Feld, anders als in den späten Gedichten Klings, nicht die Archäologie oder die Dichtungsgeschichte, es sei denn, ich fand einen persönlichen Zugang. Es waren die engeren und weiteren Ringe meiner Herkunft, denen ich mich widmen musste. Ich konnte auf sie jedoch nicht zugreifen, wie ich wollte, sondern musste sie der *guten Stunde* abgewinnen, die sich manchmal über Wochen erstreckte. Im September 1994 hatte ich meinen Schreibtisch für einige Zeit nach Tübingen verlegt und machte Touren durch die Umgebung. Dazu gehörten Erkundungen auf den Spuren Hölderlins, die sich im Schwäbischen überall finden, besonders aber in Tübingen, wo er die zweite Hälfte seines Lebens im Turm am Neckar verbrachte. Diese Wochen waren sehr anregend und ließen mich im Schreiben näher als zuvor an gewisse Urszenen meines Lebens herankommen. Eine wichtige Lektüre war Walter Benjamins *Berliner Kindheit um neunzehnhundert*. Diese Stücke erinnernder Kurzprosa sind so dicht und suggestiv gearbeitet wie Gedichte, und besonders die Texte, in denen Benjamin die verwunschenen Wohnstuben seiner Kindheit durchstöbert, ermutigten mich, endlich das Tor zur engen Wohnung meiner Großmutter aufzustoßen, deren Bilder mich verfolgten, ohne dass ich sie bisher auch für andere sichtbar gemacht hatte.

Der Weg, der zu dem Gedicht *gedimmtes licht* führte, war überaus mühsam. Ich kann ihn anhand von 13 Blättern nachverfolgen, die mit der Maschine und mit der Hand beschriftet und datiert sind. Beim undatierten ersten Blatt handelt es sich um ein beidseitig beschriftetes Blättchen eines Quittungsblocks der Kölner Gilde Brauerei, woraus ich klar ersehe, dass ich diese Notizen noch vor der Reise nach Tübingen in einer Kölner Kneipe gemacht haben muss. Unter der mir heute dunklen Überschrift *ad finitum* notierte ich diese Verse: »die dunkle tür zur wohnung mit der schelle / geht einen spalt weit auf / schau nach / sind in der diele noch die matten [alten] stiche? / dies eher weniger! egal. / dem jungen gib mal kirschsaft in ein simples glas / sie tut seit langem keinen gang mehr in die stadt / u. gib dazu noch aus der bonbonniere / nicht in der küche oder auf den hof / den bildern stell dich wie sie zu dir kommen / der schokoladenschrauben zwei in gold-papier / wo sie zuletzt [lag] noch mit den offnen beinen / auch in der stube ist sie dann nicht mehr [hier].«[1]

---

1 Streichungen im Manuskript sind in Klammern wiedergegeben.

Einige Markierungen auf dem Blatt und die etwas losen Verknüpfungen deuten an, dass noch nicht jeder Vers seinen Platz gefunden hat. Man kann nun diesen ersten Entwurf neben das fertige Gedicht halten und sehen, welche Verse am Ende Eingang fanden. Es sind nur: *dem jungen gib mal kirschsaft in ein simples glas / u. gib dazu noch aus der bonbonniere / den bildern stell dich wie sie zu dir kommen / der schokoladenschrauben zwei in goldpapier.* Alles übrige wurde im Verlauf der Arbeit ausgetauscht oder gestrichen, manche Verse, Worte oder Motive aber fanden erst sehr viel später ihren Platz in einem ganz anderen Gedicht. So taucht das eingeworfene *egal* ein gutes Jahr später im Gedicht *dunst* wieder auf, das atmosphärisch an *gedimmtes licht* anklingt und in dem nicht die hier latent anwesende Großmutter, sondern die Figur meines Onkels eine Rolle spielt. Die Frage, wie oft ein alter Mensch überhaupt noch vor die Tür kommt, begegnet über acht Jahre später in dem Gedicht *schollen,* in dem es um den Tod meines Großvaters, des Eichendorff-Lesers, geht, und die Beschäftigung mit den alten Stichen und Radierungen hat eine ganze Reihe anderer Gedichte angeschoben bis hin zu dem 2008 entstandenen Gedicht *dunkelkammer.* Das ist für mich ein interessanter Fund, weil auf dem bekritzelten Gilde Kölsch-Blättchen die Motive so dicht und zum erstenmal beieinander stehen, aus denen ich bis heute schöpfen kann. Interessant ist daran außerdem, dass die für ein bestimmtes Gedicht ausgemusterten Verse zwar in völlig anderen Zusammenhängen wieder aufgetaucht sind, diese aber geeint sind durch den Bezug zur Wohnung meiner Großmutter, in der die Menschen aufwuchsen, denen die Gedichte zugedacht sind. Ted Hughes' dunkle Felswand lässt grüßen.

Für die Entstehung von *gedimmtes licht* ist aber ein anderer Vers auslösend gewesen, der am Ende ebenfalls nicht ins fertige Gedicht einging: *die dunkle tür zur wohnung mit der schelle.* Dabei halte ich diesen Vers noch immer für einen guten Auftakt, weil er ganz bildlich eine Tür aufstößt, aber etwas daran muss mich gestört haben. Ich fand den Grund zufällig, als ich Benjamins *Berliner Kindheit* wieder zur Hand nahm, denn es handelt sich um ein verstecktes Zitat: »Gleich nach dem Haustor fand sich links im Flur die dunkle Tür zur Wohnung mit der Schelle«, steht in *Steglitzer Ecke Genthiner*, einem Text, in dem sich Benjamin an Besuche in den Wohnungen alter Tanten erinnert.[1] Es sind außerordentlich schöne Verse in Prosa, und sie folgen rein zufällig sogar dem von mir bevorzugten Metrum. Noch dazu schien Benjamin alles über meine Großmutter zu wissen, wenn er über seine Tanten schrieb, dass sie feengleich ganze Straßenzüge durchwirken konnten, ohne darin zu erscheinen, denn sie verließen nie das Haus und hockten darin wie ein Vogel in seinem Bauer. Trotzdem hatte ich mit dieser Nähe zu Benjamin ein Problem. Mit literarischen Zitaten arbeitete ich zwar auch nach 1992 noch und sie können bis heute in meinen Gedichten vorkommen. Aber um diesen für mein Leben und Schreiben wichtigen Raum erstmals aufschließen zu können, war mir ein Zitat offenbar nicht recht, es wäre mir wie ein nachgemachter Schlüssel erschienen. Aus zwölf DIN-A4-Blättern kann ich nun ersehen, welche Mühe ich mir dadurch auflud, dass ich meine eigenen Worte finden musste, um bis zu der Stelle mit der Bonbonniere vor-

---

1 Walter Benjamin, *Berliner Kindheit um neunzehnhundert.* Fassung letzter Hand und Fragmente aus früheren Fassungen, mit einem Nachwort von Theodor W. Adorno. Bibliothek Suhrkamp 1987, S. 32.

zudringen, die im tiefsten Innern der Wohnstube schon auf mich wartete. Von diesen zwölf Blättern sind zehn auf einer mechanischen Schreibmaschine angefertigt, die ich in Tübingen benutzte. Der erste Versuch einer Reinschrift ist undatiert und ohne Titel.

> die dunkle tür zur wohnung mit
> der schelle geht
> unbedenklich nach der diele auf
> die hat schon lange keiner
> tapeziert, da gibts die matten
> pastoralen stiche dem jungen gib
> mal kirschsaft in ein simples glas
> das hat man irgendwie mal zur
> notiz genommen u. gib dazu noch
> aus der bonbonniere der
> schokoladenschrauben zwei in
> goldpapier gewickelt
> waren auch die offnen beine, die
> wundgelegenen in diesem zimmer
> hier den bildern stell dich
> wie sie zu dir kommen.

In dieser Fassung halte ich an dem Benjamin-Anfang noch fest, auch ist der Schlussbogen des Gedichts bereits gefunden, und der poetologisch lesbare Vers *den bildern stell dich wie sie zu dir kommen* befindet sich bereits in der Endposition. Dieser Vers war beim Schreiben eine an mich selbst gerichtete Aufforderung, den inneren Bildern zu folgen. Auffällig ist die Kürze einiger Zeilen, zumal der zweiten. Eine schlüssige Lösung für das Problem des Zeilenbruchs hatte ich noch nicht gefunden. Die Loslösung der Verse von der Länge der Zeilen gehörte schon zum Repertoire, aber von dem in späteren Gedichten immer deutlicheren Bestreben, möglichst gleich lange Zeilen zu bilden und so ein visuelles Ebenmaß zu erzeugen, sieht man hier noch nichts. Da ich nicht am Computer schrieb und ergo nichts kursiv setzen konnte, sind die Worte unterstrichen, die man sich gesprochen vorstellen sollte und die ich mir als Stimme meiner Großmutter dachte. Dieser Reinschrift folgt ein handschriftliches Blatt mit etlichen Durchstreichungen, das zeigt, dass ich mit dem Ergebnis nicht zufrieden war. Erstmals unter dem Titel *gedimmtes licht* findet sich ein weiterer Versuch, der auf den 11.–18.9. datiert ist.

[zur stunde dunkler als den tag
davor ist zur
beruhigung jetzt auch der abend da]
u. im gedimmten halogenen licht
sind die radierungen bewusster orte
schon endlos durchgemustert
[die tapete u. um den block gegangen
bis zum gehtnichtmehr] dem jungen
gib mal kirschsaft in
ein simples glas verschüttet
auch gebunkert die bewussten
dinge u. gib dazu noch aus der
bonbonniere der schokoladen–
schrauben zwei in goldpapier
gewickelt waren auch die offnen
beine, die wundgelegenen
in diesem zimmer hier den bildern
stell dich wie sie zu dir kommen.

Hier ist die richtige Überleitung zwischen den beiden ge-
sprochenen Stellen gefunden und das Gedicht hat nun ab
dem jungen seinen späteren Wortlaut erhalten, allerdings
sind die Zeilen neu umbrochen und die Verse beginnen
nun an anderen Stellen im Zeilenverlauf. Überdies zeigen
die gestrichenen Stellen noch eine schwankende Suche
nach dem richtigen Anfang. Nicht selten habe ich Ge-
dichte in dieser Zeit eher von hinten nach vorne geschrie-
ben, und dabei konnte es zu plötzlichen Kursänderungen
kommen. So zeigt die Fassung vom 20.9.94 einen jähen
Versuch, aus dem noch nicht fertigen Gedicht regelrecht
auszubrechen.

nach außen freundlich ist der tag

nicht mehr, im dunst

befangener septemberabend

noch um ein weiteres um denselben

block, um vieles nachgedunkelte

fassaden, u. in dem fenster

im gedimmten licht man sieht

da fehlt was ist der käfig leer

da hat den sittich einer

wohl herausgenommen, den wund-

gescheuerten an diesen

stäben hier, / den bildern

stell dich wie sie zu dir kommen.

Hier hatte mich am zehnten Tag der Arbeit am Gedicht
ganz offenbar die Courage verlassen. Aus der imaginier-
ten Rückkehr in die Wohnung meiner Großmutter wurde
ein Blick von außen, von der Straße, so als traute ich den
Wörtern gar nicht zu, das Innere der Wohnung zu erhel-

len. In den Blick fällt nun nicht länger die Bettstatt der dahinsiechenden Großmutter, sondern der Vogelkäfig, in dem der gleichfalls leidende Sittich sitzt, dem ich schon andere Gedichte zugedacht hatte. Hier ist nun allerhand an den Realien falsch, die das Gedicht doch gerade bannen möchte. Sieht man davon ab, dass der Sittich eigentlich ein Kanarienvogel war, den ich wegen seiner rhythmischen Kürze und dem im Sittich verborgenen »ich« gewählt hatte, so war das in dieser Fassung nahegelegte Bild, man könne den Vogel im Käfig von der Straße aus sehen, schlichtweg falsch. Denn der Vogelkäfig stand in der Küche, die zum Hof hin lag, und die Vorhänge und Gardinen im Wohnzimmer ließen den Blick von der Straße in die noch dazu im Hochparterre gelegene Wohnung ohnehin nicht zu. Von solchen Feinheiten der wirklichen Welt erfährt der Leser von Gedichten gemeinhin nichts, sie können ihm auch gleichgültig sein, wenn er seinem Autor trauen kann. Denn wenn sie auch keinerlei äußerer Kontrolle unterliegen, so verursacht die Fälschung von Realien dem Autor doch ein schales Gefühl, das seine Freude am Gedicht trübt, und er muss für eine solche Abweichung triftige Gründe haben (einer der triftigsten ist immer der Rhythmus). Aber dieser Autor traute sich zu diesem Zeitpunkt selbst nicht mehr, und er entfernte sich geradezu von der Mahnung, die das Gedicht noch immer an ihn richtete: *den bildern stell dich wie sie zu dir kommen.* Eine Flucht konnte kein Weg sein, und in den folgenden Tagen suchte ich diesen Ausbruch zu korrigieren und holte die vorschnell verbannten Verse zurück. Es zeigte sich, dass der Fluchtversuch nicht umsonst gewesen war, denn einige Bilder waren so gefunden, mit denen ich arbeiten konnte. So war das Motiv Dunst aufgetaucht, das ein Jahr später titelgebend für ein anderes Gedicht wurde. Die Genese von *gedimmtes licht* zog sich zusehends in die Länge und erforderte acht weitere Fassungen, bis der endgültige Wortlaut feststand. Ich erwog noch alternative Titel und versuchte erfolglos, die Stelle mit der Schelle zu integrieren. Aus dem Septemberabend wurde aus rhythmischen Gründen ein Winterabend. Am 1. Oktober war ich wieder in Köln, denn die letzte Arbeitsfassung entstand am Computer. Sie war noch nicht die Endfassung, die aber aus den handschriftlichen Korrekturen auf dem letzten Blatt hervorgeht.

gedimmtes licht[1]

schon stillgelegtes trottoir
im dunst befangen eines
winterabends, noch um ein
weitres um denselben block
um vieles nachgedunkelte
fassaden; wo du hineingehst
gedimmtes licht, längst nicht
mehr abgerissene kalender *dem
jungen gib mal kirschsaft* in
ein simples glas verschüttet
auch gebunkert die bewussten
dinge u. *gib dazu noch aus der
bonbonniere* der schokoladen-
schrauben zwei in goldpapier
gewickelt waren auch die offnen
beine, die wundgelegenen in

---

1   Norbert Hummelt, *singtrieb,* Urs Engeler Editor 1997, S. 30.

diesem zimmer hier den bildern
stell dich wie sie zu dir kommen.

So war ich angekommen an einem Ort, der zugleich
ein äußerer und ein innerer war. Immer wieder durch-
messen Gedichte die Entfernungen zwischen den sinnlich
erfahrbaren Dingen und dem einsamen Standpunkt des
Bewusstseins neu, bald kommen sie näher an die Dinge
heran, bald kreisen sie enger ums Ich. Gedichte haben
immer Anteil an beiden Polen, sind nie ganz solipsistisch
und nie ganz real. Die Grenzzonen zwischen Schlaf und
Wachen sind daher besonders fruchtbar, da sie bestimmt
sind durch den Versuch, dort die Kontrolle zu gewinnen,
wo sie gerade entgleitet. Diese Kontrolle liegt im Vers, in
seiner Kontur und seiner Prägnanz, er bietet den flüchti-
gen Erscheinungen Halt, weil er selbst sinnlich ist. Der
Schlaf und das ihm eigene Vergessen ist wiederum eine
wichtige Kontrollinstanz für das entstehende Gedicht.
Längst bin ich davon abgekommen, Stift und Block neben
dem Bett zu positionieren, weil ich der filternden Arbeit
des Schlafs nicht vorgreifen will. So lange die Arbeit an
einem Gedicht andauert, werde ich morgens mit derjeni-
gen Textstelle wach, die noch nicht stimmt und an der ich
weiterarbeiten muss. Erst wenn mir morgens das Gedicht
gar nicht mehr einfällt, wenn es mir erst im Laufe des
Tages wieder in den Sinn kommt, ohne mich länger zu
fesseln, weiß ich, dass es fertig ist. Es ist dann aus meinem
Kopf heraus und auf dem Papier angekommen.

Stil
Über manche Aspekte eines Gedichts, die Lesern beson-
ders wichtig erscheinen mögen, denkt der Lyriker über-

raschend wenig nach. Welche das sind, ist von Fall zu Fall anders, in meinem aber muss ich bekennen, dass ich kaum jemals einen Gedanken an Metaphern verschwendet habe, die doch für nicht wenige Interpreten einen Text überhaupt erst lyrisch machen. Nicht die übertragbare, sondern die gegenständliche Dimension des Bildes ist das, was mich beim Schreiben beschäftigt. Ich muss die Dinge vor mir sehen, die die Worte meinen, und kann mich nicht damit abgeben, inwiefern man darin Chiffren für was auch immer lesen kann. Dies alles im Vertrauen darauf, dass die Bilder irgendwann im Zuge meiner Arbeit am Gedicht durchscheinend werden, sich öffnen für die Augen anderer, die ihre eigenen Vorstellungen daran knüpfen können. Das Bild aber klärt sich durch den Klang. Indem ich mich auf mein musikalisches Gespür für Worte verlasse, indem ich am Rhythmus feile, bis nichts mehr hakt, mache ich das Gebilde leicht und die Dinge kommen zum Vorschein, für wen auch immer.

Welche Operationen an den Worten nötig sind, bis ich es zu jenem Punkt bringe, an dem ich mit einem Gefühl der Befriedigung in mein Leben zurückkehren kann, wandelte sich mit den Jahren. Wurde das Dichten mit meiner Wendung zum Autobiographischen zunächst immer schwieriger, so trat später wieder eine größere Leichtigkeit ein. Zugleich wurde das Spektrum verschiedenartiger Gedichte kleiner. Ein nicht mehr frei austauschbares Arsenal an Motiven, Schlüsselreizen, Formidealen und technischen Kniffen lag vor, die Bedingungen für das, was man den Stil eines Autors nennen kann. Es gibt Künstler wie Picasso, die erfinden sich ständig neu, und die permanente Revolution der Ausdrucksmittel ist ein Ideal, das seit hundert Jahren hoch im Kurs steht. Man schreibt aber nicht für die Erwartungen des Kulturbetriebs, sondern für sich und die wenigen, von denen man sich verstanden glaubt, und davon sind etliche nicht mehr am Leben. Es ist deshalb gut, wenn man sich im Schreiben etwas ganz zur eigenen Person Gehöriges schafft, man mag es Stil oder Form nennen, in dem man sich aufgehoben fühlen und zu dem man zurückkehren kann, eine Art Heim. Dieses Heim darf nicht zu rigide Vorschriften besitzen, es muss den Reiz des Neuen ebenso wie die Anmutung des Vertrauten an sich haben. Wenn es da ist, ist es gut. Es kann dann so sein, dass der Autor das Gefühl hat, ein neues Gedicht ergebe sich mehr oder weniger von selbst, nur weil er an einem bestimmten Tag an einem bestimmten Ort dieses oder jenes wahrnahm, das ihn auf die Spur einer Erinnerung und von dort zu einem ersten Vers führte. So ging es mir, als im März 1999 der Klavierstimmer zu Gast war und seine Arbeit tat. Er redete dabei ununterbrochen und auf so anregende Weise, dass ich heimlich in der Küche Notizen machte. So lernte ich oberflächlich etwas über den Klavierbau, aber vor allem ließ mich das Gehörte an peinsame Stunden meiner Kindheit und an meine Großmutter denken, die seit der Erwähnung ihrer wundgelegenen Beine in *gedimmtes licht* nicht mehr in Versen in Erscheinung getreten war.

schattenmorellen[1]

im wohnzimmer steht ein brünettes klavier
nicht jenes schwarze modell aus dem vorkrieg,

---

[1] Norbert Hummelt, *Zeichen im Schnee,* a.a.O., S. 31.

die firma ging in den zwanzigern ein ..
kurze, nach unten gekröpfte klaviatur, da
kann man kein wunder an spielart erwarten.
die wirbel sind nicht mehr fest genug.
er kann den dämpfer nicht richtig fixieren
u. weiß nicht, wo es schon wieder blockiert.
u. wie er so sacht mit der stimmgabel tönt
kommt mir ein satz meiner großmutter wieder
so dass ich stehe u. bin überströmt
spiel doch noch einmal das largo von händel ..
von jenseits der steppdecke kam diese stimme
noch als sie lange schon bettlägrig war
sich nährend von pudding u. schattenmorellen
u. jeden einzelnen wirbel verspürte
trug sie geflochtenes kohlschwarzes haar
spiel doch noch einmal das largo von händel ..
es war ihre einzige melodie, aber ich hatte
zwei linke hände u. ich spielte u. konnte es nie

In diesem Gedicht war ich zu Hause und bin es noch. Jenseits des Biographischen sind es die bestimmten, nicht zu fest und nicht zu locker gewobenen Klangmuster, die dieses Gefühl der Heimat im Wort in mir auslösen und das Prinzip der wohltemperierten Tonschwankung. Das Gedicht beginnt mit prosanahem Sprechen, es lässt von Beginn an keinen Zweifel daran, dass es von einem bestimmten Erlebnis erzählen möchte und dass seine Bilder durch Erfahrung gedeckt sind. Es nutzt diese empirischen Grundlagen aber bald dafür, einen Sprung ins nicht Greifbare zu machen, in die erinnernde Vorstellung einer vergangenen Zeit, und es gestattet sich, zwischen Wahrnehmung und Erinnerung Korrespondenzen zu erstellen wie durch den zweifachen Gebrauch des Wortes *wirbel* in unterschiedlicher fachsprachlicher Bedeutung. Es beginnt ohne Reim, findet ihn dann aber und überlässt sich ihm ohne zu zögern. Denn die Erstellung bildhafter Korrespondenzen findet im Echo des Reims ihre Entsprechung. Das Gedicht weiß auch ganz genau, wann es zu Ende ist, darüber gibt es keine Diskussion. Und das Gedicht erlaubt sich mit Selbstverständlichkeit, sachlich und romantisch, ernst und komisch zugleich zu sein, weil es in seinem beschränkten Ausschnitt möglichst viel von der Fülle des Lebens offenbaren möchte. Es kann es sich sogar locker leisten, seine Ideen einem weiteren Gedicht zu überlassen. Als ich *schattenmorellen* ein Jahr später bei einer Lesung vortrug, leitete ich es mit den Worten ein, ich sei in meiner Kindheit weniger mit frischem Obst als vielmehr mit Konserven ernährt worden. Das mochte nun stimmen oder nicht, aber aus dieser nur für diesen Moment geschaffenen Anmoderation wurde der Anfang der Verserzählung *früchte,* die sich über 75 dreizeilige Strophen erstreckte und – dem Madeleine-Erlebnis bei Proust nicht unähnlich – mit einer Erinnerungsleistung des Geschmackssinns anhob: »schattenmorellen, gezuckert, entsteint, auch / halbe pfirsiche, danach benannt, wie sie nach / dose halb u. halb nach pfirsich schmeckten / / u. mirabellen konserviert im glas .. sind die erinnerung, die meinen mund besetzt.«[1]

Lektorat

Es gibt jedoch Fälle, in denen der Dichter mit der Fertigstellung eines Gedichts allein heillos überfordert ist. In

---

1 Norbert Hummelt, *Zeichen im Schnee,* a.a.O., S. 90.

84

einer solchen Lage befand sich T.S. Eliot kurz nach dem Ersten Weltkrieg, als er an *The Waste Land* schrieb. Er hatte über Jahre hinweg Fragmente gesammelt, kleine, mittlere Gedichte und einen Haufen Notizen, von denen er wusste, dass sie in einen größeren Zusammenhang gehörten, doch diesen herzustellen ging zunächst über seine Möglichkeiten. Eliot war nervlich angeschlagen, er war zudem in finanziellen Schwierigkeiten und konnte es sich nicht leisten, den Job als Angestellter der Londoner Lloyds Bank zu kündigen. All das ging zu Lasten seines Schreibens; im Spätsommer 1921 begab er sich ins Sanatorium. Den Aufenthalten in englischen Seebädern folgte eine Reise nach Lausanne, und da Paris auf dem Weg lag, übergab er dem dort lebenden Ezra Pound im November 1921 das Material für sein langes Gedicht. Pound war seit Jahren sein Mentor und Freund. Er hatte für Eliot Türen zu Zeitschriften und Verlagen geöffnet, war um sein Wohl besorgt und besaß als kongenialer Lektor anderer Dichter absolute Autorität. Sogar der längst etablierte William Butler Yeats hatte sich von Pound auf ganz neue Wege bringen lassen, denn nachdem Pound sein Sekretär gewesen war, gewannen Yeats' Gedichte an Klarheit und Prägnanz und wirkten moderner als je zuvor. Pound hatte nun eine Mappe teils getippter, teils handschriftlicher Entwürfe vor sich, die ihn einerseits faszinierten und ihm doch an manchen Stellen zu verplaudert vorkamen. Er setzte also den Rotstift an und strich Eliots Texte auf etwa die Hälfte zusammen. An derart radikalen Eingriffen können Dichterfreundschaften zerbrechen. Eliot aber nahm Pounds Lektorat dankbar an. Er hatte sich in Lausanne so weit erholt, dass er dort den noch fehlenden Schlussteil von *The Waste Land* in einem bruchlosen Aufschwung niederschreiben konnte, und diese Strophen überzeugten sogar den kritischen Leser Ezra Pound, der am Rand eines Blattes vermerkte: *o.k. from now on I think.* Wie hoch sein Anteil am Gelingen des Gedichts war, hat erst die Faksimile-Ausgabe des lange verschollenen Manuskripts sichtbar gemacht.

Dass ein Lyriker sich Rat bei Kollegen holt, wenn er sich unsicher fühlt, ist wiederum nicht so ungewöhnlich. Manchmal kann sogar ein ganzes Gremium für kritisches Feedback sorgen. So kannte ich es aus der Kölner Autorenwerkstatt. Wenn ich dort Gedichte vorstellte, war die Kritik zumindest für folgende Versuche wertvoll, gelegentlich aber führte sie dazu, dass ich einen Text änderte oder verwarf. Mittlerweile gibt es zahlreiche Internetforen, in die Lyriker ihre neuen Sachen stellen können, um sich Verbesserungsvorschläge zu holen. Ein solches Arbeiten im Glaskasten ist für mich nicht vorstellbar und auch befremdlich, denn wenn ich überhaupt jemandem meine Arbeit zeige, dann ist Diskretion absolute Voraussetzung. Bilden zwei Dichter eine Lebensgemeinschaft, dann ist die Vertrautheit mit der Arbeit des anderen eine unschätzbare Quelle hilfreichen Rats. Auf diese Weise tauschten sich Ernst Jandl und Friederike Mayröcker über Jahrzehnte aus. Seit ich das Glück habe, meine Frau zu kennen, ist sie meine erste Leserin. Da sie selbst Lyrikerin ist und wir uns auch im Schreiben nahestehen und genau wissen, was der andere eigentlich will, kann eine Kritik am unfertigen Gebilde den Fortgang der Arbeit verkürzen, wenn sie auch im ersten Moment eine empfindliche Reaktion auslöst. Erst die abgekühlten, aus dem Kopf entlassenen Gebilde erreichen meinen Lektor.

Zitate, Lektüren

Es gibt noch eine weitere Prüfungsinstanz, der ein Lyriker seine Arbeiten vorlegt, wenn sie ihm auch nie direkt antwortet. Das ist die Traditionslinie, in der er sich sieht, die Handvoll Dichter, die ihn stets begleiten, die er erforscht und an denen er seinen Schönheitssinn schult. Sollte darunter ein fremdsprachiger Autor sein, dann bietet das die Möglichkeit, ihn in die eigene Sprache zu übersetzen. Durch nichts lernt man für sein eigenes Schreiben so viel wie durch die Übersetzung. Für mich geht von T. S. Eliot seit über 20 Jahren eine Ausstrahlung aus, die dazu führte, seine Gedichte neu zu übertragen, zuletzt *The Waste Land* und zuvor die *Four Quartets*. Dieses lyrische Spätwerk Eliots steht zu Unrecht im Schatten des *Waste Land*. Weil es weniger fragmentarisch und einer christlichen Weltanschauung verpflichtet ist, verfiel es dem Verdikt der 68er. Für mich ist es die meditativste Dichtung des 20. Jahrhunderts, und die Übersetzung immer anderer Abschnitte begleitete mein Schreiben über zehn Jahre. Es lagen große Pausen dazwischen, aber wann immer ich das Gefühl hatte, zu stagnieren, konnte ich mich den *Quartets* zuwenden, und von dort aus ins Schreiben zurück. Dabei sind immer wieder Motive oder ganze Zitate aus der Übersetzung in eigene Gedichte übergesprungen. Die Zitatmontage als lyrisches Mittel ist durch kein anderes Werk so angeregt worden wie durch Eliots *Waste Land*, in dem sich Stellen aus Augustinus, Shakespeare, Baudelaire mit zeitgenössischem Slang vermischten. Heute ist die Arbeit mit Zitaten weit verbreitet, sie ist etwas Verbindendes zwischen Lyrikern, die oftmals unterschiedlichen Schulen angehören. Zitate in Gedichten können von überall stammen, nicht nur aus der Literatur, sondern auch aus

Musiktexten, privater Korrespondenz, Wissenschaftssprachen und den neuen Medien. In der Handhabung von Zitaten gibt es starke Differenzen. So setzen nicht wenige Autoren auf den Fremdheitseffekt, in dem sie Zitate hart gegeneinander setzen und sie durch sprachliche Eingriffe noch weiter verfremden. Diese Arbeitsweise hat mich anfangs sehr, später immer weniger interessiert. Stattdessen ist für mich das Gefühl der Nähe zu einem fremden Text und einer fernen Zeit ein Anreiz zur Anverwandlung. Es können auch Stellen aus alten Briefen sein. Die Zitate sollten im Gedicht auf möglichst gleicher Stilhöhe mit den anderen Versen stehen, die sich der Wahrnehmung und Erinnerung des Autors verdanken.

So flossen Stellen aus meiner *Four Quartets*-Übersetzung in das Gedicht *untergrund* ein, das im Juli 2005 in Dublin entstand. Auslöser waren die Anschläge auf die Londoner U-Bahn, von denen ich erst mit mehrtägiger Verspätung erfahren hatte. Umso mehr beschäftigten sie mich, und ich las in einer englischen Tageszeitung einen langen Artikel über den Bau der Untergrundbahn. Dieser Artikel löste Erinnerungen an frühere London-Aufenthalte aus, und diese vermischten sich mit Stellen aus den *Four Quartets,* besonders mit jener Passage aus *Little Gidding,* in der Eliot das Morgengrauen in der menschenleeren Weltstadt nach einem deutschen Luftangriff beschreibt. Bei Eliot ist diese Passage ein literarisches Vexierspiel, denn er imitiert darin Szenen aus Dantes *Inferno* und lässt sein lyrisches Ich auf einen *dead old master* treffen, der ein bisschen an den Vergil der *Commedia* und ein bisschen an den damals noch nicht lange verstorbenen Yeats erinnert. Diese Szene zwischen

Nacht und Tag, zwischen Tod und Leben verschmolz mit aktuellen Eindrücken, die mit dem Leben im Untergrund und der Bedrohung aus der Luft zu tun hatten. Der Besuch des Ganggrabs von Newgrange am River Boyne in der Grafschaft Meath, der Anblick irischer Hochkreuze, Fragen von Erd- oder Feuerbestattung, nicht zuletzt das damals im Kino laufende Remake von *Krieg der Welten* gehörten dazu. All diese Eindrücke verbanden sich in dem Gedicht zu einem Szenario, das keinen direkten autobiographischen Fokus hatte, aber alle Ebenen waren durch Erfahrung gedeckt, zu denen gleichberechtigt die Erfahrung der Lektüre zählte.

untergrund[1]

oval, clapham, edgware road .. so also lebten sie im untergrund, im blitz. rolltreppen, gummi, geruch in den nächten. durchsagen, die für alle galten: *mind the gap* .. der strom

von menschen, der mich trug u. trug, fort durch die röhren, durch alle röhren, röhren aus bebildertem beton. wie weit kannst du gehen, ohne hungrig zu werden. rolltreppen, endlos,

bis an die luft. stand da u. stieg u. las im stehen. unter den menschen, entflammbar wie ich, fuhren zwei augen den schacht hinunter. in jener vagen stunde gegen morgen, schon

gegen ende der endlosen nacht, über asphalt, wo kein anderer laut war, zwischen drei stadtbezirken, wo rauch stieg .. rauch .. da brachten sie die toten, ihre asche, sternenstaub, in

---

1   Norbert Hummelt, *Totentanz,* Luchterhand Literaturverlag 2007, S. 90f.

das innerste, die kammer. wohin das licht kam in der längsten
nacht. auf der winterinsel. in der kammer, hoch u. eng.
lose steine, fest geschichtet, nichts mit mörtel, kein beton.

u. die spiralen, kreise, die sie ritzten, in den tonnenschweren
durch das ganze land, durch raum u. zeit herangekarrten stein:
die reine ordnung, die sie klar besitzen, kann so chaotisches

wie schrift nicht sein. so stand ich da u. las im stehen. kein
ornament, kein bloßer schmuck. über die landschaft um die
hügelgräber, durch die der boyne fließt, ging das urbild, ging

die sonne, fuhr der blitz herab; es kam der blitz u. nahm
das opfer an. was die da ritzten, das war abstraktion ..
dann kamen sie das hochkreuz zu errichten u. meißelten

figuren aus dem sandstein. dort stehen sie zu seinen beiden
seiten: diese steigen, jene fallen. *mind the gap.* da legten
sie die toten in die erde, unversehrt, nach seinem ebenbild

auf ihn zu warten, bis er wiederkäme. über die landschaft kam
der blitz; sie karrten steine für den bau der röhren; über
die landschaft kam der blitz: was wollten sie im untergrund –

die totenruhe stören? geruch von gummi u. ich stieg u. stieg ..
der tag brach an, u. an der frischen luft glühte ich auf in
einer art lebwohl u. schwand dahin, als man entwarnung gab.

In meiner Übersetzung der *Quartets*[1] lauten die zitierten
Passagen: »In jener vagen Stunde gegen Morgen / Schon

---

1 Erschienen in: *Schreibheft* 66 (2006).

gegen Ende der endlosen Nacht / Am wiederkehrenden Ewigkeitsende / Nachdem die Taube mit der dunklen Zunge / Heimkehrend unter den Horizont tauchte / Das tote Laub davon rasselnd wie Blech / Über Asphalt, wo kein anderer Laut war / Zwischen zwei Stadtbezirken, wo Rauch stieg«; und weiter: »Der Tag brach an. In der entstellten Straße / Verließ er mich mit einer Art Lebwohl, / Und schwand dahin, als man Entwarnung gab.« Im Kriegsjahr 1942, als er dieses Gedicht schrieb, war Eliot Luftschutzwart in Kensington; mein Großvater, der Eichendorff-Leser, war zur selben Zeit Luftschutzwart in Neuss. Eigentlich eine sinnlose Korrespondenz, aber sie regt meine Phantasie an, und aus einem solchen Gefühl der Ähnlichkeit und Verwandtschaft über die Zeiten entstehen immer wieder neue Gedichte.

Vollendung

Als Eliot gerade nicht mehr in Lausanne war, nämlich im Februar 1922, arbeitete ein anderer großer Dichter in einem anderen Winkel der Schweiz an der Vollendung eines Werks, dessen Entstehung so lange unterbrochen gewesen war, dass er an ein gutes Ende kaum noch glauben konnte. Aber Rilke wäre nicht er selbst, wenn er nicht mit Stift und Notizbuch bereit gewesen wäre, auf das Wiedereinsetzen der großen Strömung zu reagieren. Im kleinen Schloss Muzot im Kanton Wallis über der Rhône ereignete sich der erlösende Dammbruch, der ihm erlaubte, nicht nur die *Duineser Elegien* zu Ende, sondern zeitgleich die *Sonette an Orpheus* zu Papier zu bringen. »Hier geschah, und alles war hilfreich dazu«, schrieb er später in einem Brief, »in der strengen Einsamkeit des Winters 1921/22, der kaum mehr erhoffte Wiederanschluß an die Arbeitsbruchstellen des Jahres Vierzehn, und er war so rein und so leidenschaftlich und dabei von solcher Milde des Anheilens, daß aus wenigen Wochen unbeschreiblicher Hingebung das Ganze der Elegien sich erhob, als ob es niemals abgebrochen, ja in seinen einzelnen Brocken schon erstarrt gewesen wäre.«[1] Rilkes hochgestimmte Worte lassen keinen Zweifel, dass es sich bei diesem Schreibprozess um ein Erlebnis handelt, das die gewöhnlichen Kategorien sprengt. Er selbst spricht von Gnade, und das ruft Guardinis Worte in Erinnerung, dass nicht nur der Einfall, sondern auch die Ausführung des Kunstwerks der Gnadengabe einer guten Stunde bedarf. Gute Stunde – aber was für eine! Gleich nach der Niederschrift schrieb Rilke an Lou Andreas Salome: »Alles in ein paar Tagen, es war ein namenloser Sturm, ein Orkan im Geist (wie damals auf Duino), alles, was Faser in mir ist und Geweb, hat gekracht, – an Essen war nie zu denken, Gott weiß, wer mich ernährt hat.«[2] Dass Dichten eine auszehrende Arbeit ist, selbst wenn sie nur im Sitzen verrichtet wird, gehört zur Erfahrung vieler Autoren, die in den Hochphasen des Schaffens ihre Ernährung vernachlässigen oder aber ganz durch Kaffee, Wein und Zigaretten ersetzen. Trotzdem steht man vor Rilkes Erlebnissen ein wenig ungläubig, nicht, weil man ihm misstraut, sondern weil es schwerfällt, eine rationale Erklärung für die Produktivität anzugeben, zu der er in diesen Februarwochen fand. Vier fertige Elegien brachte er mit nach Muzot, binnen kurzem schuf er sechs neue, manche an je einem einzigen Tag, nur in zwei Fällen griff er auf vorhandene

---

1 Brief Rilkes an Arthur Fischer-Colbrie vom 18.12.1925, zit. nach: R. Guardini, *Rainer Maria Rilkes Deutung des Daseins*, a.a.O., S. 15 f.

2 Brief Rilkes an Lou Andreas Salome vom 20.2.1922, ebd., S. 15.

Fragmente zurück. Man muss die Elegien lesen, ihren Ton und den visionären Anspruch des Gesagten auf sich wirken lassen, um zu ermessen, welche Versmassive Rilke da bewegte. Doch damit nicht genug. An einem zweiten Schreibtisch schrieb er als »Vorsturm« zur Vollendung der Elegien und dann gewissermaßen zum Auslaufen die beiden Abteilungen der *Sonette an Orpheus*, die ihm ohne Vorüberlegung mit atemberaubender Leichtigkeit von der Hand gingen. »Elegien und Sonette unterstützen einander beständig – und ich sehe eine unendliche Gnade darin, dass ich, mit dem gleichen Atem, diese beiden Segel füllen durfte: das kleine rostfarbene Segel der Sonette und der Elegien riesiges weißes Segel-Tuch.«[1] Was ist das, was über ihn kam, wo kam es her? Rilke glaubte fest daran, dass es eine Offenbarung war, die ihm zuteil wurde. »Und bin i c h es, der den Elegien die richtige Erklärung geben darf? Sie reichen unendlich weit über mich hinaus.«[2] Man sollte die Elegien und die Sonette wieder lesen, um zu sehen, dass bei der Entstehung von Gedichten immer ein Rest Geheimnis bleibt. Dieses Geheimnis zeigt sich schon darin, dass es für jeden Lyriker Gedichte aus längst vergangenen Zeiten gibt, die er immer wieder lesen muss, obwohl er sie längst in- und auswendig kennt, und in deren Verstehen er immer unterwegs bleibt, obgleich sie doch glasklar vor ihm zu stehen scheinen. Dann steht man daneben, sieht auf die eigene Arbeit, das Gedicht, das letzte Woche fertig wurde nach zwei Monaten Blockade, und denkt an das nächste, das noch kein Zeichen sendet.

---

1 Brief Rilkes an Witold von Huléwicz vom 13.11.1925, ebd., S. 16.
2 Ebd., S. 16.

Debut

Es ist gut, draußen unterwegs zu sein, wenn das Jahr von neuem beginnt und in der Stadt die Forsythien blühen. Es ist das richtige Wetter für leichtes Gepäck, denn alles, was man braucht, passt in die Jacke, vorausgesetzt, sie hat zwei Innentaschen. In die eine gehört das Portemonnaie, in die andere der Gedichtband, in dem man gerade liest, und je nachdem, ob man sein Glück im Schreiben auf die Probe stellen will, auch ein Kugelschreiber und ein Notizbuch. Letzteres kann durch ein gefaltetes Blatt ersetzt werden. Der Gedichtband sollte einer jener unerschöpflichen sein, die man ständig mitführt, bis sie vollkommen zerfleddert sind. Für mich sind das etwa Eliots *Four Quartets,* Hölderlins *Ausgewählte Gedichte* in der von D. E. Sattler kommentierten Luchterhand-Ausgabe und jenes Reclam-Heft mit den Gedichten Stefan Georges, das ich aus dem Nachlass meines Onkels habe. Allesamt natürlich Taschenbücher, weil sie sonst nicht in die Jacke passen. Eher selten ist es das neue Buch eines zeitgenössischen Autors; so führte ich zuzeiten Thomas Klings *geschmacksverstärker* oder Durs Grünbeins *Grauzone morgens* mit mir, weil sie mich auf gute Gedanken brachten.

Vielleicht lässt man seine eigenen Gedichte auch aus dem geheimen Wunsch drucken, dass sie irgendwann für einen anderen Autor das Buch sein könnten, das er bei sich tragen muss, um in seinem Schreiben weiterzukommen.

94

Zunächst aber ist der erste eigene Gedichtband für einen Lyriker die Voraussetzung, überhaupt als Stimme wahrgenommen zu werden. Ohne das Ziel des ersten Buches – und, wenn es erschienen ist, des jeweils nächsten – sind all seine Mühen ohne Zentrum, so wie eine Ansammlung von Gedichten ein Chaos bliebe, wäre sie nicht von dem Wunsch getragen, daraus Ordnung zu schaffen, etwas Bleibendes – das Buch.

Der erste Gedichtband ist für einen Lyriker so etwas wie das Gesellenstück. Ein Meisterstück ist er nur in seltenen Fällen. Der neue Autor legt damit die Probe darauf ab, ob literarisch mit ihm zu rechnen sein wird, und mischt sich, in Anlehnung oder Abweichung vom Schreiben anderer Autoren, in das fortdauernde Gespräch über Lyrik ein. Bereits der Umstand, dass er überhaupt einen Verlag für seine Gedichte gefunden hat, stellt für den Autor einen nicht leicht zu erreichenden Erfolg dar. Große Verlage leisten sich bekanntlich nur sehr selten Lyrik, da sie fast immer ein Zuschussgeschäft bedeutet; Bücher in kleinen Verlagen können kurzfristig innerhalb der Lyrikgemeinde Aufsehen erregen, tragen aber nicht weit nach außen und sind auch deshalb ein Risiko, weil unabhängige, nur auf Lyrik setzende Verlage sich selten länger als ein paar Jahre halten. Wo aber auch immer das Debut erscheint: Mit seinem ersten Buch, dem meist Veröffentlichungen in Zeitschriften oder Anthologien vorangegangen sind, verlässt der Lyriker nachdrücklich die Privatsphäre seines Schreibens und macht sich und seine Gedichte öffentlich – auch, wenn diese Öffentlichkeit sehr klein ist. Die Gedichte sind nun ein möglicher Gegenstand der Kritik, sie können gelobt oder verrissen werden oder ignoriert.

Die Situation stellt sich anders dar, wenn es sich um einen Autor handelt, der bereits mit Romanen oder Erzählungen hervorgetreten ist: Der Gedichtband eines anerkannten Romanciers wird in der Kritik meist als Nebenprodukt aufgefasst, unabhängig davon, welche Bedeutung die Lyrik für ihn selbst einnimmt. Da einige der angesehensten Buchverlage überhaupt nur dann Gedichtbände eines Autors veröffentlichen, wenn von ihm auch Prosa zu erwarten ist, die sich – so hoffen die Verlage – besser verkaufen lässt, ist die Lage für Autoren, die in beiden Genres schreiben, problematisch. Sie müssen damit leben, dass sie für ihre Romane gekannt und geschätzt werden und die Gedichte unter ferner liefen laufen, auch dann, wenn sie ihnen persönlich wichtiger sind. Dieses Problem hat ein nur oder in erster Linie als Lyriker arbeitender Autor nicht, dafür kommt es bei ihm umso mehr auf die Resonanz an, die er mit seinem ersten Buch findet. Ob ein Debut Aufsehen erregt oder gar nicht zur Kenntnis genommen wird, ist für das Bestreben eines beginnenden Schriftstellers, auf das Schreiben seine Existenz zu gründen, von weittragender Bedeutung. Einladungen zu Lesungen, neue Verbindungen zu Zeitschriften und anderen Medien können die Folge sein. Aber auch ein kaum gewürdigtes Debut ist ein notwendiger Einschnitt, der es dem Autor ermöglicht, sein Schreiben zu überprüfen und womöglich anders weiterzumachen.

Sobald der Autor sein Manuskript jedoch aus der Hand gegeben und an den Verlag geschickt hat, der es drucken will, wird seine Souveränität eingeschränkt durch eine zweite Person, die spätestens an diesem Punkt in das entstehende Buch eingreift, nämlich den Lektor. Er blieb bislang ganz im Hintergrund und am Anfang des Schreibens gab es ihn noch gar nicht, denn der Autor musste ihn zuallererst finden. Das ist für einen Lyriker der schwierigste Schritt, und es kann sein, dass es Jahre dauert und er sogar schon mehrere Bücher veröffentlicht hat und erst dann dem Lektor begegnet, der sein Schreiben über einen längeren Zeitraum begleiten und in einem Verlagsprogramm unterbringen kann. Der Lektor ist für einen Schriftsteller die maßgebliche Vertrauensperson, die er braucht, um sein Schreiben im guten Sinne öffentlich zu machen. Meinen Lektor fand ich erst nach meinem zweiten Buch. Das erste erschien 1993 im Berliner Druckhaus Galrev. Im Herbst 1991 hatte ich begonnen, ein Manuskript mit einer Auswahl der seit März 1986 entstandenen Gedichte zu verschicken. Ich schickte es an fünf Verlage, erhielt zwei Absagen, zwei rührten sich nicht und der fünfte Verlag sagte zu, eben Galrev, ansässig am damals noch unsanierten Prenzlauer Berg und nach der Wende für kurze Zeit eine angesagte Adresse für neue Lyrik, denn junge avantgardistische Autoren der späten DDR hatten den Verlag gegründet und öffneten ihn nun auch für Stimmen aus dem Westen. Kurz nachdem ich mein Manuskript losschickte, geriet der Verlag in Verruf, weil zwei seiner Mitarbeiter für die Stasi gearbeitet hatten. Das war ungünstig, aber ich hatte nicht das Gefühl, mir einen Rückzieher leisten zu können, ich wollte mein erstes Buch und fand diesen Verlag literarisch anziehend. Zu den Eigenheiten der Edition Galrev gehörte die Kooperation mit einem bildenden Künstler, ein Relikt aus DDR-Zeiten, denn illustrierte Lyrikbände galten dort als Künstlerbücher und konnten so die Zensur umschiffen. Dass man bei Galrev daran festhielt, entbehrte nicht einer etwas bitteren Ironie, denn der Staat war ja gewissermaßen mit an Bord. Auf einen Bildteil war ich im Grunde nicht erpicht, schlug dann aber Zeichnungen einer Kölner Künstlerin vor, die Tiger darstellten, und weil Sascha Anderson, der bei Galrev meinen Band betreute, diese Bilder guthieß, kamen sie ins Buch, obgleich sie den Gedichten nichts hinzufügten und diese nicht dazu geschrieben waren, um neben Bildern zu stehen, denn bildhaft müssen Gedichte immer selber sein. Hier stieß meine Autonomie als Autor erstmals an Grenzen, die durch Verlagsprogramme bestimmt waren.

Das Lektorat bestand lediglich darin, dass Anderson zwei Texte herausnahm. Unangefochten konnte ich Kapitel bilden, in die ich die siebzig Gedichte aus sechs Jahren einteilte, die mir präsentabel erschienen. Wahrscheinlich haben die meisten Lyriker nie eine so große Auswahl zur Verfügung wie bei ihrem ersten Buch, denn die Liste der Gedichte, die ich zu Recht nicht berücksichtigte, umfasste weit über hundert. Da die ausgewählten Texte recht heterogen und viele zu dem Zweck entstanden waren, diverse lyrische Techniken vorzuführen, bot sich eine Einteilung nach formalen Kriterien an. So bildete ich vier Kapitel, deren erstes *ohratohrium* hieß. Es waren Montagetexte, die am deutlichsten von Thomas Kling angeregt waren, und offenbar dachte ich, es sei günstig, diesen zeitgemäßen Zug meines Schreibens nach vorn zu stellen. Wie es sich zeigte, hatte ich zu diesen Texten schon bald die größte Distanz. Das zweite Kapitel bot eine Auswahl der *pick-ups,* das dritte nannte ich *Formsachen.* Hier fanden sich die Cover-Versionen und Arbeiten zum Sonett, also meine Versuche, tradierten Formen Neues abzugewinnen.

Im vierten Teil, *Winterreise,* erlaubte ich mir Reminiszenzen an die Romantik und einen leiseren Ton, von dem ich vielleicht hoffte, dass es mein eigener werden könnte. Nicht enthalten waren einige Landschaftsgedichte aus den Jahren 1986/87, die mir zu traditionell erschienen und die später nie mehr ihren Platz in einem Band fanden, obgleich ich sie bis heute mag. Wenngleich dieses erste Buch kaum besprochen wurde, hatte ich doch einen Stempel weg und muss seither hören, ich hätte als *Sprachzertrümmerer* begonnen.

Komposition

Steht die Möglichkeit, einen Gedichtband zu publizieren, bevor, dann zwingt das den Autor, Bilanz zu ziehen, seine Texte zu sortieren, auszuwählen, was für ein Buch in Frage kommt, und diese Auswahl zu ordnen. Diese Aufgabe ist nicht leicht, denn fast immer handelt es sich bei dem zur Verfügung stehenden Material für einen Gedichtband um eine offene Sammlung zahlreicher, oft heterogener Einzelstücke, die geschrieben wurden, um für sich bestehen zu können. Ihr Zusammenhang muss also erst hergestellt werden. Typischerweise hat ein Lyriker zunächst eine Mappe loser Blätter vor sich, von denen nun jedes, an dem er festhalten möchte und das er nicht lieber gleich in der Schublade lässt, einen x-beliebigen Platz in der Sammlung beanspruchen könnte. Deren endgültige Gestalt richtet sich einerseits nach den Gedichten, andererseits nach so äußerlichen Dingen wie dem geplanten Termin der Veröffentlichung. Mittlerweile sind die Produktionsabläufe in den Verlagen beschleunigt und es ist durchaus möglich, bis etwa zwei Monate vor der Drucklegung noch an neuen Gedichten zu arbeiten. Da auch solche Bedingungen in die letztlich in Buchform erscheinende Auswahl einfließen, markiert ein Gedichtband bis zu einem gewissen Grad einen zufälligen Einschnitt in einem fortlaufenden Schreibprozess; eine Deadline ist bei seiner Fertigstellung durchaus eine Hilfe.

Es gibt schmale und es gibt umfangreiche Gedichtbände; natürlich gibt es hier keine Norm. Geht man aber von durchschnittlich 50 bis 60 Gedichten aus, die am Ende ein Buch bilden sollen, dann sind die Möglichkeiten ihrer Gruppierung und Anordnung bereits ein Fall für die höhere Mathematik. Es ist dabei von Vorteil, die vielen einzelnen Blätter wirklich räumlich vor sich zu haben, etwa auf einem Fußboden ausgebreitet. So kann man sie zur Hand nehmen, so kann man aus ihnen etwas bauen, eine Art Haus, und ist in diese Tätigkeit versunken wie sonst nur ein Kind, das auf dem Teppich spielt. Irgendwann, man weiß oft nicht wie, reihen sich die Solitäre dann wie von selbst, wird aus der Mappe ein wirkliches Buch. Dass man in einem Gedichtband, der vielleicht nur sechzig, achtzig Seiten umfasst, über Jahre hinaus immer von neuem fündig wird, während man einen noch so guten 400-Seiten-Roman oft kein zweitesmal zur Hand nimmt, liegt nicht bloß in der Auslegbarkeit einzelner Gedichte oder ihrer individuellen Schönheit, sondern in der Alchemie der Komposition begründet, für die es so wenig verallgemeinerbare Regeln gibt wie für das Schreiben eines Gedichts. Einen Gedichtband anzuordnen gehört allerdings auch zu den schönsten Dingen, die ein Lyriker zu tun hat, denn er kann zumindest kurzzeitig aus dem Vollen schöpfen, ist von Erwartungen beflügelt, die den möglichen Erfolg seines neuen Buches betreffen, und ist noch nicht in die Phase der Enttäuschung darüber eingetreten, dass auch diesmal nur ein verschwindender Teil der Menschheit es zur Kenntnis nehmen wird.

Eine gewisse Einheitlichkeit kann das Material eines Gedichtbands daraus gewinnen, dass es sich meist um eine bestimmte Werkphase handelt – um die Gedichte, die seit dem vorherigen Buch eines Lyrikers neu geschrieben worden sind. Es ist also zugleich eine Lebensphase, die in einem Gedichtband abgebildet wird, auch dann, wenn sich aus den Gedichten selbst nichts direkt Autobiographisches ablesen lässt. Wieder nur in seltenen Fällen kann ein Autor bei der Zusammenstellung eines Gedichtbands auf Texte aus mehreren Jahrzehnten seines Schaffens zurückgreifen. Das war bei den frühen Bänden Ernst Jandls der Fall, und zwar deshalb, weil es für ihn wie für andere experimentelle Autoren im Österreich der frühen Nachkriegszeit kaum Publikationsmöglichkeiten gab. Jandl konnte und musste also seine Gedichte horten. Als er dann Mitte der sechziger Jahre endlich Aussichten hatte, mit seinen Gedichten nach außen zu dringen, konnte er sich in der Auswahl für *Laut und Luise* – den Band, mit dem er den Durchbruch schaffte – auf Gedichte konzentrieren, die in einem zugespitzten Sinn mit der Sprache experimentierten und damit das Profil dieses Buches gezielt verschärften. Aus dem großen Fundus seiner Laut-, Sprech- und Buchstabengedichte konnte Jandl noch mehrere weitere Bände bestreiten, um dann mit dem Band *dingfest* in konzentrierter Form darauf hinzuweisen, dass er während all der Jahre auch gemäßigte, nahezu konventionelle Gedichte geschrieben hatte, die ihm ebenfalls wichtig waren. Danach waren seine Schubladen leer, und wie die Datierung der Gedichte in späteren Jandl-Bänden zeigt, musste er für alle folgenden Bücher immer wieder neu mit dem Sammeln von Gedichten anfangen, so wie das den meisten Lyrikern ohnehin beschieden ist. Nimmt man seine Bände aus den frühen Achtzigern zur Hand, dann verrät die akribische Auflistung der Entstehungsdaten und die chronologische Reihenfolge der Gedichte im Band viel über die Schreibprozesse, denen sich diese Bücher verdanken. So sind die rund 200 Gedichte in *der gelbe hund* nicht selten in fieberhaften Schreibphasen entstanden, manchmal trägt ein Dutzend meist knapper Gedichte das Datum eines einzigen Tages. Dann wieder gibt es längere Pausen, Phasen der Unproduktivität, die dadurch gebrochen wird, dass Jandl das Nicht-Schreiben-Können selbst thematisiert. Nachträgliche Überarbeitungen hat er nicht vorgenommen: Das Buch wird so zu einer authentischen Dokumentation aller Hochs und Tiefs einer dichterischen Existenz.

Oft sind Gedichtbände jedoch so kunstvoll angeordnet, dass sie die Mühen ihrer Entstehung nicht offenlegen, sondern gezielt kaschieren. Das ist besonders bei regelmäßig geformten Zyklen der Fall. Zyklische Konzepte, bei denen ähnlich gebaute und gedanklich miteinander verknüpfte Gedichte eine zwingende Anordnung nahelegen, erleichtern den Vorgang des Komponierens, während sie das Schreiben des einzelnen Gedichts unter Umständen ganz erheblich erschweren. Die *Duineser Elegien* Rainer Maria Rilkes können als schlagendes Beispiel gelten: Dass er zehn Elegien bräuchte, um das ihm vorschwebende Ganze beisammenzuhaben, wusste Rilke irgendwann, und wäre doch an den Schwierigkeiten des Schreibens fast gescheitert. Eine zyklische Anordnung von hoher Komplexität stellt der Sonettenkranz dar. War er für die Dichter der Renaissance und des Barock noch eine häufige Übung, so besitzt er in der Moderne Seltenheitswert. Durch den Erfolg von Inger Christensens *Das Schmetterlingstal. Ein Requiem*[1] ist diese Form auch deutschen Lesern neu bekannt geworden: Aus einem Meistersonett, das zuerst verfasst, in der Komposition jedoch an den Schluss gestellt wird, werden die Anfangs- und Schlusszeilen der 14 übrigen Sonette gewonnen. Beim Schreiben jedes einzelnen Sonetts sind also Auftakt und Ende vorgegeben, ebenso die Verkettung der jeweils 14 Zeilen nach den für Sonette gebräuchlichen Reim- und Strophenformen. Und so, wie in der Ouvertüre einer Oper alle Themen schon anklingen, die im Folgenden entwickelt werden, kehren erste und letzte Verse der Sonette im Meistersonett wieder und offenbaren das Gesetz dieser Form. Dass sie heute nur in sehr seltenen Fällen gelingt oder überhaupt versucht wird, liegt nahe: Ihre Konstruktion basiert auf ganzheitlichen Harmonievorstellungen, für die es in der äußeren Welt kaum Entsprechungen gibt.

Gedichtbücher, bei denen sich eine Komposition erübrigt, weil sie nur aus einem einzigen langen Gedicht bestehen, stellen eine Ausnahme dar. Nun muss man unterscheiden zwischen langen Gedichten, die von vornherein als Buch angelegt sind, und solchen, bei denen der Autor erst nachträglich zu dem Schluss kam, dass sie besser in einer Einzelpublikation als in einer Zusammenstellung mit anderen Gedichten aufgehoben sind. Ein solcher Fall ist T. S.

---

1 Vgl. meine Übersetzung in *Schreibheft* 52 (1999).

Eliots *The Waste Land,* und dieses Beispiel zeigt überdies, dass auch technische Aspekte der Buchherstellung bei der Komposition eines Gedichtbands eine Rolle spielen. Angesichts der großen Mühen, die dem Dichter das Schreiben seines monumentalen Textes bereitete, wird er zunächst über die geeignetste Form der Publikation gar nicht nachgedacht haben. *The Waste Land* bestand aus einem ganzen Konvolut kleinerer und größerer Fragmente, die Eliot über Jahre angesammelt hatte und die er nicht als Kollektion eigenständiger Gebilde, sondern als Materialien für ein einziges großes Gedicht ansah. Dessen Kontur aber konnte er nicht allein gewinnen, sondern nur mit der Hilfe von Ezra Pound. Durch dessen Lektorat schrumpfte das Manuskript nun auf etwa die Hälfte des ursprünglichen Umfangs zusammen. Eliot war mit der gefundenen Form glücklich und das Gedicht hatte seine Gestalt gefunden. Für einen Gedichtband aber war die Länge von 422 Zeilen aus technischen Gründen zu gering. Ein Druckbogen besteht in der Regel aus 16 Seiten, die knappsten Bände umfassen meist 48 Seiten, sind also aus drei Bögen zusammengesetzt; man kann auch mit halben Bögen rechnen, aber beliebig ist die Seitenzahl eines Buches nicht. Eliot musste sich deshalb überlegen, ob er zusätzliche Texte aufnehmen konnte, um das Erscheinen seines Gedichts, das bereits in einer Zeitschrift erstveröffentlicht worden war, in Buchform zu ermöglichen. Dies jedoch kam für ihn aus künstlerischen Gründen nicht in Betracht. Man versteht, warum: Zu stark, zu wuchtig ist *The Waste Land;* andere Gedichte konnten daneben nur verblassen, außerdem war Eliot alles andere als ein Vielschreiber und hätte bei der Auswahl weiterer Gedichte ohnehin nicht aus dem Vollen schöpfen können.

Er traf daher die sehr ungewöhnliche Entscheidung, die erforderliche Drucklänge für ein Buch nicht durch mehr Gedichte, sondern durch Einfügen von Anmerkungen zu erreichen, wie man sie zwar aus wissenschaftlichen, nicht jedoch aus literarischen Veröffentlichungen kennt. Die Aufnahme seines Gedichts wurde durch diesen Entschluss nachhaltig beeinflusst. Etliche Interpretationen von *The Waste Land* stützen sich seither mindestens ebenso auf seine gelehrten Erläuterungen, Zitatnachweise und Textstellen aus Klassikern, mit denen er insgesamt den Zugang zu seinem Gedicht nicht etwa erleichterte, sondern erschwerte. Aber auch dies kann eine literarische Strategie sein. Da Eliot sehr darauf bedacht war, die privaten Implikationen des Gedichts zu verschleiern und sich vor Neugierde zu schützen, hat er ihm einen Respekt heischenden Auftritt beschert, der seinesgleichen sucht.

Als Beispiel für ein langes Gedicht, bei dem der Gedanke, nicht einfach ein Gedicht, sondern ein Gedichtbuch zu schreiben, konzeptioneller Bestandteil des Schreibprozesses ist, kann man Durs Grünbeins *Vom Schnee oder Descartes in Deutschland* ansehen, eine umfangreiche Verserzählung, die durch ihre äußerst ebenmäßige Strophenform auffällt. Der Anlass ist zunächst erzählerischer Art und hätte womöglich eine Abfassung in Prosa – als Essay oder Erzählung – nahegelegt: die Erlebnisse des französischen Philosophen René Descartes während eines kalten Winters, als in Deutschland der Dreißigjährige Krieg tobt; eine Phase, die für den Fortschritt in Descartes' Denken bedeutsam ist. Nun ist es aber für einen Lyriker auch dann, wenn er sich für komplexe Wissensgebiete, etwa philosophischer oder historischer Art, interessiert, nicht nach Belieben möglich, den Modus oder die Gattung seines Schreibens zu wechseln. Für einen Lyriker ist die Form nichts Äußerliches, sondern ein Movens seines Schreibens wie seines Denkens. Eine narrative Prosaform konnte also für Durs Grünbein gar nicht in Frage kommen – nicht bloß, weil es sein Wunsch war, Gedichte zu schreiben und keine Novelle, sondern weil er seine Vision von Descartes' Winter in Deutschland ohne ein formales Movens gar nicht hätte entwerfen können. *Vom Schnee* besteht aus 42 nummerierten Abschnitten, jeder Abschnitt setzt sich aus sieben zehnzeiligen Strophen zusammen. Das Reimschema dieser Strophen variiert, meist lassen sich zwei kreuzgereimte Versgruppen und ein abschließender Paarreim erkennen. Neben dem abgegrenzten Stoff und der ausgefeilten Versarchitektur lässt sich noch ein drittes Moment bestimmen, das die Entstehung des Buchs aus dem Plan eines einzigen langen Gedichts vorantrieb: der Dialog. Descartes entwickelt seine Einsichten und Maximen nicht allein, sondern im Gespräch mit seinem Diener Gillot.

Grünbein hat aber das, was er über Descartes erzählen wollte, nicht vorher gewusst und dann in diese elaborierte Form »gegossen« – ohne den Motor von Vers, Reim und Strophe wäre sein Nachdenken über Descartes gar nicht möglich gewesen. Wie Benn es pointiert ausdrückt: »Aber die Form *ist* ja das Gedicht« – in diesem Fall sind sogar Form und Buch identisch.

Für einen Lyriker ist der neue Gedichtband das, was für einen Musiker das neue Album ist: Produkt der Arbeit mehrerer Jahre und eine neue künstlerische Manifestation. So lange ein Autor produktiv ist, wird der nächste Gedichtband im Mittelpunkt seiner Anstrengungen und Hoffnungen stehen. Gehört er eines Tages zu den toten Dichtern und ist noch nicht vergessen, dann wird er eher durch Auswahlbände, seltener durch Gesamtausgaben, am häufigsten aber als Name aus Anthologien erinnert werden. Die Zahl der Originalausgaben von Dichtern des 19. Jahrhunderts, die einem auf Anhieb einfallen, ist gering; Heinrich Heine, dessen *Buch der Lieder, Reisebilder* oder *Romanzero* bis heute geläufige Titel sind, ist als Erfolgsautor die Ausnahme. Vom zeitgleich schreibenden Eichendorff erschien zu dessen Lebzeiten nur ein einziger Gedichtband, die Sammlung seiner Gedichte von 1837, die bereits den größten Teil seines Œuvres umfasste, das vorher in Almanachen, in Vertonungen und als lyrische Einlage in seinen Romanen und Erzählungen kursierte. Einzelne seiner Gedichte, besonders die als Volkslieder gesungenen, waren sogar so bekannt, dass man zwar die Verse, nicht aber ihren Verfasser kannte, den man bereits für verstorben hielt. Als Eichendorff seine Lyrik ordnete, war er aber noch nicht ganz fünfzig, und er kannte seine Gedichte genau. Das sieht man an der sorgfältigen Art, wie er sie zu Kapiteln zusammenfasste und für diese Kapitel geeignete Überschriften wählte. Sie heißen *Wanderlieder, Sängerleben, Zeitlieder, Frühling und Liebe, Totenopfer, Geistliche Gedichte* und *Romanzen*. Unter *Zeitlieder* stellte er seine politischen, unter *Romanzen* seine balladesken Gedichte zusammen. Wenn man diese sieben Abteilungen überschaut, teilt sich ein Grundriss von Eichendorffs lyrischem Schaffen mit; wenn auch die Zuordnung mancher Gedichte willkürlich bleibt, da zum Beispiel in den *Wanderliedern* auch von Frühling und Liebe die Rede ist oder die Gedichte aus *Totenopfer* zugleich geistliche Gedichte sind. Ganz glatt geht es niemals auf, denn die Gedichte eines Lyrikers sind durch ein reiches Netz von Bezügen verbunden, das immer mehr als nur eine Verkettung erlaubt. Sie antworten einander in einer Weise, die nur der Autor hören, aber durch die gewählte Abfolge für Leser erschließbar machen kann. Indem der Leser aber auf eigene Faust blättert, Bezüge herstellt zwischen Gedichten, die weit voneinander stehen, letztlich sogar andere Bücher zur Hand nimmt, vom selben Dichter oder einem anderen, und auch hier auf verborgene Bezüge stößt, hat er am Ende ein Buch in der Hand mit mehr Seiten, als man zählen kann.

Gesamtkunstwerk
Kompositorische Überlegungen sind für einen Lyriker bei der Arbeit an einem Gedichtband nicht bloß deshalb von großer Wichtigkeit, weil sie für die Veröffentlichung seiner Gedichte als Buch schlechthin eine Bedingung darstellen. Die Komposition kann einen künstlerischen Mehrwert annehmen, wenn sie auf übergeordnete symbolische Ordnungen verweist und Botschaften transportiert, die nirgends ausformuliert sind. Am häufigsten wird auf diese Art ein formaler Schönheitssinn oder Symmetriezwang ausgelebt, auch können Nachbarschaften zu den anderen Künsten – der bildenden Kunst wie der Musik – angedeutet und bis zu einer gewissen Grenze auch erreicht werden. So kam im späten 19. Jahrhundert, angeregt von den Opern Richard Wagners, die Vorstellung vom Gesamtkunstwerk auf. Einen der interessantesten Versuche liefert wohl Stefan George mit den drei Zyklen, aus denen sich der *Teppich des Lebens* zusammensetzt. Jedes Gedicht

besteht aus vier vierzeiligen, streng durchgereimten Strophen, und jeweils 24 Gedichte bilden ein Kapitel. So ist ein quadratisches Muster im Gewebe dieses Gedichtteppichs erkennbar, das womöglich zu kabbalistischen Deutungen einlädt. Außerdem ist der *Teppich* durch Georges Kooperation mit dem Jugendstilkünstler Melchior Lechter eines der beeindruckendsten, man könnte auch sagen: erschlagendsten Beispiele für die Tendenz, Gedichtbücher zum Gesamtkunstwerk zu stilisieren. Lechter schuf eine Monumentalausgabe mit einem leinenbezogenen Holzeinband, der dafür sorgte, dass dieser Gedichtband nicht leicht in der Hand lag, sondern schwer wie ein Messbuch auf ein Lesepult gelegt werden musste, und zeichnete Vorsatzblätter, die einen über den Wolken thronenden Engel, Blumen oder eine Harfe zeigten. Für George spielte diese Fusion von Dichtung und Buchgestaltung eine Zeit lang eine wichtige Rolle. Später kam er zu einer anderen Haltung und verbannte alles Ornamentale aus seinen Büchern, die fortan nur noch Schrift enthalten sollten. Ihre innere Ordnung gestaltete er dann allerdings noch strenger: *Der Stern des Bundes* besteht aus hundert Gedichten und zählt exakt tausend Verse.

Der fast schon gewaltsame Gestaltungswille färbte beim späten George allerdings auf die Gedichte ab, die längst nicht mehr so animierend wirkten wie die früheren aus dem *Jahr der Seele*. Dieser Band von 1897, der auch Georges bekanntestes Gedicht *Komm in den totgesagten park und schau* enthält, übt auf mich bis heute eine Faszination aus, die ich ebenso auf die einzelnen Gedichte wie auf ihre Anordnung zurückführe. Sie basiert auf dem ganz einfachen Gedanken, dass sich die Folge der Jahreszeiten als Ordnungsprinzip für Gedichte anbietet. Dafür gibt es mehrere Gründe. Zum einen unterhalten Gedichte – sofern sich ihre Verfasser auf die Welt einlassen und nicht der reinen Spracharbeit verpflichtet sind – ein besonderes Verhältnis zur Zeit und ihrer Flüchtigkeit. In der Kürze und Prägnanz ihrer Sprache halten Gedichte die Intensität von Augenblicken fest und sind damit immer auch auf die Vergänglichkeit bezogen. Zum zweiten entstehen Gedichtbände in der Regel über mehrere Jahre hinweg, durchlaufen so während der Arbeit am Buch den Jahreskreis immer wieder neu, und wenn an den Gedichten die Jahreszeit ihrer Entstehung ablesbar ist, bietet sich eine erste Option an, diese Gedichte nicht in der zufälligen Chronologie ihrer Niederschrift zu belassen, sondern sie in eine andere, nämlich jahreszeitliche Ordnung zu stellen. Ein traditionelles Verfahren, aber gerade darin kann ein großer Reiz bestehen. Stefan George erhöhte diesen Reiz im *Jahr der Seele* durch den die Interpreten bis heute beschäftigenden Umstand, dass er in seiner Folge der Jahreszeiten den Frühling übersprang und nach den Herbst- und Winterkapiteln *Nach der Lese* und *Waller im Schnee* sogleich den *Sieg des Sommers* folgen ließ.

Jahreszeitliche Motive begannen in meinen Gedichten eine wachsende Rolle zu spielen, als ich mich nach meinem ersten Buch von experimentellen Schreibweisen abwandte und der Kurzschluss aus Wahrnehmung und Erinnerung zur Grundfigur meiner neuen Arbeiten wurde. Als ich dann nach viereinhalb Jahren und einer nochmaligen Verlagssuche so weit war, einen neuen Gedichtband in Aussicht zu haben, wurde dieser introvertierte Zug meines Schreibens durch eine innovative Form der Buchgestaltung konterkariert, auf der der Schweizer Verleger Urs Engeler bestanden hatte. Er wollte nicht einfach bloß Gedichte drucken, sondern ein Buch mit CD herausbringen – eine taufrische Variante des Gesamtkunstwerks, die sich inzwischen etabliert hat. Doch 1997 war sie ungewöhnlich, denn der Markt für Hörbücher bestand noch nicht. Für die CD waren Aufnahmen meiner Zusammenarbeit mit dem Saxophonisten und Schlagzeuger Christoph Clöser vorgesehen, mit dem ich ein Bühnenprogramm aus meinen Gedichten und seinen frei zwischen Jazz, Pop und E-Musik changierenden Kompositionen entwickelt hatte. Diese Kooperation war damals ein wichtiger Teil meiner Arbeit und wir unternahmen damit Konzertreisen, die uns an Goethe-Institute von Rotterdam bis Beirut führten. Für mein Schreiben war jedoch eine Grenzziehung zur Musik von elementarer Bedeutung. Die Gedichte entstanden nie für Musik, sie sollten auch nicht von ihr verschluckt werden. Sie waren autonome Gebilde. Es wäre mir deshalb wesentlich lieber gewesen, Buch und CD getrennt zu publizieren, doch dies war gegen die Absichten des Verlegers. Wieder hatte ich das Gefühl, keine Wahl zu haben, da ich dringend darauf angewiesen war, ein neues Buch zu machen, wenn ich mit meinem Schreiben weiterkommen wollte. Deshalb basierte der neue Band auf einem problematischen Kompromiss. Im Mai 1997 wurde in einem Tonstudio in Köln die CD *[laut]: Hummelt spricht und Clöser spielt* aufgenommen, die dann auf dem Einband des Gedichtbands *singtrieb* prangte. Da es sich bei diesem Buch zudem um eine kostspielige und fast quadratisch geformte Hardcover-Ausgabe handelte, die auch noch einen Bildteil mit Drucken aus einem Botanikbuch des 18. Jahrhunderts enthielt, war dies nun mehr ein Gesamtkunstwerk als ein Gedichtband, und kein geneigter Leser konnte sich das Buch in die Jackentasche stecken, nicht einmal ich selbst. So teilte sich das sorgsame Arrangement der Gedichte, das ich zusammen mit Urs Engeler entworfen hatte, kaum jemandem mit. Denn die in fünf motivisch angelegten Kapiteln sortierten 68 Gedichte hatten neben der durch die Seitenfolge bestimmten Reihung noch eine zweite, zyklische Anordnung. Das letzte Gedicht bezog sich aufs erste, während das vorletzte sich motivisch ans zweite anlehnte, und so weiter – bis man in der Mitte auf *bukolisches sonett* und *arkadischer abgesang* stieß, die als direkte Fortschreibung zu erkennen waren. Eine ähnliche spiegelbildliche Anordnung verwendete später Ann Cotten für ihren Band *Fremdwörterbuchsonette*. Je elaborierter der Aufbau eines Gedichtbands ist, desto sicherer kann man hingegen sein, dass er etwas für Eingeweihte bleibt.

Ankommen
Man möchte beim Schreiben niemand sein, sondern immer nur jemand werden, nämlich der Autor des nächsten noch ungeschriebenen Gedichts. Wenn ein Buch erschienen ist, ist die Klappe zu, der Gestaltungsspielraum ausgeschöpft, und der Autor hat das seltsame Gefühl, überhaupt noch kein einziges Gedicht gemacht zu haben. So schrieb Stefan George 1891 an Hugo von Hofmannsthal, was er nach dem *Algabal* noch schreiben solle, sei ihm völlig unerfindlich; dabei war er gerade 23 und stand noch ganz am Anfang. Ich war nun Mitte dreißig und brauchte dringend eine stabile Bindung an einen Verlag, die es mir ermöglichen konnte, einigermaßen in Ruhe weiterzuarbeiten. In dieser Situation wandte ich mich

an Klaus Siblewski, dessen Name ich aus Luchterhand-Büchern kannte, die ihn im Impressum als Lektor von Ernst Jandl auswiesen. Das flößte mir Vertrauen ein. Auf der Frankfurter Buchmesse 1995 hatten wir miteinander gesprochen und standen seither in losem Kontakt. Klaus Siblewski konnte meinen Namen womöglich durch Ernst Jandl kennen, der ohne mein Wissen und zu meiner Freude zwei meiner *pick-ups* als seine Empfehlung in der Zeitschrift *akzente* untergebracht hatte. Was ich jetzt schrieb, ging in eine andere Richtung, aber durch Klaus Siblewskis Beispiel erfuhr ich, dass es zu den Vorzügen eines Lektors gehört, sehr unterschiedliche Autoren und Schreibweisen schätzen und begleiten zu können. Er war gerade damit befasst, das Fenster für neue Lyriker im Luchterhand Literaturverlag, das früher weiter offen und dann eine Weile ganz zu gewesen war, wieder zu öffnen. Dass dies noch Zeit brauchte, war mir nicht unrecht, denn ich hatte noch nichts Neues und musste erst wieder Gedichte schreiben, bevor ich an einen nächsten Band denken konnte. Da ich aber das Gefühl hatte, nun meinen Lektor gefunden zu haben, und keine Lust verspürte, noch anderswo vorstellig zu werden, wartete ich nicht, bis ein neues Manuskript fertig war, sondern schickte ab Herbst 1997 immer dann, wenn ich zehn neue Gedichte fertig hatte, einen Umschlag an den Verlag in München. Ich stellte mir vor, wie dieser Stapel Papier auf dem Tisch des Lektors, der jeden Tag gewiss Unmengen Papier geschickt bekam, langsam anwuchs und er hin und wieder vielleicht auch einen Blick darauf warf. Ohne dass wir ausführlich über einzelne Texte redeten, hatte ich das gute Gefühl, dass jemand da ist, der meine Arbeit beobachtet und mich warnen wird, wenn ich mich verrenne.

Das neue Manuskript stand unter dem Arbeitstitel *die zeichen im schnee,* und da ich nun alle paar Monate zehn Gedichte beisammen hatte, sah ich, wie aus den Einzelstücken wieder ein neuer Zusammenhang wurde. Während andere Kollegen für jedes Gedicht eine neue Datei anlegen, stehen meine für das nächste Buch geplanten Gedichte immer in chronologischer Folge in nur einer einzigen Datei, die ich *Neue Gedichte* nenne, bevor ich einen möglichen Buchtitel habe. Wenn dann die Arbeit nach zwei, drei Jahren so weit fortgeschritten ist, dass ich mir ein neues Buch vorstellen kann, löse ich diese chronologische Ordnung auf und verschiebe die Gedichte so lange, bis eine Folge entsteht, die mir richtig erscheint, und versuche, Kapitel zu bilden. Währenddessen entstehen jedoch weitere Gedichte, die nun deutlicher als die zuvor geschriebenen auf ihre Position und ihre mögliche Rolle für den Zusammenhang des Buches hin befragt werden. Von besonderer Bedeutung ist dabei das allererste Gedicht, das den Ton und die Richtung für alles Folgende vorgeben soll. Dies kann, muss aber nicht das Titelgedicht sein, das womöglich erst später im Band und dort besser zum Tragen kommen kann. So wusste ich, dass das Gedicht *die zeichen im schnee* nach hinten gehörte, aber nicht ganz an den Schluss, denn für diese Position war das Langgedicht *früchte. verserzählung I – V* vorgesehen. Eine Weile sollte das Gedicht *der dunkle schwarm* den Band eröffnen, dessen erster Vers – *der dunkle schwarm ist mir zuerst erschienen* – für ein erstes Erscheinen neuer Gedichte günstig klang. Sobald ich aber das Gedicht *der erste schnee* hatte, schien es der logische Anwärter auf diesen Platz zu sein in einem Buch, das den Schnee im Titel führte, und verdrängte den *dunklen schwarm* auf die zweite Stelle. Kurz danach entstand das längere Gedicht *die nacht*, das den Ort, wo ich lebte und schrieb, eine Straße in einem ehemaligen Rotlichtviertel in Köln, sowie die Unruhe einer schlaflosen Nacht zum Ausgangspunkt für eine weit in die Kindheit zurückgreifende Erinnerung machte. Es erschien mir für den ganzen Band so programmatisch, dass dieses Gedicht am Ende der Opener wurde, wenngleich das den Nachteil mit sich brachte, dass man umblättern muss, da dieses Gedicht über eine Druckseite hinausging, die erste bedruckte Seite eines Buches aber immer rechts stehen muss. Natürlich ist Umblättern manchmal unvermeidlich, aber es ist ein Bruch in der Vision, und wann immer es geht, versuche ich ein Gedicht auf eine Seite zu beschränken, zumindest im Manuskript.

Als sich die Möglichkeit abzeichnete, den Band, der nach Meinung meines Lektors nicht *Die Zeichen im Schnee,* sondern besser nur *Zeichen im Schnee* heißen sollte, im Startprogramm der neuen Sammlung Luchterhand zu veröffentlichen, war das Manuskript auf einen Umfang angewachsen, der die vorherigen Bände übertraf. Ich erwog eine Gliederung in elf Kapitel, um die Fülle überschaubarer zu machen, am Ende aber bildeten die Gedichte eine einzige lange Reihe. Mit diesem Band war ich glücklich, und wie immer er aufgenommen würde, dies waren die Gedichte, mit denen ich gesehen werden wollte, weil ich mich mit ihnen verbunden fühlte. Ernst Jandls neuer Band sollte im selben Programm erscheinen, und das machte mich stolz. Es wurden unversehens seine *Letzten Gedichte,* denn er war im Juni 2000 gestorben.

Mein Buch *Zeichen im Schnee* war das erste, das in den großen Feuilletons besprochen wurde, häufiger gut als schlecht, und es ist bis heute das einzige meiner Bücher, dessen Verkaufszahl die Enzensbergersche Konstante von 1354 Lesern pro Gedichtband übertrifft. Es eröffnete mir neue Wege, mich als Autor zu finanzieren. Außerdem war es ein Taschenbuch, das in jede Jacke passte, und enthielt weder Bilder noch Musik, sondern nur Gedichte. Die Bedingungen zum Weiterarbeiten waren somit erstmals günstig. Eine scharfe Zäsur wie nach dem ersten Band gab es nun nicht mehr, und ich musste mich nicht erneut auf Verlagssuche begeben.

Lesungen

Während es die Arbeit am neuen Gedichtband sowie die Aussicht auf seine Veröffentlichung ist, die einem Lyriker über die Höhen und Tiefen und über die ständigen Abbrüche seines Schreibens hinweghelfen kann, ist es der Vortrag seiner Gedichte vor Publikum, der ihn aus seiner Isolation holt und in Kontakt mit Menschen bringt, samt dem Erlebnis unmittelbarer Resonanz. Lesungen sind außerdem eine nicht zu unterschätzende Verdienstmöglichkeit, da sie in der Regel subventioniert sind und ein Autor also nicht gezwungen ist, wie eine Pop-Band auf Eintritt zu spielen. Dass sie zumeist in überschaubarem Rahmen stattfinden und die Zuhörerschar sich zu einem hohen Prozentsatz aus ebenfalls Schreibenden, ihren Freunden und Freundinnen zusammensetzt, mindert den Grad ihrer Öffentlichkeit, aber ein wichtiges Ereignis sind sie für den Autor immer. Oft muss er allerdings die Bühne mit Kollegen teilen, weil selbst die großen Literaturhäuser ihren Besuchern Lyrik nicht allzu häufig, dann aber in konzentrierter Form zumuten möchten; auch glauben die Veranstalter von Lesungen, es sei besser, den Vortrag von Gedichten in ein Gespräch einzubinden, das dann ein Moderator mit dem Autor und manchmal auch mit dem Publikum führt. Deshalb hat ein Lyriker an einem solchen Abend selten länger als 20 Minuten Zeit, wirklich aus seinen Gedichten zu lesen.

Genau das ist es aber, was die Lesung für einen Lyriker zu einer so wichtigen Angelegenheit macht: seine Gedichte selbst zu sprechen. Das Gedicht kehrt im Vortrag an seinen Ursprung zurück, der im Mündlichen lag, einerseits historisch, weil der Gesang zur Lyra eine seiner Urformen ist, andererseits ganz konkret, weil es das innere Lautwerden der Worte ist, dem sich der erste Vers verdankt, und das ausprobierende Vor-sich-hin-Sprechen, das während des Schreibprozesses eine der wesentlichen Kontrollinstanzen darstellt. Das Gedicht, auch das schriftlich niedergelegte, ist eine Klangskulptur. Diese sichtbar zu machen, indem der Klang, die innerste Substanz des Gedichts, für andere hörbar wird, ist für den Lyriker ein wesentlicher Vollzug: Die Öffnung des Gedichts für die Schar der Hörenden (und sei sie noch so klein) ist ein Schritt, der seinem Schreiben einen sozialen Sinn gibt. Thomas Kling hat den seine Verse rezitierenden Dichter mit dem Schamanen verglichen, der das gemeinschaftsstiftende Ritual eines Stammes vollzieht; bei Stefan George waren Lesungen des Meisters eine Kulthandlung für handverlesen geladene Gäste. Das mag hoch gegriffen erscheinen, vor allem, wenn man an piefige Bibliothekskeller, neonbeleuchtete Hörsäle, rückende Stühle, klappernde Tassen und manch andere profane Begleitumstände denkt, die zum realen

Erlebnis einer Lesung zählen. Nur in seltensten Fällen ist eine Lesung ein rauschendes Ereignis, gerät ein Publikum aus dem Häuschen und bricht in Begeisterungsstürme aus, so wie das eigentlich nur bei den bestens besuchten Lesungen Ernst Jandls der Fall war. Entscheidend ist aber nicht der Lärmpegel, sondern die Intensität der Stille. Der Lyriker, der seine Gedichte vorträgt, ist partiell in einer anderen Welt, er steht unter Strom, geführt von der Sprache, die er selbst geformt hat; er sieht Bilder vor sich, die seine Verse aufrufen. Er kann auf Störungen gereizt reagieren (Thomas Kling fuhr regelmäßig aus der Haut, wenn während seiner Lesungen immer wieder die Tür für Zuspätkommer aufging). Die Lesung sollte vor Mikrophon und im Stehen erfolgen, denn der Vortrag eines Gedichts ist dem Singen verwandt, und schon aus atemtechnischen Gründen ist Sitzen ungünstig. Auch kann der Kontakt zum Boden, wie man ihn nur im Stehen hat, die physische Spannung erhöhen, die für das Gelingen einer Lesung so unerlässlich ist wie die völlige Konzentration des Sprechers auf das geschriebene Wort.

Lesungen sind für den Autor mit gewissenhaften Vorbereitungen verbunden, bei denen die Auswahl und Zusammenstellung der Gedichte die zentrale Rolle spielt. Sie wird dadurch erschwert, dass die Lesezeit womöglich kurz, das zur Verfügung stehende Material aber sehr umfangreich ist. Während Prosaautoren in aller Regel aus ihren jüngst erschienenen Büchern vorlesen, betrachten es viele Lyriker als reizvoll, sich bei einer Lesung nicht auf Gedichte aus ihrem zuletzt erschienenen Band zu beschränken. Wenn sie auch manchmal aus betrieblichen Gründen dazu angehalten sind, nur aus ihrem jüngsten

Buch zu lesen, verspüren sie dennoch entschieden mehr Lust auf neue, noch unpublizierte Gedichte, oder alte, die ihnen noch immer gefallen und die sie in einen bestimmten Zusammenhang rücken möchten. Zum Glück bieten Lesungen die Gelegenheit, das eine zu tun, ohne das andere zu lassen. Die Kleinteiligkeit eines lyrischen Werks und die Fülle möglicher Kombinationen erlaubt es, jede Lesung zu einem jeweils einmaligen Ereignis zu machen. Wenn ich mich recht entsinne, dann habe ich bislang noch nie eine Lesung wiederholt. Ort und Zeitpunkt der Lesung wirken sich auf das Programm aus, und meist feile ich noch bis kurz vor dem Auftritt am endgültigen Set für den Abend. Dieser Set muss eine Einheit bilden, muss durchgestaltet sein wie ein Buch – eins, das es nur für diesen Abend gibt und mich in meinem Schreiben auf dem Stand von heute zeigt.

Weitermachen

Wenn es allerdings so weit ist, dass sich ein Autor im eigenen Schreiben angekommen fühlt, kann eine neue Gefahr entstehen, nämlich die der Wiederholung. Wieder zeigt ein Blick in die Literaturgeschichte, dass die Kollegen früherer Zeiten mit vergleichbaren Problemen zu tun hatten. Eichendorff bietet das seltene Beispiel eines Dichters, der seinen unverwechselbaren Stil schon in jungen Jahren fand und ihn ohne jede Verunsicherung bis ins Alter fortführte. Vielleicht wurde das durch den Umstand begünstigt, dass sein erster Gedichtband so spät erschien, dass er bereits eine Art Gesamtausgabe darstellte und der Dichter kaum noch auf den Gedanken kommen konnte, sich danach neu zu erfinden. Für andere Lyriker liegt darin jedoch ein nicht geringes Problem. Gottfried Benn hatte wenige

Jahre nach seinem Debut mit den *Morgue*-Gedichten bereits das Gefühl, sich ausgeschrieben zu haben. Dann fand er zu einem nahezu klassischen Stil, dessen er in seinen späten Jahren wieder überdrüssig wurde, und verordnete zuletzt sich selbst (und anderen) einen »Roboter-Stil«, bei dem die Montage die Hauptrolle spielen sollte. Dass er darin auch wieder nicht konsequent war, sondern neben saloppen Parlando-Gedichten auch weiter klassisch gereimte Gedichte verfasste, die zu seinen besten gehören, zeigt, dass das Nachdenken über die Fortentwicklung der eigenen Mittel auch dann eine wichtige Rolle beim Schreiben spielt, wenn äußerlich betrachtet alles beim Alten bleibt. Ernst Jandl wiederum konnte nicht anders, als immer wieder auf formale Innovation zu setzen, weil er – bis hin zu den späten *Stanzen* im Wiener Dialekt – diesen Motor brauchte, um sein Schreiben in Gang zu halten und sich selbst lebendig zu fühlen. Innovationsdruck kann, wenn er auf die Spitze getrieben wird, allerdings auch zu einem Verstummen führen. Ein Beispiel dafür sind die 44 *gedichte* von Reinhard Priessnitz, die 1978 erschienen und bei denen keines in seiner Machart dem anderen gleicht. Dieser beeindruckende Gedichtband blieb der einzige des sieben Jahre später verstorbenen Autors. Derart schmale, konzentrierte Werke haben etwas Herausforderndes, denn man kann ihren Verfassern kaum nachsagen, je ein Gedicht zu viel geschrieben zu haben. T. S. Eliot und Inger Christensen etwa haben nach Abschluss eines ihrer größten Werke – der *Four Quartets* bzw. des *Schmetterlingstals* – in den letzten zwei Jahrzehnten ihres Lebens fast gar kein Gedicht mehr geschrieben. Das war für ihre Reputation vorteilhaft, für sie selbst wird es mit Entbehrungen verbunden gewesen sein.

Allerdings hat man im Schreiben keine Wahl: Es fängt an, wenn es anfängt, hört auf, wenn es aufhört, und wenn es weitergeht, dann ist das Gedicht, das man als nächstes schreiben kann, selten eines, durch das das Rad neu erfunden wird. Je länger ich schrieb, desto bestimmter suchten mich die Motive aus. Die Ausgrabungsarbeiten in der Vergangenheit waren noch nicht erschöpft, und sie verbanden sich nach einem Umzug aus der Stadt aufs Land mit einer neuen Umgebung, die Erinnerungen weckte, vor allem an die Sommer meiner Kindheit, die ich im Hunsrück verbracht hatte. Nun durchstreifte ich neue Gegenden im Bergischen Land zwischen den Flüssen Agger und Sieg. Fast immer war ich dabei allein unterwegs, aber meine Mutter lebte noch, und wenn sie mich telefonisch nicht erreichte, sprach sie ungehemmt lange auf Band. Es zeigte sich indes, dass die Vorzüge eines Rückzugs aufs Land für einen Autor mit sozialen Risiken verbunden sind. Jemand, der keiner geregelten Tätigkeit nachgeht, fällt in einer provinziellen Umgebung umso leichter auf. So fragte mich mein Nachbar immer, wenn ich ins Auto stieg: »Na, geht's zur Arbeit?« Dabei hatte ich ihm mehrfach versucht zu erklären, dass mein Arbeitszimmer sich im Haus befand, und er hatte es sich nicht nehmen lassen, nach mir im Internet zu forschen, um zu sehen, was er von mir zu halten habe. Dass ich unter Umständen sogar besonders tätig war, wenn ich von außen betrachtet einfach nur am Fluss spazieren ging, hätte ich ihm kaum vermitteln können.

Aus diesen außerliterarischen Umständen formte sich ein helles melancholisches Gefühl, das sich auf die Gedichte des nächsten Bandes *Stille Quellen* übertrug, und darin liegt vielleicht der Grund, warum mir dieser Band besonders nahe ist. Dass sich diese Gedichte, ohne dass es mir sogleich bewusst war, dennoch von den vorigen unterschieden, sah ich spätestens, als ich begann, daraus ein neues Buch zu machen. Sie waren stoffreicher und welthaltiger geworden und brachten die Gedichte in die Nähe des Erzählens, ohne dass mich ein Wechsel in die Prosa gereizt hätte. Da mich nichts zum Roman zieht und ich alles, was ich sagen muss, Gedichten anvertraue, musste ich nach Wegen suchen, die stofflichen Aspekte innerhalb der Möglichkeiten des Gedichts zu bewältigen. Epische Zusammenhänge erschließen sich dem Leser von Gedichtbänden anders als bei einem Roman, er hat es eher mit einem multiplen Puzzle zu tun, dessen Teile an den verschiedensten Stellen anschlussfähig sind, über die Grenzen eines Buches hinaus. Und wenn einmal die leitende Idee für einen Gedichtband gefunden ist – wie in diesem Fall das Motiv der Quellensuche –, kann das Erzählerische im Gedicht ein eigenes Gewicht erlangen. Bei *Stille Quellen* hatte ich den Titel für das neue Buch schon gefunden, das Titelgedicht musste erst noch geschrieben werden. Allerdings ist das Erzählen im Gedicht, das in der englischen und amerikanischen Lyrik selbstverständlich ist, in der deutschen nicht unumstritten, sondern gerade in letzter Zeit wieder Gegenstand heftiger Debatten. In der Tat können zu stark narrative Züge zu Lasten des Gedichts gehen und ihm eine Last aufbürden, die es als Klanggebilde schwächt. Das Erzählen im Gedicht muss immer knapp gehalten werden, zugleich offen und kompakt, es darf nicht auf Kosten der Versmusik gehen, die sein Atem ist, seine innerste Existenz.

Die neuen Gedichte zeigten aber schon auf den ersten Blick ein anderes Bild, denn mehr und mehr neigte ich dazu, ausgeglichen lange Zeilen zu bilden, die breiter wurden und fließender in ihren Übergängen. Bei der Strophenbildung kristallisierten sich zwei Grundformen heraus: der Block ohne Leerzeilen und das Gedicht aus dreizeiligen Strophen, die in ihrer Gestalt an Dantes Terzinen erinnern, wobei es sich aber verstechnisch nicht um Terzinen handelt. Zu beachten ist die Spannung zwischen Schriftbild und Schallform. Da Vers und Zeile unterschiedliche Parameter bilden und sich die Gliederung des Gedichts in Verse entgegen dem Zeilenbruch am besten erschließt, wenn man es laut liest, stehen die Reime oft innerhalb der Zeilen und nicht am Ende. Das hat manchen Kritiker verleitet, darin Binnenreime zu sehen, die – wenn ich denn den Tenor der Kritiken recht verstehe – mildernde Umstände darstellen, da die unironische Verwendung von Reimen als ungefähr so zeitgemäß empfunden wird wie die katholische Liturgie. Binnenreime benutze ich indes selten. Anhand des Gedichts *stille quellen*[1] lässt es sich zeigen. Im Buch steht es so:

> die ärzte holten ihn zweimal zurück, dann fiel er
> zum dritten mal unter dem hochamt, wo er hart
> aufschlug, früh u. im licht; im holz der kniebank
>
> ist die kleine kerbe längst nachgedunkelt in der
> maserung, nur den gedanken eine stille quelle
> da man zusammensaß noch in den letzten jahren

1 Norbert Hummelt, *Stille Quellen,* Luchterhand Literaturverlag 2004, S. 29 f.

wobei die wasserkästen stets ein thema waren
bei schnittchen kalt u. im gespräch begriffen, an
dem ich meistens nicht so recht beteiligt bin. ist

es dann zufall wenn ich nachts erwache u. im hotel
den apparat anmache u. zappe in die reportage rein
nahtoderfahrung, wie die das da nennen; schon

seltsam, wie in analogen bildern von einem tunnel
immer u. von einem licht die rede ist u. patienten
schildern, wie ihre seele auffliegt, nur der körper

nicht. ich kann das jetzt um diese zeit nicht sehen
nicht in palermo u. nicht so allein. ich sollte
duschen gehn u. durch die straßen laufen bis hin

zum meer, weil bald der tag anbricht; u. eine bar
wird sicher offen sein u. eine kirche wo sie früh die
messe lesen, still oder nicht, mit brocken auf latein.

Dieser Zeilenumbruch folgt meiner Vorstellung, wie die
Strophen aussehen sollten, um ein befriedigendes Druck-
bild zu ergeben. Wollte man es jedoch so umbrechen, dass
jeder Vers genau eine Zeile füllt, läse es sich – Strophen
einmal außen vor – ganz anders, nämlich so:

die ärzte holten ihn zweimal zurück,
dann fiel er zum dritten mal unter dem hochamt,
wo er hart aufschlug, früh u. im <u>licht</u>;
im holz der kniebank ist die kleine kerbe
längst nachgedunkelt in der maserung,
nur den gedanken eine stille quelle

da man zusammensaß noch in den letzten <u>jahren</u>
wobei die wasserkästen stets ein thema <u>waren</u>
bei schnittchen kalt u. im gespräch begriffen,
an dem ich meistens nicht so recht beteiligt bin.
ist es dann zufall wenn ich nachts <u>erwache</u>
u. im hotel den apparat <u>anmache</u>
u. zappe in die reportage <u>rein</u>
nahtoderfahrung, wie die das da nennen;
schon seltsam, wie in analogen <u>bildern</u>
von einem tunnel immer u. von einem <u>licht</u>
die rede ist u. patienten <u>schildern,</u>
wie ihre seele auffliegt, nur der körper <u>nicht.</u>
ich kann das jetzt um diese zeit nicht <u>sehen</u>
nicht in palermo u. nicht so <u>allein.</u>
ich sollte duschen gehn u. durch die straßen laufen
bis hin zum meer, weil bald der tag <u>anbricht;</u>
u. eine bar wird sicher offen <u>sein</u>
u. eine kirche wo sie früh die messe lesen,
still oder nicht, mit brocken auf <u>latein.</u>

Das Gedicht weist, wie man nun leicht sieht, mehrere
Paarreime sowie Kreuzreime auf, einige Reime bilden
ein fernes Echo, etliche Verse sind dagegen ungereimt,
also blank, aber alle Reime stehen in Endposition. Nicht
im angeblichen Binnenreim, sondern im unregelmäßigen
Muster gereimter und ungereimter Verse, das für jedes
Gedicht neu entworfen wird, kann, wer dies für wichtig
hält, einen ungewohnten Umgang mit der lyrischen Tra-
dition erblicken. So wird Schematismus vermieden, der
Reim als Motor aber erhalten. Vielleicht sieht man aber
auch, warum mir ein derart unruhiger Flattersatz nicht
behagt und warum ich teils sehr lange daran arbeite, ein

visuelles Ebenmaß zu erreichen. Diese Arbeit an der Form erfordert jedes Gedicht ungeachtet dessen, was in ihm gesagt oder verhandelt wird.

Weil ich nach einer langen Zeit des Gedichteschreibens mein Instrumentarium so verfeinert hatte, dass ich die Dinge, die in meinem Leben dringlich waren, im Gedicht nun sicherer zu fassen bekam, ergaben sich die Kapitel für den Band *Stille Quellen* fast von selbst. Im ersten Teil sind es neben Kindheitsmotiven weiterführende Fragen der Herkunft, Traumerforschung und sogenannte letzte Dinge, die die Anordnung der Gedichte bestimmen. Im zweiten Teil stehen Texte, mit denen ich heimatliche Gefühle verbinde und die sich auf Orte beziehen, die zur alten preußischen Rheinprovinz gehörten. Im dritten Kapitel finden sich neben Porträts Verstorbener literarische Anverwandlungen von Dante bis zu Gottfried Benn, während im vierten Abschnitt Echos aus Krieg und Nachkriegszeit vernehmbar sind. Dies ergab sich jedoch nicht aus thematischem Vorsatz, sondern indem ich Impulsen folgte, mit ungewissem Ziel wie in dem Gedicht *stille quellen,* das eine weitere unruhige Nacht zum Ausgang hatte. Dass die Gedichte gerade dort, wo sie sich mit dem Tod befassen, dem Leben nicht bloß nacharbeiten, sondern vorgreifen, konnte unheimliche Züge annehmen. Im März 2002 war es mir plötzlich dringlich, ein Gedicht zu J. M. W. Turners Gemälde *Tod auf einem fahlen Pferd* zu verfassen. Als es fertig war, erhielt ich die Nachricht, dass die befreundete Malerin, die ich in der Psychiatrie besucht hatte, im Bad gefunden worden war; sie hatte sich erhängt.

Ende und Anfang

Dass ich Gedichte schrieb, die sich auf Gemälde bezogen, war neu und ergab sich in losen Abständen immer wieder. Meist waren es Gemälde aus dem 19. Jahrhundert, von Turner, Constable oder C.D. Friedrich, andere befassten sich mit den Radierungen und alten Stichen, die ich aus den Wohnstuben meiner Kindheit kannte. Vier dieser Gemäldegedichte rahmten die vier Abteilungen des Bandes *Stille Quellen;* für den folgenden Band *Totentanz* bildete ich eine kleine Abteilung mit weiteren fünf Gemäldegedichten. Das Schreiben ging also weiter, und ich konnte mit den Gedichten eines neuen Bandes beginnen, sobald der vorige beendet war, doch mit einemmal war es nur noch das Schreiben, in dem etwas weiterging, während sich in meinem Leben alles änderte. Noch nie war im ersten Gedicht einer neuen Sammlung gleich deren tragendes Motiv enthalten, in dem Gedicht *totentanz,* das im Oktober 2003 entstand, war es jedoch genau so. Wie elf Jahre zuvor, als ich *ende der siebziger* schrieb, waren Eindrücke einer Party das auslösende Moment, diesmal jedoch nicht für eine Zeitreise. Vielmehr reagierte das Gedicht unmittelbar auf ein Erlebnis und dies war eher neu, denn die Gedichte der früheren Bände hatten ihren Fokus meist auf einer länger zurückliegenden Zeit. Mit den neuen Gedichten, die ich jetzt schrieb, war ich mir seltsam dicht auf den Fersen, denn sie zeichneten aus beunruhigender Nähe die Veränderungen auf, die jetzt ihren Lauf nahmen und deren Richtung ich keinesfalls überblickte: den Tod meiner Mutter, die Geburt meiner Tochter und die Trennung von meiner ersten Frau. Mir kam es vor, als wüssten die Gedichte besser als ich, wo ich mich befand, nur wo ich am Ende dieses Schreibens sein würde, ließen sie sich nicht entlocken. In dieser Zeit starb Thomas Kling an einer Krebserkrankung. Dass ich ihm in den letzten Monaten seines Lebens nahe sein konnte, war ein Geschenk. Ende 2005 traf ich Vorbereitungen, das Rheinland zu verlassen, in dem ich mein ganzes Leben verbracht hatte, und nach Berlin zu gehen, zu meiner eigenen nicht geringen Überraschung. Am ersten November kehrte ich noch einmal ins Rheinland zurück. Es war der Tag, an dem man in den katholischen Gegenden die Gräber seiner Angehörigen besucht, und mir war bewusst, dass ich dies von Berlin aus in Zukunft nicht mehr würde tun können. Es wurde schon dunkel, als ich mich mit dem Auto der Stadt Neuss näherte. Ich besuchte das Grab von Thomas Kling auf dem Friedhof in Holzheim, anschließend das Grab meiner Eltern. Aus diesen Erlebnissen entstand das Gedicht *allerheiligen,* das ich an den Anfang des Bandes *Totentanz* stellte.

allerheiligen[1]

sie sperren abends lang schon nicht mehr zu; nah den laternen sieht man, wo man tritt; weil sich die augen rasch gewöhnen können, wirkt nach u. nach der ganze weg beleuchtet. wann

wenn nicht heute kann man zu so später stunde getrost zu seinen lieben toten gehen. die lichte leuchten nie so dicht, so traulich aufgestellt in bodennähe, dass man geführt wird von dem warmen

---

1 Norbert Hummelt, *Totentanz,* a.a.O., S. 9 f.

schein, wenn auch kein lebender mehr unterwegs sein wird. doch kann ich trotzdem eines nicht verstehen. waren nicht sonst um diese jahreszeit die gräber vielfach schon mit torf bestreut? war ich nicht

selber einer, der da streuen ging, bis alle erde zugedeckt erschien? jetzt liegt die krume unverhüllt; vom torf ist man gemeinhin abgekommen. friert denn die erde winters nicht mehr zu? ist niemand

mehr da unten drin, dem eine warme decke guttun könnte, jetzt, wo die tage (uhr ist umgestellt) mit einem mal rapide kürzer werden? ist das organische schon so weit abgebaut, dass man von überresten kaum

mehr reden kann? sind pilze u. bakterien mit ihrer arbeit schon zum schluss gekommen? das längst; doch bin ich nicht gewohnt, die dinge, die in rede stehen, auf diese kühle art zu sehen. ist hier doch stets

der ort gewesen, wo ich den toten nahe war, in rufweite zu gott. da gab es etwas, das durch wolken dringt. ich habe ein dreitagelicht; es ist fast hell geworden, seit ein vogel singt; urahne, urangst, mutter u. kind.

Wenn es in einigen Reaktionen auf dieses Gedicht und auf den Band *Totentanz* insgesamt heißt, es sei darin ein »leiser katholischer Ton« und eine Rückbesinnung auf religiöse Motive zu erkennen, dann stimmt das insofern, als es mir mittlerweile literarisch möglich geworden war, die mich von jeher prägenden Einflüsse im Gedicht zur Sprache zu bringen, ohne dass das Gedicht als künstlerische Form darunter zusammengebrochen wäre. Das Gedicht verträgt die sinnliche Anschauung, es fordert sie sogar in hohem Maße, um wirken zu können, aber es verträgt nur wenig Weltanschauung, und Gottfried Benn trifft es richtig, wenn er in *Probleme der Lyrik* feststellt, das Metaphyische im Gedicht müsse »ungeheuer vorsichtig auf harte realistische Unterlagen« verteilt werden. So ist in *allerheiligen* konkrete Gegenständlichkeit die Voraussetzung für ein Nachdenken über den Tod, in dem auch der Kinderglaube an ein Fortleben mitschwingt. Die Rituale der Grabpflege und ihre historica Wandlung stehen im Vordergrund, sie sind das eigentliche Objekt des Gedichts, und nur in der Hinwendung zu diesen Realien kann eine Reflexion und das Aufwerfen der großen, nie zu beantwortenden Fragen überhaupt angegangen werden. Was mir hinsichtlich derselben Grabstelle auf dem Neusser Hauptfriedhof in dem 1992 geschriebenen Gedicht *ende der siebziger* noch nicht gelungen war – nämlich eine objektive sprachliche Form für den Ausdruck von Trauer zu finden –, ist in meinen Augen mit diesem Gedicht geglückt, das ein Gefühl nicht behauptet, sondern sinnlich kommuniziert. Es häuft nicht nackte biographische Fakten an wie jenes ältere Gedicht, sondern arbeitet mit allgemein zugänglichen Bildern, wie die Szenerie eines Friedhofs sie bereitstellt. Eliots Formel, wonach Gedichte ein objektives Korrelat für persönliche Empfindungen anbieten müssen, halte ich für eine zeitlos gültige Maxime.

Der Gedichtband *Totentanz* ist in fünf Kapitel untergliedert, deren erstes, *Das stille Haus,* von der Krankheit und dem Sterben meiner Mutter und dem Nachhall ihres leer stehenden Hauses handelt. Da es sich dabei um einen fortlaufenden Prozess handelt, für den die Gedichte eine Art Mitschrift erstellten, stehen die diesem Motivkomplex zugehörigen Texte weitgehend in chronologischer Reihenfolge. Gleiches gilt für das mittlere Kapitel, dessen Gedichte den Geschehnissen und Umbrüchen meines

Lebens während der Entstehung dieses Gedichtbands folgen. Für dieses Kapitel tat ich mich schwer, einen geeigneten Titel zu finden. Es steht nun unter der Überschrift *Traumnovelle* und spielt damit auf eine Erzählung Arthur Schnitzlers an, die literarische Vorlage für Stanley Kubricks letzten Film *Eyes Wide Shut*. Film und Novelle zeigen, wie die Grenzen zwischen Traum und Wachen fließend werden und wie Wunsch und Wirklichkeit Verstrickungen eingehen. In einem solchen Spannungsfeld sah ich auch die Gedichte dieser Abteilung – was zeigt, dass die Komposition eines Gedichtbands immer auch eine Form der Selbstdeutung darstellt. Inwiefern sie von Lesern erkannt oder geteilt wird, erfährt ein Lyriker nur selten. In seinem Kopf stellt sich womöglich alles ganz anders dar als in den Köpfen derjenigen Leser, die mit seinen Gedichten umgehen. Für niemanden ist der Gedichtband dabei so wichtig wie für den Autor selbst. Er ist fast immer ein Lebensbuch, eine ihn an seine Grenzen führende Entäußerung, die anderen zeigt, was ihm in einer bestimmten Zeit möglich war und wohin ihn das pausenlose Nachdenken über Gedichte geführt hat. Zu der geringen Aufmerksamkeit, die Gedichtbände in der Öffentlichkeit genießen, steht das in einem schiefen Verhältnis. Wenn es auch für Lyriker in Deutschland nicht wenige Stipendien und Preise gibt, die es Autoren erlauben, eine Weile sorgenfrei zu leben, so ist damit zwar den Verfassern, aber nicht den Gedichtbänden geholfen. Für marktsteuernde Buchpreisvergaben werden sie nicht nominiert, man findet sie auch in den Regalen der Buchhandlungen kaum. Man könnte meinen, es gibt sie gar nicht. Wo aber sind sie, wo fristen die Gedichtbände ihre Existenz? In den Jackentaschen, in der Bahn, draußen, bei jedem Wetter, zerfleddert, zerlesen, weil es Lebensbücher sind, so lange es Menschen gibt, die ohne Gedichte nicht leben können.

Epilog

Wirklich still ist es vor meinem Fenster nie. Von unten brandet der Verkehr, der Tag und Nacht über die Greifswalder Straße fließt, einer eiszeitlichen Ablaufrinne folgend. Das Rauschen beruhigt mich eher, als dass es mich stört, und wenn das Schreiben begonnen hat, schafft das Gedicht sich seine eigene Stille, eine Stille, die ohne Außengeräusche nicht möglich wäre. Im Zimmer neben meinem schreibt meine Frau, und wenn ich leise durch die Wand ihre Stimme höre, das Telefon aber auf meinem Tisch liegt, weiß ich, sie schreibt an einem neuen Gedicht. Vor dem Kramladen gegenüber stand eine Weile das Bücherregal aus meinem Elternhaus, für das ich nach diversen Umzügen keinen Platz mehr gefunden hatte. Wenn ich es dort nachts im Regen stehen sah, machte es mir ein schlechtes Gewissen, nach einer Weile aber war das Regal verschwunden. Von den Büchern, die es früher beherbergte, sind etliche nun in meinem Besitz, auch manche der alten Stiche und Radierungen hängen seit langem in meinem Zimmer, und der Schreibtisch, an dem ich arbeite, gehörte meinem Vater, später ordnete meine Mutter darauf ihre Papiere. Bei Hermann Lenz fand ich den Satz, wer alte Möbel liebe, sei ein verletzter Mensch. Auch der kleine Vitrinenschrank ist bei mir, in dem meine Eltern in ihrer ersten Wohnung noch alle ihre Bücher unterbringen konnten. Vielleicht müssen einmal alle Bücher dort hineinpassen, die ich unbedingt brauche. Stefan George sagte einmal, fünfzig Bücher seien genug, alles andere sei Bildung. Und lebte er nicht gut ohne festen Wohnsitz? Absturzphantasien gehören zur freien Existenz: Seit ich vor 25 Jahren in Paris einem Clochard begegnet bin, der im Quartier Latin seine handgeschriebenen Gedichte für ein paar Francs verkaufte und ich versäumte, ihm eins abzunehmen, holt mich gelegentlich der Gedanke ein, dies könne eines Tages auf mich zurückfallen. So weit muss es nicht kommen, aber die Entscheidung für das Gedicht als Lebensgrundlage schließt allzu großbürgerliche Lebensstile aus. Man will es dann auch nicht anders. Ich fand es stets anheimelnd, mir mit dem Vers aus einem späten Benn-Gedicht zu sagen: »Dich schlossen immer ziemlich enge Wände / von der Geburt bis diesen Abend ein.«

Seit drei Jahren arbeite ich an einem neuen Gedichtband, diese Arbeit schreitet fort, aber sie braucht noch Zeit. Immer wieder wird sie von äußeren Anforderungen unterbrochen, unter denen die Erziehung meiner Tochter nicht die kleinste ist. Auch kann man sich als Lyriker gar nicht wünschen, man hätte nichts anderes als Dichten zu tun. Weil sich das Warten auf das nächste Gedicht so quälend gestaltet wie eh und je und sich in schlechter Laune äußert, wenn es sonst nichts Vernünftiges zu tun gibt. Und weil halbwegs planbare Einkünfte unabdingbar sind, wenn die Finanzierungspläne auch selten über Monate hinausreichen. Bislang jedoch habe ich vom freien Schreiben leben können und die Arbeit an den Gedichten durch andere, mehr oder minder einträgliche Tätigkeiten flankiert. Das Spektrum dieser Nebenarbeiten änderte sich mit der Zeit; waren es lange Zeit vor allem Artikel für Tageszeitungen, die ich schrieb, so spielten später Radiobeiträge, Herausgebertätigkeiten und der Unterricht in literarischem Schreiben an Universitäten und Bildungseinrichtungen eine Rolle. Dazu kamen Übersetzungen und in zunehmendem Maße Essays, die dem Schreiben von Gedichten nachspüren und dessen Verlängerung in die Prosa sind. Solche Arbeiten für verschiedenste Auftraggeber sind nicht immer erquicklich, erfordern ein hohes Maß an Selbstverwaltung und einen Wust an Korrespondenz, der immer wieder vom Schreibtisch gefegt werden muss, wenn man einen klaren Gedanken fassen will. Gut ist jedoch, dass man dabei zu Hause ist und kein Fremder zusieht. Eine abhängige Beschäftigung erwog ich nur einmal kurz und dann nie wieder. Die damit verbundenen Routinen und Zwänge würden mich hindern, mich bei Bedarf zurückzuziehen und den Gedichten jenen Raum zu geben, den sie brauchen.

Die Arbeit an den neuen Gedichten weist Veränderungen auf, die mir nur allmählich bewusst werden. Meist entstehen sie nun – nach einer längeren Zeit des Meditierens über möglichen Anlässen und Anfängen – direkt am Computer, und wenn ich diesen einmal nicht zur Hand habe und auf Block und Stift angewiesen bin, geht es deutlich langsamer und auch ungenauer zu und diese wachsende Abhängigkeit von der Technik in der Ausübung eines so archaischen Gewerbes wie der Lyrik gefällt mir nicht, aber feststellen muss ich sie trotzdem. Auffällig ist auch, dass ich in den Monaten Dezember und Januar immer seltener Gedichte schreiben kann und in eine Form von imaginativer Winterstarre verfalle, die ich mit der Abwesenheit von Vegetation und der Dauerbestrahlung durch künstliches Licht in Verbindung bringe. Benn, der nirgendwo anders als in Berlin leben wollte, sagte einmal, dass Gedichte ohne gewisse landschaftliche Eindrücke nicht entstehen können. Anregungen zu neuen Gedichten verdanke ich immer häufiger Ausflügen ins Brandenburgische; manchmal zünden diese Erlebnisse unmittelbar, in anderen Fällen sind die Natureindrücke dazu notwendig, die Erinnerung an längst vergangene Zeiten meines Lebens noch einmal plastisch werden zu lassen. Mitunter gelingt dies aber auch in den eigenen vier Wänden. So an dem Tag, als das Sonnenlicht hoch über den Dächern von Prenzlauer Berg stand und durch mein Fenster auf den handkolorierten Stich von 1875 fiel, der eine Ansicht meiner Heimatstadt Neuss vom Hafen aus zeigt und der früher im Treppenhaus meiner Großmutter hing, neben jener *dunklen Tür zur Wohnung mit der Schelle.* Nie zuvor hatte ich dieses Bild so hell erleuchtet gesehen, und so kamen Worte, dank derer ich die Wohnung meiner Großmutter und damit eine Urszene meines Lebens wiedersehen konnte. Wie jedes neu entstandene Gedicht war es das letzte einer Reihe, aber erstmals stellte sich im Gedicht selbst der Gedanke ein, dass diese Reihe nicht unendlich ist.

dunkelkammer[1]

der handkolorierte stich mit dem münster, die pferde
trinken aus dem erftkanal, hing vor der wohnungstür.
da war es finster: die dunkelkammer, der erste strahl.
die ringeltaube rief vor dem fenster. nach oben gingst
du kein einziges mal. man durfte nicht streiten, man
durfte nicht lachen, denn oben schlief der alte herr marx.

---

1 Erstveröffentlichung.

doch einmal ist es dann doch passiert: die kuchengabel
gab einen ton. hörst du, da hat es zweimal geklingelt. da
kommt der herr doktor, da ist er schon. u. wäscht sich
am spülstein lange die hände. dann ist er sauber u. trinkt
einen klaren. da sitzt man u. redet, ein kind ist dabei
u. wartet, dass die erwachsenen würfeln. der kanzler ist
bloß in der falschen partei. weiter oben das mansarden-
zimmer: nichts zu machen, darf man nicht rein. da sitzt
er immer über den büchern u. hat die abende für sich
allein. die zeit ist im bilde stehen geblieben. die pferde
trinken aus dem erftkanal. frauen bleichen die wäsche
am ufer. einmal schreibst du dein letztes gedicht: einer
sitzt immer über den büchern, geht mit den flaschen
kurz in den keller. da war es finster u. auch so bitterkalt.

Klaus Siblewski

Wie Gedichte entstehen – Teil 2

Ach! wie die Sonne, sank zur Ruhe nieder
Wer unter Kampf ein herrlich Werk begann,
Er sank und morgenröthlich hub er wieder
In seinen Lieblingen zu leuchten an.

Friedrich Hölderlin, *An die klugen Ratgeber*

I. DER EINFALL

Präzise festlegen zu wollen, wann die Arbeit an einem Gedicht beginnt, ist eine schwierige Angelegenheit. Das liegt zu Recht an heute kursierenden Vorstellungen, Autoren hätten es zur gleichen Zeit stets mit verschiedenen Projekten und mit Projekten in verschiedenen Stadien zu tun. Der Start eines einzelnen Vorhabens wie das Schreiben eines Gedichts lässt sich deshalb nur schwer greifen und von anderen Arbeiten abgrenzen.

Das heißt aber nicht, dass sich der Beginn dieser Arbeiten nicht beschreiben und genauer fassen ließe. Wenn wir die Vorstellung vom Neben- und Ineinander von verschiedenen Projekten ernst nehmen, können wir gleichwohl den Beginn der Arbeit an neuen Gedichten näher bestimmen. Er setzt ein, wenn Lyriker wieder in das Meer der Möglichkeiten eintauchen, das sich vor ihnen ausbreitet (oder eine Wüste von Unmöglichkeiten – je nachdem zu welchem Typ von Autor sie gehören), und wenn sie darin einen kleinen Anfang gefunden haben. Mit diesem kleinen Anfang ist jener konkrete Start gemeint, der zu einem Gedicht führen wird.

Denn ununterbrochen können Autoren nicht mit ihren Schreibmöglichkeiten spielen (es handelt sich dabei mehr um eine Haltung als um konkretes Suchen) und dabei einer Idee die nächste hinzufügen. Obwohl das an der Art, wie sie vorgehen, nicht unbedingt abzulesen ist, suchen sie nach definitiven Eingebungen und ersten Formulierungen, dem kleinen Anfang, damit sie wieder auf ein fassbares Ziel, das nächste Gedicht, hinarbeiten können. Das ist überhaupt der Grund, weswegen sie sich den verschiedensten Schreibplänen überlassen. Sie wollen auf Formulierungen stoßen, die ihnen wieder das einzigartige Gefühl geben, einen Weg zu einem Gedicht finden zu können. Insofern ist der Start der Arbeiten an einem Gedicht bereits als solcher schwer zu greifen und gleichwohl auf ein einziges, dem Autor alleine als legitim erscheinendes Ziel ausgerichtet: möglichst wieder gute neue Gedichte hervorzubringen ...

Das aber heißt: das Schreiben von Gedichten beginnt nicht einfach mit dem Nicht-Schreiben, und es beginnt auch nicht damit, dass die Autoren die Nachwirkungen ihrer alten Projekte erfassen lernen und sie es schaffen, sich von diesen überlebten Projekten zu lösen, obwohl selbstverständlich auch das zu den wichtigen Verrichtungen gehört, denen sie sich stellen müssen ... Aber gehen wir der Reihe nach vor.

Abschied

Bleiben wir bei der Abfolge der Arbeiten, damit wir besser verstehen, was bei der Entstehung eines Gedichts genau geschieht, und gehen wir wegen der Griffigkeit der Situation einmal davon aus, dass der Autor nicht nur die Arbeit an einem Gedicht, sondern an einem ganzen Gedichtband beendet hat, dann wird die fällige Trennung von dem Manuskript von unterschiedlichen Aktivitäten begleitet: Autoren fangen an, die Fenster ihrer Wohnung und besonders gründlich das in ihrem Arbeitszimmer zu putzen; oder sie kaufen sich einen neuen Laptop; oder renovieren einmal von Grund auf ihr Arbeitszimmer; oder melden sich in einer Fahrschule an, um den Führerschein zu machen; oder kaufen sich ein neues Auto, eine neue Wohnung ... Einige lassen sogar ihre alten Lebensgefährten zurück und suchen sich eine neue Freundin oder einen neuen Freund, je nachdem, wie ihre Vorlieben auf diesem Gebiet beschaffen sind. So unterschiedlich die verschiedenen Aktivitäten sein mögen, es geht darum, die Verbindungen zu den alten Projekten zu unterbrechen, und bei dieser Trennung lösen sich die Autoren nicht bloß von ihren Gedichten. Sie lassen die Arbeitssituation hinter sich, in die sie während der Arbeit an den alten Gedichten hineingelangt sind, und dazu gehören insbesondere die einschlägigen Empfindungen, die mit der Beschäftigung mit speziellen Themen und formal ausgefallenen Fragen einhergehen. Diese Trennung setzt unmittelbar ein, wenn Autoren die Arbeit an ihren Manuskripten als beendet ansehen, und häufig wird sie von einem unangenehmen Gefühl der Leere begleitet. Diesen Abschied von der Arbeitssituation könnte man als die erste Trennung bezeichnen.

Darauf folgt eine zweite Trennung, und bei diesem Abschied geht es um die Texte selber. Auch diese Trennung braucht Zeit. Sie setzt ein, wenn die Manuskripte dem Verlag übergeben werden. Dann können Lektoren Mails wie die folgende bekommen: »Ich tue seit Tagen nichts anderes als ordnen. Ich werfe beschriebenes Papier weg, sortiere Bücher, fülle Ordner mit den Papieren, von denen ich mir in Zukunft noch etwas erhoffe (bisher immer vergebens), usw. Ich hatte keine Ahnung, wie viel Papier ich wirklich beschrieben habe (und nehme an, mir wäre ganz flau geworden, wenn ich das gewusst hätte, als ich mich noch bei der Arbeit an meinem Buch befunden habe). Mein Arbeitszimmer wird kahl. Das ist erschreckend, als würden mich meine wichtigsten Kräfte verlassen und als stünde ich vor dem Nichts ...« Das ist vielleicht eine etwas drastische Beschreibung der Vorgänge, aber sie trifft den Kern dieser Entwicklungen sehr genau. Die Lyriker müssen ihre Gedichte zurücklassen. Das ist ein schleichender sich vollziehender Abschied als die erste Trennung von der Arbeitssituation, und die Autoren selber können zu dieser Trennung nicht wirklich etwas beitragen, indem sie etwas tun. Sie müssen abwarten, bis die inneren Bindungen an die Texte sich auflösen; die geschriebenen Verse dürfen sie nicht mehr beeindrucken und auch in der Erinnerung nicht als beispielgebende Lösungen auftauchen, wenn sie sich mit neuen literarischen Aufgaben beschäftigen. Diese zweite Trennung ist in aller Regel schwierig.

Im Grunde werden diese Abschiede in ihren Einzelheiten erst wahrgenommen, wenn es um neue Gedichte geht und wenn Autoren sich damit beschäftigen, wie sie zu neuen Gedichten kommen – sie also merken, wie intensiv sie noch in ihren alten poetischen Welten verfangen sind. Sie spüren sehr deutlich, dass sie sich den Raum für die Arbeit an neuen Gedichten erst schaffen müssen. Dieser Raum bleibt ihnen verschlossen, solange sie noch an früheren Gedichten hängen – und außerdem sperrt sich ihr Inneres gegen Diktate. Konkret: Dieser Schreibraum öffnet sich nicht, wenn sie sich entschlossen haben, dass sie diesen neuen Raum betreten wollen. Dort hinein zu gelangen ist ein sich länger hinziehender Vorgang, und zunächst müssen sie akzeptieren, dass aus ihnen, Dichtern also, die vielleicht schon viele Gedichte geschrieben haben, wieder Nicht-Autoren werden müssen. Anders ausgedrückt: Sie haben erst wieder zu einer gewissen Schreibunschuld zurückzufinden, denn nur, wenn sie dorthin zurückgelangen, eröffnet sich ihnen wieder die Chance, neue Projekte aufgreifen zu können. Sie müssen sich erneut in Autoren verwandeln, die ihre Arbeit fortsetzen wollen, ohne zu wissen, wie sie sie fortsetzen können, und das, obwohl sie Erfahrung im Schreiben haben.

Diese Abschiede zu vollziehen sind insbesondere nach dem Erscheinen eines Gedichtbands nicht einfach. Die Autoren haben vor allem am Ende der Arbeit an ihren Gedichtbänden gute Erfahrungen gemacht. Ihnen gelang es, zielstrebig vorzugehen, sie konnten den Eindruck gewinnen, sie seien produktiv und nahe bei ihrer Arbeit. Nach diesem Höhepunkt müssen sie sich wieder mit weniger begnügen lernen, und das kommt vielen Lyrikern wie ein Rückschritt in überwunden geglaubte Zeiten vor. Sie haben es jetzt wieder mit deutlich verschwommeneren Zielen zu tun, ihr Arbeiten wird störanfälliger, und sie sind leichter abzulenken. Was ihnen vorschwebt, hat in vielen Fällen einen unangenehmen Grad an Allgemeinheit: Gerne würden sie wieder einen Gedichtband erarbeiten, aber wie dieses Buch beschaffen sein könnte oder wie sie zu einem Manuskript gelangen könnten, wissen sie nicht. Im besten Fall stehen sie wieder am Anfang. Und das heißt, sie tauchen erneut in das Meer ihrer Möglichkeiten ein, der vielen noch ungeschriebenen Gedichte.

Im Einzelnen sind das schmerzhafte Vorgänge, und sie werden von nicht wenigen Autoren auch als kränkend (und nur selten als befriedigend) erlebt, da sie wieder oder zum wiederholten Mal, je nachdem, wie viele Gedichte sie bereits geschrieben haben und wie viele Gedichtbände es von ihnen bereits gibt, zu Anfängern in ihrem Metier, der Poesie, werden. Wenn diese Abschiede aber gut verlaufen, spüren die Autoren, dass sie das Schreiben der Sorte von

Gedichten, mit denen sie bisher beschäftigt waren, nicht verteidigen können und auch nicht zu verteidigen brauchen – und dass in dem Gefühl, sich zu einem Anfänger zurückentwickelt zu haben, die eigentliche Größe dieses Vorgangs liegt. Sie stellen ihre Kräfte gerade unter Beweis, wenn sie sich unerfahren angesichts der neu zu lösenden Aufgaben fühlen. Diese widersprüchlichen Empfindungslagen zu durchlaufen, wird Lyrikern zugemutet – und nicht jeder ist in der Lage, darin einen Gewinn und nicht vielmehr ganz unnötige und besser zu umgehende Rückschritte zu sehen.

Wie auch immer die inneren Einstellungen der Autoren zu diesen Vorgängen beschaffen sind: Zunächst müssen sie sich auf das Schwierige dieser Trennung einlassen, und das Mühsame an diesem Vorgang besteht darin, dass diese Trennungen nicht einmal in der hier skizzierten Deutlichkeit verlaufen, sondern dass es die Autoren mit ungreifbareren Empfindungslagen zu tun bekommen. Sie fühlen sich gelegentlich konfus, unentschlossen, haben vage und dennoch hochfliegende Pläne, finden nicht die Energie, ihnen nachzugehen, und verlieren in diesem Hin und Her aus dem Blick, was sie tun wollten. Mit einem Wort: Es herrscht eine Art von leicht niedergeschlagenem Gefühlswirrwarr.

Diese Abschiede können die Autoren aber noch in ganz andere Dimension hineinführen. Manche von ihnen berauschen sich keineswegs nur daran, was sie geschrieben haben. Ihnen gehen auch immer wieder Formulierungen durch den Kopf, mit denen sie weniger einverstanden sind, die sie aber aus einem für sie nur schwer zu greifenden Grund nicht vermeiden oder durch eine zufriedenstellendere Wendung ersetzen konnten. Sie werden von regelrechten Paniken erfasst, und ob ein Grund für diese Paniken besteht (die alten Gedichte an einigen Stellen tatsächlich von minderer Qualität sind), spielt dabei keine Rolle. Diese Lyriker haben, sobald sie etwas besonnener werden, dann das deutliche Gefühl, nicht alles geschrieben zu haben, was sie schreiben wollten. Sie bekommen einen lebhaften Eindruck von der begrenzten artistischen Reichweite ihrer alten Gedichte, nachdem sie sie geschrieben haben und nachdem seit dem Entstehen dieser Gedichte einige Zeit vergangen ist. Sie haben es mit Unerledigtem zu tun – und das bedeutet, sie stochern möglicherweise nicht nur in Asche herum, sondern dringen zu kleinen Zentren von noch lange nicht verlöschender Glut vor.

Auch zu diesem Unerledigten und zäh sich haltenden Resten haben die Autoren ein neues Verhältnis zu gewinnen. Darin mischt sich einiges: Gedankenfetzen, die noch von der alten Arbeit überlebt haben und die, wenn die Autoren sie nicht losbekommen, sie an die geschriebenen Gedichte binden, und solche, in denen mehr steckt. Ein Weg, wie Autoren zu diesem weiterführenden Kern gelangen, kann darin bestehen: Sie wiederholen die Korrekturschleifen, die sie bereits durchlaufen haben, stets von Neuem, und das in immer zwanghafterer Form. Nur noch wenige Wendungen gehen ihnen dabei durch den Kopf, die aber mit einer gnadenlosen Schärfe. Dieses in immer engeren Kreisen verlaufende Denken führt jedoch nur dann weiter, wenn die Autoren auf tatsächlich unerledigt Gebliebenes stoßen und sich damit auch befassen können – also die Freiheit zu neuen poetischen Aufbrüchen gewonnen haben. Dies ist allerdings nur einer von vielen denkbaren Wegen, zu Neuem zu gelangen.

Lauter Enden

Nun muss dazu gesagt werden, dass sich Lyriker noch mit einer speziellen Schwierigkeit auseinandersetzen müssen. Sie gelangen viel häufiger an Enden (das Erscheinen eines Gedichtbands ist dabei die deutlichste Zäsur und mit jedem Gedicht ist eine undeutlichere Zäsur erreicht) und müssen sich deswegen viel häufiger als andere Autoren mit der Frage beschäftigen, wie sie weitermachen wollen. Mit jedem Gedicht, das sie geschrieben haben, sind sie an einem solchen kleinen Ende angekommen und stehen wieder vor der Aufgabe, dieses Ende zu durchleben und dabei die Kraft zu schöpfen, um wieder beginnen zu können. Bei ihnen ist dieses dauernde Abschließen einer Arbeit und die Auseinandersetzung damit, wie sie ins Arbeiten wieder hineingelangen, ein wesentlicher Teil ihres Schreibens.

Dabei müssen sich Lyriker nicht benachteiligt fühlen: sie haben im Vergleich zu Romanciers häufiger das schöne und befriedigende Erlebnis, eine Arbeit abschließen zu können. Allerdings sind diese Abschlusseuphorien ebenfalls schnell verbraucht, und in der Summe tragen weniger diese Erfolgserlebnisse zur Stimmung beim Schreiben bei als die dauernd wiederkehrenden Unsicherheiten, wie die Arbeit fortgesetzt werden kann. Das heißt nicht, dass sie die Erfolgserlebnisse, die ihnen mit dem Abschluss einer Arbeit zugespielt werden, in ihrer Bedeutung unterschätzen würden. Dennoch halten sie die Überlegungen, wie sie weitermachen können, mehr in Atem als nachträgliche Betrachtungen ihrer Leistungen, und es ist keineswegs übertrieben zu sagen, dass die Vorstellung, sie stünden in ihrer Arbeit dauernd am Anfang, zum Grundgefühl von Lyrikern gehört.

Das bedeutet nun aber keineswegs, Lyriker müssten wegen dieser Arbeitsprobleme in Schwermut und Depression verfallen. Sie sprechen es nur selten aus, aber wenn sie es tun, geben sie einem anderen Eindruck Raum: die dauernde Suche nach neuen Schreibmöglichkeiten adelt sie. Diese Suche verschafft ihnen das Gefühl, sie würden unter den Autoren, die sich mit Literatur beschäftigen, zu den Dichtern gehören. Die Gründe dafür liegen auf der Hand: Bei der Jagd nach immer neuen Ansätzen können sich Gewohnheiten schwerer verfestigen. Die Autoren dürfen deswegen zu Recht die Überzeugung kultivieren, sie würden mit jedem ihrer Gedichte, wenn schon nicht die Literatur, dann immerhin ihr Schreiben von Gedichten neu erfinden. Diese nicht abbrechende Suche nach unerprobten Schreibmöglichkeiten hält ihren literarischen Verstand wach, und die Vorstellung, dass sie ästhetisch Außerordentliches leisten wollen, schläft nicht ein.

Um aber nicht vollends auf dieses kurze Schreiben festgelegt zu werden, sehen Lyriker ihre Arbeit häufiger als Teil längerfristiger Projekte. Vor diesem Hintergrund können sie den Wechsel von Ende und mühevollem Neubeginn als ein Element einer auf Umfassenderes abzielenden Kunstanstrengung sehen. (Manche betrachten alleine das Gedichteschreiben bereits als ein lebenumspannendes Vorhaben.) Dabei ist es durchaus hilfreich, wenn sie sich Vorstellungen zurechtlegen, wie das Schreiben von Gedichten abläuft, damit es ihnen leichter gelingt, dieses dauernde Ankommen an einem Schreibende und das darauf folgende neue Ansetzen als einen Bestandteil eines größer angelegten Schreibvorhabens zu betrachten. Der Wechsel wird dann als ein Teil der anstehenden Arbeiten gesehen. Das macht das Abschiednehmen einfacher, und auch die Wiederaufnahme des Schreibens wird vor diesem Hintergrund eher als eine gute Herausforderung angenommen. In diesem nervösen Wechsel besteht eben die Eigenart ihres speziellen Projekts.

Schreiben wollen

Bei allen Anstrengungen der Autoren, Anschluss an Neues zu finden, muss ein anderes Gefühl ebenfalls die Chance behalten, sich regelmäßig zu melden: der Wunsch, wieder etwas schreiben zu wollen.

Dieser Wunsch ist grundlegend für das Schreiben von Gedichten, und er ist am besten zu spüren, wenn Autoren eine längere Zeit nichts geschrieben haben und sie sich auf eine gute Weise unausgefüllt und unerprobt fühlen. Wenn dieser Wunsch wieder die Oberhand gewinnt, überwinden sie die Schwierigkeiten der Anfänge leichter. Insofern dürfen Schreibpausen als ein wichtiger Beitrag zum Schreiben selber angesehen werden. Auf elementare Weise werden Lyriker in dieser Zeit daran erinnert, was sie wollten, nämlich Gedichte schreiben, und dass sie nichts anderes als genau das wieder tun sollten.

Und elementar meint in diesem Zusammenhang elementar. Ernst Jandl zum Beispiel hat diesen tief in der Empfindungswelt der Autoren verankerten Wunsch angesprochen und dabei direkt anklingen lassen, von welch grundsätzlicher Bedeutung dieser Wunsch ist: »Schreiben wollen, was schreiben wollen, mal was schreiben wollen, wieder mal was schreiben wollen, immer wieder mal was schreiben wollen. Schreiben wollen.«[1] Jandl spricht

---

1 Ernst Jandl, *Autor in Gesellschaft. Aufsätze und Reden*, Luchterhand Literaturverlag: München, 1999, S.65.

von einem Impuls, der sich unmissverständlich rege und der ihn die entscheidenden Schritte tun ließe, damit er jene graue Zone verlassen kann, in die er nach unklarem Abschied und nur vage sich abzeichnenden neuen Möglichkeiten hineingelangt ist. Vor allem aber lässt dieses Bedürfnis die Autoren jene Kräfte sammeln, die sie benötigen, wenn sie sich auf das Wagnis des Gedichteschreibens wieder neu einlassen. Ihre Entschlossenheit wächst, und auch die Vorfreude, mit dem Schreiben von Neuem Ernst zu machen, nimmt zu, und wäre es nicht verpönt, wenn es um Poesie und deren Entstehung geht, von einem Trieb zu sprechen, dann könnte man in diesem Zusammenhang genau davon reden. Eine Kraft, die etwas Ursprüngliches hat und die von einer Wucht ist, die vor jeder Sprache kommt, meldet sich hier.

Soziale Räume

Dichten hat also seine eigene Dynamik. Das Schreiben von Gedichten und damit selbstverständlich auch dessen Start ist darüber hinaus in ein Netz von Beziehungen hineingewoben, und diese üben ebenfalls einen charakteristischen Einfluss auf die Arbeit aus. Zu diesem Netz zählen die Frauen und Freundinnen, Ehemänner und Lebenspartner der Dichter, mit welcher sexuellen Ausrichtung auch immer. Dazu kommen die Herkunftsfamilie, Freunde und Bekannte und auch die von den Autoren selber geschaffenen Familien – ein Kreis von Personen, zu denen sie sich hingezogen fühlen. Ebenfalls von Bedeutung ist, welche Beziehungen Autoren zu anderen Schriftstellern unterhalten und welche Kontakte sie zu Organisationen wie Akademien, Parteien, Schriftstellervereinigungen und anderen Interessenverbänden eingegangen sind. Schließlich kommen noch die Beziehungen zu Lektoren, Redakteuren und Verlagen hinzu.

Die Autoren schreiben nämlich ihre Gedichte in keinem sozial abgehobenen Raum, sie leben und arbeiten in und mit diesen Beziehungen, und jede von ihnen hat ihre eigene Bedeutung. Redakteure und Lektoren nehmen dabei – aus leicht zu verstehenden Gründen – eine besondere Rolle ein. Sie eignen sich nicht nur als erste Leser (wie Freunde und Lebenspartner der Autoren auch). Sie besitzen darüber hinaus Verbindungen zu Verlagen, für Autoren eine wertvolle Angelegenheit. Sie können dafür sorgen, dass die neuen Gedichte auch an die lesende Öffentlichkeit gelangen und publiziert werden. Sie sind in der Lage, dem Autor zu dem zu verhelfen, was er nicht zuletzt anstrebt: zum Abdruck seiner Gedichte und, wenn er genügend Gedichte geschrieben hat, zu einem Buch.

Aus diesen Gründen muss man sich die Zusammenarbeit zwischen Autor und Lektor sehr intensiv vorstellen. Aber auch dieses Verhältnis verändert sich, es hat seinen eigenen Verlauf, seine Geschichte, wie das Schreiben auch, und nachdem die Arbeiten an einem Gedichtband beendet sind, tritt auch die Beziehung zwischen Lyriker und Lektor in eine neue Phase ein. Jetzt geht es darum, den Autor wieder mehr in seinem Schreiben zu unterstützen – soweit das einem Lektor möglich ist. Konkret: Nach dem Erscheinen eines Buchs werden die Anlässe zur Zusammenarbeit erst einmal weniger. Das Layout (Platzierung der Gedichte auf jeder Buchseite) ist entworfen, die Fahnen sind korrigiert und die Ausführungen dieser Korrekturen nochmals überprüft worden, die Klappen- und Rückseitentexte sind geschrieben, der Umschlag ist ebenfalls hergestellt und das erste druckfrische Exemplar dem Autor zugeschickt worden. Im Grunde genommen könnte die Beziehung zwischen Autor und Lektor jetzt für einige Zeit ruhen. Aber, und das gehört zu dieser eigenen Beziehungsgeschichte, sie tut es nicht.

Tatsächlich kommt es in der Zusammenarbeit zwischen Lektor und Autor nur selten zu einer markanten Zäsur, obwohl nach dem Stand der Arbeiten nichts gegen eine Unterbrechung sprechen würde. Dieses Ende wird in vielen Fällen überspielt, es wird jetzt beispielsweise von Übersetzungen gesprochen und ob es dem Verlag möglich sein wird, Bücher im Ausland anzuregen. Oder es ist über den Abdruck einzelner Gedichte in Anthologien anderer Verlage zu sprechen, oder es ist die Rede von Veranstaltungen, von Lesungen und Bewerbungen bei Institutionen, die Stipendien oder Preise für weitere Arbeiten vergeben. Das Gefühl, das große Projekt sei noch längst nicht zu einem guten Abschluss gebracht worden, soll über den Zeitpunkt hinaus, bis zu dem es tatsächlich geführt werden muss, am Leben erhalten werden. Das ist aus sich heraus zu verstehen, dabei spielen aber auch bereits Gründe eine Rolle, die mit ganz anderen Entwicklungen zu tun haben.

Viele Lyriker sehen sich, nachdem ein Band mit ihren Gedichten erschienen ist, mit einer doppelten Aufgabenstellung konfrontiert. Das Erscheinen eines Gedichtbands ist das Ziel, in dessen Dienst sie ihre ganzen Anstrengungen stellen. Gedichtbände werden, verglichen etwa mit Romanen, aber seltener veröffentlicht. Ein Autor kann es also durchaus als eine Auszeichnung begreifen, wenn eine Sammlung seiner Gedichte in einem eigenen Buch herauskommt. Das Schreiben der Gedichte selber verläuft jedoch nach anderen Gesetzmäßigkeiten, es ist kurzatmiger, rascher getaktet; es kommt zu dauernden Unterbrechungen, Fortsetzungen, wieder eintretenden Pausen und ungewissen Aussichten, wie es weitergehen könnte. Insofern stellt das Erscheinen eines Gedichtbands nicht unbedingt die große Zäsur dar. Im Zweifelsfall geht die Arbeit in dem unkalkulierbaren Stop and Go weiter, wie sie das bisher auch getan hat und überlagert das Erscheinen des Gedichtbands oder läuft zumindest parallel dazu in seinen Verwerfungen weiter. Insofern sind Lyriker mit ihrem Gedichtband und dem Schreiben gleichermaßen beschäftigt, und das macht die Forderungen und Wünsche, die die Autoren gegenüber Lektoren haben, unübersichtlich. Der ganz anders gearteten Arbeit an Gedichten tut es durchaus gut, wenn die Beziehung von Autor und Lektor eng bleibt und der Lektor auf die Arbeitsanforderungen des Autors eingestellt ist und es bleibt, unabhängig davon, ob für den Gedichtband noch etwas zu tun ist oder nicht.

Dass es in den Beziehungen zwischen Lektor und Autor dann doch zu einer Entfernung kommt, hat mit Gründen ganz anderer Natur zu tun. Es lässt sich nämlich nicht voraussagen, in welchem Zustand sich der Verlag befinden wird, wenn der Autor (wieder) ein neues Manuskript hat. Es ist nicht einmal sicher, ob der Lektor überhaupt noch in dem Verlag angestellt sein wird, in dem der letzte Gedichtband des Autors erschienen ist, und es kann auch nicht als sicher gelten, ob der Autor noch ein weiteres Mal die Kraft aufbringen wird und Gedichte in einer Anzahl und Qualität schreiben kann, die den Gedanken an ein neues Buch aufkommen lassen. Dennoch halten Lektor und Autor weiter Kontakt, als müssten sie mit keinen größeren Veränderungen rechnen. Dieses Beharren auf

Dauer und einer gleichbleibenden Produktion ist durchaus nicht blind gegenüber den Realitäten.

Die Arbeit an Gedichten fällt Autoren erheblich leichter, wenn sie das Gefühl einer gewissen Bindung an einen Verlag haben und wenn sie den Eindruck gewinnen können, in gutem Einvernehmen mit dem Verlag zu stehen. Das hilft ihnen, daran zu glauben, der Verlag werde ihre neuen Bücher publizieren. Wenn sie überzeugt davon sein dürfen, ihre Texte stießen auf Gegenliebe bei einem Verlag, können sie die Hochs und Tiefs ihrer Arbeit besser hinnehmen. Und dabei geht es tatsächlich nicht nur darum, Phasen zu überstehen, in denen die Arbeit stockt. Auch die Euphorien, die folgen, wenn Gedichte gelungen sind, wollen bewältigt werden. Der Autor, der aus seiner Hochstimmung nicht herauskommt und unbewusst ein ums andere Mal dasselbe Gedicht schreibt, weil es ihm glückt und ihn glücklich macht, sich im schnellen Erfolg sonnen zu können, hat es mit mindestens so ernsten Schwierigkeiten zu tun wie der Lyriker, der (scheinbar) ideenverloren vor seinem weißen Blatt Papier sitzt. Ganz zu schweigen davon, dass auch Lob verkraftet sein wollen.

Dabei steht bei den Autoren ja nicht nur der Verlag im Zentrum ihrer Aufmerksamkeit. Die Autoren fühlen sich zudem sicherer, wenn die anderen Abnehmer ihrer Gedichte ebenfalls auf neue Texte warten und sie nicht das Gefühl entwickeln müssen, sie hätten sich in ein publizistisches Niemandsland verirrt. Jeder dieser Kontakte, ob er zu einer Zeitschriftenredaktion oder Rundfunkanstalt besteht, hilft ihnen bei der Arbeit. In der Beziehung zu Verlagen zeigt sich aber besonders deutlich, wie wichtig es für die Autoren ist, dass diese Beziehungen erhalten bleiben und immer weiter belebt werden. Dort erscheinen ihre Bücher, und diese Veröffentlichungen werden nach wie vor als die wichtigste Publikationsform angesehen. Deswegen haben auch die Beziehungen zu Verlagen die nachhaltigsten Rückwirkungen auf die Arbeiten der Autoren.

Wichtig an diesen Beziehungen ist aber nicht nur, wie sie tatsächlich beschaffen sind – die inneren Bilder, die sich Autoren von ihrem Verhältnis zu Verlagen zurechtlegen, sind von ebenso großer Bedeutung. Da spielen sämtliche Erfahrungen hinein, die Autoren im Umgang mit Verlagen sammeln, besonders gravierend die negativen.

Dass Autoren schon sehr frühzeitig ihre eigenen Vorstellungen von Verlagen entwickeln, zeigt sich bei den Anfängern unter den Schriftstellern, die noch in keiner Verbindung zu einem Verlag gestanden und die erst zu schreiben begonnen haben. Wie sie sich fühlen, darüber ist aus einem Mailwechsel mit einem jüngeren Lyriker Näheres zu erfahren: »Ich werde Dir ein Geheimnis anvertrauen. Vor Jahren bin ich einmal für längere Zeit an der Südküste von Schweden gewesen. Damals habe ich jeden Nachmittag auf einem runden Felsen gesessen und habe mir gedacht, wenn es mir einmal gelingen sollte, ein längeres Gedicht in der Zeitschrift *manuskripte* zu veröffentlichen, dann gehöre ich zu den anerkannten Lyrikern und bin am Ziel angekommen. Damals habe ich ein Langgedicht zu schreiben begonnen, das dann erst vor einiger Zeit fertig geworden ist. Und der Clou besteht darin, dass mir gestern Alfred Kolleritsch geschrieben hat, er werde dieses Gedicht bringen, und zwar jede einzelne Strophe. Jetzt kann ich aufhören zu schreiben und schaue später dann in den Literaturgeschichten nach, welcher Rang mir dort zugewiesen wird.« Über die Gründe, weswegen dieser Autor ausgerechnet den *manuskripten* diesen hohen Stellenwert einräumt, lässt sich nur spekulieren. Es ist zu vermuten, dass er von Autoren, die ihm wichtig sind, gehört hat, sie hätten dort Gedichte veröffentlicht, oder er hat es in bibliographischen Angaben gelesen. Wenn ich so weit komme wie diese Autoren, dann habe ich es geschafft, wird er gedacht haben. Schreiben und Publizieren stehen für ihn jedenfalls in einem engen Zusammenhang. Er malt sich regelrecht ein Veröffentlichungsszenario aus – mehr noch: Für ihn gibt es eine Hierarchie der Veröffentlichungsmöglichkeiten und einen einzigen Favoriten. Die in Österreich erscheinende Zeitschrift soll es sein. Zu diesem Szenario gehört, dass er es sich unabhängig von konkreten Gedichten ausmalt und dass es einen ganz und gar unanfechtbaren Eigenwert besitzt. In dieser nicht umzustoßenden Vorliebe mag dieser Autor ein Sonderfall sein – aber wichtig darin ist, und das gilt auch für Autoren, die in der Wahl ihrer Verlage weniger festgelegt sind, dass ihm seine Publikationstagträume ein Ziel vorgeben. Schreiben hat nicht allein mit der Beschäftigung mit Versen zu tun und der Frage, wie sich dieses gelegentlich zähe Material fortentwickeln lässt. Diese Arbeit besitzt eine Bezogenheit, und der innige Wunsch, in einer Literaturzeitschrift von Rang mit einem eigenen Text vertreten zu sein, hilft, wenn das Schreiben schwierig wird, diese Hindernisse zu überwinden, oder gibt dem Schreiben überhaupt eine Richtung. Der Autor selbst vermag sich mit seinen Visionen von einem guten Publikationsort zum Schreiben seines Gedichts anzuspornen.

Der Anfang

Wenn man Lyriker befragt, wie sie zu neuen Gedichten gelangen, werden sie in der Regel sehr verschwiegen. Gerne sprechen sie darüber, was sie machen, wenn sie bereits auf das erste Material gestoßen sind und mit dem Schreiben begonnen haben. Darüber hat uns eine ganze Reihe namhafter Schriftsteller mit Einblicken versorgt. Was sich aber genau zuträgt, bis sie in das Schreiben hineingefunden und eine Dürreperiode überwunden haben, darüber geben sie keine Auskunft.

Sicher schweigen die Lyriker nicht ohne Grund. Der Anfang hat für sie etwas versteckt Kränkendes, denn er lässt sich nicht herbeiführen. Die Lyriker haben nur einen geringen Einfluss darauf, ob sie die Grundidee zu einem neuen Gedicht zu fassen bekommen oder nicht. Sie müssen sich einem Geschehen überlassen, dessen Kräfte außerhalb ihrer Kontrolle liegt und von dem sie nicht einmal wissen, in welche Richtung es sie führen wird.

Diese Nichtverfügbarkeit erleben Lyriker als Einschränkung; sie müssen die begrenzte Reichweite ihrer Fähigkeiten einsehen und vor allem hinzunehmen lernen und das auf einem Feld, auf dem sie sich als Experten ansehen, dem der Sprache. Gleichzeitig erleben sie an diesem Anfang so etwas wie Ungebundenheit – und in guten Augenblicken sehen sie darin eine Chance: dass sich Ideen einstellen, mit denen sie nicht gerechnet haben und die tatsächlich neu sein können. Es gehört zu den Eigentümlichkeiten des Schreibbeginns, dass sie sich nicht als Opfer dieser Prozesse verstehen, die sie nur unvollkommen begreifen und zu steuern vermögen. Sie sind vielmehr froh, wenn sie ihren unsicheren Spielraum nutzen können und neue Eingebungen empfangen. Wenn ihnen die Idee zu einem neuen Gedicht zufällt, sehen sie darin einen Vorgang, auf den sie zu Recht stolz sind.

Und die Lyriker haben recht, in diesem Schöpfen aus verborgen bleibenden Quellen eine Leistung zu sehen. Sie richten sich nämlich auf diese Tätigkeit ein. Wenn sie mit ihrer Arbeit beginnen, hat ihr Schreiben zunächst keine Richtung und muss eine vielfach gar nicht so kurz bemessene Weile ohne klar umrissenes Ziel auskommen. Selbstverständlich stimmt das nicht ganz, da jeder Autor über ein eigenes Empfinden verfügt und ihn deswegen auch nur eine eingeschränkte Anzahl von Themen, Formen und Sprachgebungen beschäftigt und erreicht. Ihre Suche nach neuen Schreibansätzen ist aus diesem Grund nicht vollkommen ohne Richtung, aber auf dem begrenzten Feld ihrer Interessen brechen sie ohne vorgefasste Pläne auf. Sie stellen sich nicht einmal auf Neues ein, sondern suchen nur nach einem Ansatz zum Schreiben und sind darauf vorbereitet, wenn eine passende Idee auf sie zukommt, diese Idee auch aufzugreifen.

Wie dekonzentriert dieser Beginn sein kann, lässt sich in den Tagebüchern von Peter Rühmkorf verfolgen. Darin finden sich über Seiten verstreute Notate wie die folgenden:

»2. »Zeige deine Wunde«? – Aufdringlicher und schon etwas kleineleutehafter Offenbarungsgestus. Kunst kommt von Kaschieren / Camouflieren – zeige deine Pflaster und wie behelfsmäßig dein Leben als ganzes zusammenhängt.

3. Der Tiefsinn braucht sich gar nicht groß anzustrengen – er zieht seine Leichenbittermiene und alles trieft unkritisch mit. Nichts ist dagegen so leicht zu verkennen wie der Leichtsinn.

4. Auch Krankheiten nicht als Lamentations-, sondern als Unterhaltungsgegenstand betrachten.

5. Immer mal wieder sich vor Augen führen, wie Dürer sich selbst gezeichnet hat – (...)«[1]

Der Autor scheint krank zu sein und notiert, was ihm in dieser Lage in den Sinn kommt. Das Besondere daran: Er hält seine Gedanken fest, und gleichzeitig überlegt er, warum ihm das, was ihn beschäftigt, durch den Kopf geht.

Diese Art des Notierens auf mindestens zwei Ebenen hat eigentlich keinen Anfang, und es gibt auch kein Ende dafür – und der Autor hat aus den Mengen von Notizen mit vergleichbaren Inhalten garantiert eine Auswahl getroffen, damit der Leser seiner Tagebücher im Labyrinth der Mitschriften noch halbwegs die Orientierung behält. Dieses Aufschreiben ist eine hemmungslose Angelegenheit, wertvoll erscheinen alle Eindrücke, die einen deutlichen Empfindungswert besitzen und die sich in einer sprachlich plausiblen Gestalt darbieten. Zudem überantwortet sich der Autor seinen Eindrücken mit Vorsatz: Er liebt den Reiz dessen, sich dem zu überlassen, was sich momentan als plausibel darstellt. Und er handelt auf maximale Weise fahrlässig: Im Aufschreiben liegt der Wert der meisten Notizen, was weiter mit ihnen geschehen könnte, darüber denkt er nicht weiter nach – und im Prinzip bleibt ihm nicht einmal die Zeit, sich darüber eingehender Gedanken zu machen. Die Begeisterung für die nächste Beobachtung von etwas erhöhter Empfindungsqualität hat ihn, bevor er den Wert der letzten Notiz einer näheren Überprüfung unterziehen konnte, bereits im Griff. Und weiter geht es in dem nicht abreißen

---

1 Peter Rühmkorf, *Tabu I. Tagebücher 1989–1991*, Rowohlt Verlag: 1995, S. 103.

wollenden Registrieren von Eindrücken und dem Aufschreiben dieser Eindrücke.

Nun stellt Rühmkorf in seinem ausgeprägten Hang zum Notieren unter Lyrikern sicher eine Ausnahme dar. Viele Lyriker notieren überhaupt nichts, allerdings laufen ähnliche Assoziationsketten, wie sie bei Rühmkorf zu beobachten sind, in ihrem Kopf und in ihrem Empfinden ab. Sie fühlen sich, wenn sie diesen Überlegungen nachgehen, wacher und erheblich lebendiger als zu Zeiten, in denen sich keine abzeichnen. Sie nehmen genau wahr, welche Eindrücke sich einstellen und von welchen Überlegungen diese Empfindungen begleitet werden. Sie führen eine Art von innerem Notizbuch, und flüchtig, aber konsequent überprüfen sie, ob sich eine Beobachtung samt der dazugehörenden Formulierung für ein Gedicht verwenden lässt. Ist das nicht der Fall, bleibt diese Eingebung ungenutzt und sinkt einem nicht weiter registrierten Vergessen entgegen.

Wichtig an diesem Notieren und Überprüfen ist nicht, dass die Autoren Material anhäufen, von dem sie vage hoffen, sie könnten es irgendwann einmal verwenden. In diese Verlegenheit kommen Lyriker nicht, da sie in ihre Gedichte (von Balladen und Langgedichten, heute weniger bevorzugten Gedichtformen, einmal abgesehen) keine umfangreicheren Stoffe hineinarbeiten müssen. Sie verschaffen sich auf diesem Weg etwas anderes: Schreibgeläufigkeit, die Vertrauen schafft, dass neue Gedichte entstehen werden und dass sie auf eine gute Weise unterwegs sind.

Bei einigen Formulierungen verfliegt die Begeisterung dann auch nicht. Von diesen Wendungen geht sogar eine nur schwer einzudämmende Unruhe aus. Diese Notate haben sich nicht mit dem Aufschreiben erledigt. Dieser Mechanismus bewahrt sie vor dem Vergessen – und von diesem Mechanismus geht ein nicht zu tilgender Zwang zum Weiterarbeiten aus. Greifen wir ein dafür charakteristisches Manuskriptblatt heraus.

nachrichten

(?)

immer
bei nachrichten
höre ich zu
und immer
bei nachrichten
denke ich
an anderes
und immer
bei nachrichten
wenn ein anderer

Druckerei   Brüder Rosenbaum   Wien

der ganze dreck
ist schon er-
- schöner
ja
ich spreche
von meinen gedichten
geht hin und lesen
...
sie sind nicht ferner
als ihr seid

160

Dieses Manuskriptblatt gehört zu einem umfangreichen Konvolut von Manuskripten des Autors Ernst Jandl. Der erste Unterschied im Vergleich zu Rümkorfs Notizen fällt sofort auf. Jandl hat keine gattungsneutral bleibenden Sätze aufgeschrieben. Er ist einen entscheidenden Schritt weitergegangen: Sein Notat hat die Form eines Gedichts angenommen.

Wenn wir uns genauer vergegenwärtigen, wie das Gedicht *nachrichten* entstanden sein könnte, dann stellen wir fest: Es gibt keine Vorläufer für diesen Text. Allerdings hat sich Jandl im Umkreis dieser Verse mit Themen beschäftigt, zu denen das Sujet dieses Gedichts in einem erweiterten Sinn gut passt. Der Autor wollte zunächst ein Hörspiel schreiben, und wie sich herausstellte, ein ausgesprochen kurzes. Dann kam er auf die Idee, es wäre angebracht, vielleicht gleich eine ganze Sendereihe mit solchen Kurz-Hörspielen zu konzipieren und andere Autoren zu fragen, ob sie Beiträge für diese Sendereihe liefern wollten. Er dachte an Hörstücke in einer Länge von drei Minuten Dauer. Während er sich dann die ersten Namen von möglichen Mitarbeitern notierte, kam ihm offenbar der Text *nachrichten* in den Sinn.

Dieser Beginn ist für Schreibanfänge von Gedichten durchaus charakteristisch. Er entwickelt sich aus einem weitläufigeren Interesse, hier bildet die Arbeit für den Rundfunk den Zusammenhang. Viele Autoren verhalten sich gegenüber den Sendungen im Radio gleichgültig, beobachtet Jandl und glaubt dennoch, Schriftsteller könnten eigentlich hervorragende Autoren für den Rundfunk sein – gerade weil von ihnen keine Texte zu erwarten sind, wie sie sonst und üblicherweise im Radio ausgestrahlt werden.

Dabei hat er offenbar auch über seine eigenen Hörge-
wohnheiten nachzudenken begonnen, und in diesem Mix
unterschiedlichster Überlegungen kommt ihm die Idee zu
einem Gedicht in den Sinn. Er brauchte nur aufzuschrei-
ben, wie er Nachrichtensendungen im Radio mitverfolgt,
allerdings aus der Distanz des kühlen Beobachters, und
wenn ihm das gelänge, könnte in den wenigen Zeilen, die
er zum Nachzeichnen seiner Beobachtung benötigt, ein
poetischer Text von einiger Substanz liegen …

Wenn wir uns genauer fragen, wie der Autor auf die
Idee zu diesem Gedicht gekommen sein mag, dann muss
als ein auslösendes Moment die kritische Dimension
angesehen werden, von der dieses ganze Schreibunter-
nehmen getragen wird. In seinem Hörspiel wollte er ja
bereits einen Ton anschlagen, der sich von anderen Sen-
dungen deutlich unterschied und dem dieser Unterschied
gleich anzuhören war. Kleine Hör-U-Boote sollten in den
Rundfunk eingeschmuggelt werden, eine Idee, für die er
glaubte, auch andere Autoren gerade wegen ihres wider-
ständigen Charakters begeistern zu können. Dies hat ihn
dann dazu gebracht, seine eigenen Hörgewohnheiten zu
durchdenken, und von da aus müssen ihm dann die ersten
Zeilen des Gedichts in den Sinn gekommen sein: ein un-
geschönter (aber auch nicht dramatisierter) Bericht, wie
er Nachrichtensendungen hört.

Damit ist aber nur die erste Schreibphase beschrieben.
Tatsächlich findet der Autor noch intensiver ins Schrei-
ben hinein, seine Assoziationen verlaufen in mehrere
Richtungen. Das zeigt sich sehr deutlich im zweiten Text
auf Jandls Manuskriptseite. Der Autor baut eine zweite,
nochmals außerordentlich kritische Instanz auf und diese
gilt dem Geschriebenen selber: »der ganze dreck / ist

schon erschienen.« Er meint damit seine Gedichte, und obwohl er aus dem Moment heraus seine Arbeiten schroff abkanzelt, hält ihn genau das entzündbar für ein neues Gedicht. Dass er dabei mit einer starken Abwertung seiner Leistungen arbeitet, ist als eine Eigentümlichkeit des Autors Ernst Jandl anzusehen; andere Autoren arbeiten aus anderen Affekten heraus.

Dieses Reagieren auf unvorhergesehene und mit dem ursprünglichen Thema sich nur noch lose berührende Eingebungen setzt in diesem Fall die am weitesten führenden Kräfte frei. Der Autor begleitet nicht mehr nur mit gelegentlich scharfer Ablehnung sein Schreiben – er wird von einer regelrechten Ablehnungsattacke erfasst. Dabei ist er auf eine weiterreichende Weise entflammbar, als sich dies an den Vorüberlegungen zu einem Hörspiel und dem sich anschließenden Nachdenken über den Rundfunk ablesen lässt. Er bewegt sich in einem kulturkritischen Denkspektrum, das ihn als Autor sonst nicht auszeichnet. Zur entscheidenden Wende kommt es, als er über das nachdenkt, was er selber macht. Dieses Beobachten und Kommentieren der eigenen Leistungen setzt eine ungeheuer negative Sicht auf das bisher von ihm Vollbrachte frei – und genau darin liegt die Kraft zur Fortführung seiner Arbeit: Es öffnet buchstäblich die Tore, durch die Neues hereintreten kann.

Wie das genau geschieht, können wir auf Jandls Manuskriptblatt mitverfolgen. Mit dem Wort »dreck« hat er seine Gedichte einer harschen Beurteilung unterzogen. Im Aufschreiben der Zeile wird seine brutale Wut nicht unbedingt milder, aber er beginnt sie mit Inhalten zu füllen: Erstens gefällt es ihm nicht, dass andere diese scharfe Verurteilung seiner Texte mitbekommen, zweitens sieht er eine heraufdämmernde Chance zu einem Gedicht. Was wäre, wenn seine Gedichte gar nicht diesen abwertenden Kommentar verdienten und seine Ablehnung in einer ganz anderen Beobachtung ihren Halt fände: dass das Leben nicht besser beschaffen ist, als ihm aus einer derben Laune heraus seine bisher geschriebenen Gedichte vorgekommen sind. Es ist förmlich zu spüren, wie der Autor ab dem »ja« das poetische Potenzial entdeckt, das in der ersten Zeile seiner Notiz liegt. Und wir spüren nicht nur, wie er diese Chance erkennt, sondern wie sich im Erkennen die Weiterführung dieser Zeile anbietet und er dieses Angebot aufgreift und davon schriftlich Gebrauch macht.

Nicht nur in starken Affekten, auch im Nachdenken über das Geschriebene kann eine ungeheure Kraft liegen. Zu sehen ist dabei, dass die Eingebungen, die durch dieses Nachdenken hervorgebracht werden, von höchst unterschiedlicher Qualität sind. Rühmkorf setzt, wenn wir dessen Notizen mit denen des aufgeputschten Jandls vergleichen, in moderaterer Stimmung sein Notieren fort. Er versucht erste Wendungen aufzuschnappen, die zu einem Selbstportrait führen könnten, und formuliert in der Folge sein poetisches Arbeitsethos: »Immer wieder vor Augen führen, wie Dürer sich selber gezeichnet hat …« Weiter kommt er nicht, und es zeigt sich: Der Ausgangstext ist auf eine merkwürdige Weise starr. Er lässt sich nicht weiter bearbeiten, obwohl leicht einzusehen ist, dass er noch längst nicht jene Vielschichtigkeit besitzt, die ihn überhaupt erst zu einem poetischen Text machen würde. Auf eine paradoxe Weise ist er sowohl fertig (in einem nicht weiter zu verbessernden Stadium angekommen) und unfertig.

Jandl gelangt im Nachdenken über seinen Text an einen erheblich explosiveren Punkt. Er entdeckt in der Reaktion auf seine bisherigen Gedichte ein Schreiben mit autobiographischen Bruchstücken, das ihn in der zweiten Hälfte seines Arbeitslebens mehr als jede andere Art zu dichten beschäftigen wird. Das produktive Moment des Ausgangstextes liegt darin, dass er den Autor zu einer heftigen Gegenreaktion provoziert hat. Ein schwacher Text eröffnet ihm eine Schreibperspektive, die ihn über Jahre hinaus beschäftigen wird. In unbefriedigenden und die Autoren enttäuschenden Texten kann also durchaus Großes liegen.

Der Einfall
Die bisher diskutierten Schreibanfänge lassen sich auch aus einer anderen Perspektive betrachten: Diese Texte haben sich von ihren Autoren noch nicht in einem ausreichenden Maß entfernen können. Es sind insofern keine Gedichte, die aus sich selber heraus zu verstehen sind. Auch Jandls »*nachrichten*«-Text sieht einem Gedicht in seiner äußeren Form nur ähnlich. Um diese Zeilen in ihrer Bedeutung wirklich verstehen zu können, reicht es nicht aus, wenn wir uns mit dem Aufgeschriebenen beschäftigen. Wir müssen den Autor kennen und Mutmaßungen über die Gründe anstellen können, weswegen er diesen Text geschrieben hat, damit wir dessen Wert begreifen.

Wenn wir nun die Qualität dieser Texte besser einschätzen lernen wollen, dann hilft uns eine Überlegung besonders weiter: dass sie zu einem Pseudo-Abschluss gekommen sind. Pseudo-Abschluss meint in diesem Zusammenhang: Diese Texte sind zwar »fertig« geschrieben, offenbaren aber das poetisch höchst Limitierte des Ausgangsmaterials. Daraus den Schluss zu ziehen, sie hätten ungeschrieben bleiben sollen, ist jedoch falsch. Die Autoren befinden sich auf dem Weg zu Gedichten, sie müssen allerdings noch auf eine spezielle Eingebung stoßen, die ihnen weiterführende Wege eröffnet: auf poetische Einfälle. Mit ihren ersten Schreibversuchen bewegen sie sich ohne Zweifel in die richtige Richtung.

Welche Eingebung nun die Qualität eines Einfalls hat, lässt sich auf Anhieb nicht unbedingt erkennen. Der Autor Hans Sahl hat in seinem Tagebuch beispielsweise folgenden Satz festgehalten: »An diesem Nachmittag gingen alle Uhren falsch.«

Was Hans Sahl an diesem Satz fasziniert hat, darüber lassen sich gezielte Vermutungen anstellen. Es wird das beiläufig sich meldende Paradoxon gewesen sein, dass sich jemand in unserem Zeitsystem bewegt und auskennt (die Formulierung »heute Nachmittag« legt das nahe) und dennoch feststellen kann, dass die Uhren falsch gingen. Außerdem weiß er, dass ausnahmslos alle Uhren nicht die korrekte Zeit anzeigten. Hinzu kommt, und das unterstreicht das Rätsel dieses Satzes, dass die Beobachtung in einem selbstverständlich klingenden Ton berichtet wird und den Autor dieses Satzes nicht im Mindesten erstaunt. Er liest sich, als würde etwas Alltägliches ausgebreitet werden – obwohl von einem Faktum die Rede ist, das die Verhältnisse in den uns bekannten Weltgegenden nicht weniger als auf den Kopf stellt.

Wenn wir uns weiterfragen, ob die Faszination dieser Formulierung ausschließlich darin gelegen haben mag, dass sie auf reizvolle Weise mit unserem Zeitempfinden spielt, finden wir in dieser Überlegung nur zum Teil die Antwort. Genauso ungeklärt ist die Sprecherperspektive dieses Satzes: Wer kann denn diese umfassende Kenntnis einer offenkundig doch überraschenden Zeitverschie-

bung überhaupt haben? Wir stehen tatsächlich vor einem
Rätsel, und damit lässt sich ein Katalog von Eigenschaf-
ten benennen, welche Qualitäten ein Einfall haben sollte:

- eine klar begrenzte Situation (überhaupt *das* Merkmal
  der überwiegenden Mehrzahl der Gedichte) umfassen,
- einen weiten Horizont öffnen,
- ein Ensemble von faktischem Material ausbreiten
- ein irreguläres Moment (Abweichung vom Gewöhn-
  lichen), bzw. eine ungewöhnliche Bestätigung des Ge-
  wöhnlichen einführen,
- unmittelbare Evidenz (zumindest für den Autor) aus-
  strahlen,
- einen eigenen Ton
- und vor allem einen eigenen Rhythmus besitzen.

Darüber hinaus zeichnet sich ein Einfall nicht nur da-
durch aus, dass er aus einem vielversprechenden Sprach-
fragment besteht, sondern auch eine Chance bietet. Der
Einfall besteht zwar aus einem verdichteten Assoziations-
gefüge, in das poetisch hochwertige Elemente miteinander
verschmolzen sind (er fügt zusammen, was bisher nur in
unzusammenhängenden Materialpartikeln nebeneinan-
der bestand), aber das, was den Wert eines Einfalls aus-
macht, findet seinen Niederschlag nur zu einem kleinen
Teil in dem, was auf dem Papier steht. Das Entscheidende
lagert im Kopf des Autors und muss von dort noch auf
das Papier gelangen. Dieser Gedichtspeicher ist durch den
Einfall geöffnet worden, und er lässt sich erst mit Hilfe
der Ausgangsformulierungen leeren: dem Sprach-, Emp-
findungs- und Gedankenspeicher, der die Verbindung zu
einem neuen Gedicht erschafft.

Für Autoren ist es zwar nur schwer zu akzeptieren, dass der Ur-Impuls ihres Schreibens sich zunächst ihrer Sprache entzieht, ausgerechnet ihnen, die mit der Sprache arbeiten. In der Auseinandersetzung mit dieser Undurchdringlichkeit liegt aber der aktive Schreibbeginn an einem neuen Gedicht und damit das Ende jener passiveren Arbeitsweise, die sich im Registrieren und vorläufigen Notieren vorläufig erschöpft. Setzt aber die Beschäftigung mit den undurchdringlichen Teilen eines Einfalls ein und beginnt diese Auseinandersetzung in der Weise produktiv zu wenden, dass dem Autor weitere Formulierungen in den Sinn kommen, die auf langsames Verstehen des dichten Kerns seines Einfalls hinweisen und Sprachlosigkeit durch Sprache ersetzt werden kann, dann gelangt der Autor deutlich über den Schreibbeginn hinaus und unternimmt damit einen entscheidenden Schritt vorwärts in Richtung eines Gedichts.

Schließlich aber haben Einfälle noch eine Eigenschaft: Ihre Vielschichtigkeit und das Verhangene macht sie weitgehend immun gegen das Vergessen – ganz im Unterschied zu Eingebungen, die den Wahrnehmungshorizont des Autors bereits beim Notieren wieder verlassen. Die von Einfällen ausgehende Dringlichkeit nutzt sich dagegen nur sehr zögernd ab.

Das alles bedeutet noch nicht, dass aus einem Einfall tatsächlich ein Gedicht wird. Viel hängt davon ab, wie unausweichbar, aber auch wie fortsetzbar der sich abzeichnende Text dem Autor vorkommt. Hans Sahls Einfall beispielsweise besaß eine hohe Dringlichkeit, allerdings kam er über die erste Formulierung nicht hinaus. Zehn Jahre, nachdem er seinen Satz notiert hatte, schrieb er ihn ein zweites Mal auf, diesmal aber mit einem wichtigen Zusatz: »Anfang einer Erzählung / An diesem Nachmittag gingen alle Uhren falsch. Sie begrenzten …« Das Ausmaß an Ungeklärtem, das in dieser Wendung mitschwingt, erscheint als zu groß. Die Situation ist nicht begrenzt genug, der Horizont zu weit und der Rhythmus zu verhalten – nicht nur für ein Gedicht, auch für eine Erzählung, wie sich herausstellen sollte. Über diesen ersten Satz ist Hans Sahl nie hinausgelangt.

Diese ganzen Facetten aber sind dem Autor, wenn er sich mit einem Einfall beschäftigt, verborgen und werden ihm erst zu einem späteren Zeitpunkt auffallen. Noch überwiegt eine (heimlich) hochfliegende Begeisterung für die neu sich bietenden Möglichkeiten. Auch der melancholischste Lyriker mag sich, wenn ein Gedicht auftaucht, nicht gegen die Hochstimmung zur Wehr setzen, die diese Ankündigung in ihm auslösen wird – und es gibt auch keinen Grund, weswegen er davor Schutz suchen sollte.

Kreativität

Wie aber kommt es zu diesem Ur-Impuls, dem Einfall? Sigmund Freud sieht durch eine besondere Eigenschaft und einen speziellen Charakterzug bei Künstlern die Chancen als besonders hoch an, Ideen zu empfangen und sich mit diesen Ideen zu beschäftigen. Über Leonardo da Vinci schrieb er: »Und bei ihm scheint es wirklich so gewesen zu sein, seine Affekte waren gebändigt, dem Forschertrieb unterworfen; er liebte und haßte nicht, sondern fragte sich, woher das komme, was er lieben und hassen sollte, und was es bedeutete, und so musste er zunächst indifferent erscheinen gegen Gut und Böse, gegen Schönes und Häßliches. Während dieser Forscherarbeit warfen Liebe und Haß ihre Vorzeichen ab und wandelten sich regelmäßig in Denkinteressen um. In Wirklichkeit war Leonardo nicht leidenschaftslos, er entbehrte nicht des göttlichen Funkens, der mittelbar oder unmittelbar die Triebkraft – il primo motore – alles menschlichen Tuns ist. Er hatte die Leidenschaft nur in Wissensdrang verwandelt ...«[1] Es geht also ums Sublimieren. Die Autoren haben sich von der Suche nach emotionalen Befriedigungsmöglichkeiten weiter als andere zurückziehen können und besitzen deswegen für das Schreiben von Gedichten größere und ungestörter nutzbare Kapazitäten. Diese Überlegung unterliegt zwei Annahmen. Die erste: Gedichte lassen sich in einem gefühlsgeschützten Raum besonders gut schreiben. Und die zweite: Autoren würden kontrollierter lieben und hassen. Beides trifft, wenn man sich in seinen Überlegungen auf Lyriker beschränkt und alleine nur deren brüchige Biographien betrachtet, nicht in ausreichendem Maß zu: Weder werden Gedichte besonders brillant, weil Autoren ihren Gefühlen weniger ausgeliefert sind, noch kann davon gesprochen werden, Lyriker würden ihre Emotionen besser in poetisches Denken umwandeln können. Das mag erst dann in einem verstärkten Maß gelten, wenn Autoren ins Schreiben hineingefunden haben und ihren Lieben in dieser Zeit kontrollierter nachgehen. Um zu erfahren, wie Autoren überhaupt ins Schreiben finden, was also geschieht, bevor Sublimation einsetzt und eine Hilfe sein kann, führen diese Überlegungen nicht weiter.

Jüngere Psychoanalytiker, die sich mit dem Thema Kreativität beschäftigen, gehen mittlerweile andere Wege.

---

1 Sigmund Freud, *Studienausgabe. Bildende Kunst und Literatur*, Band X, Frankfurt am Main: S. Fischer Verlag 1969, S. 101.

Am Beispiel von depressiven Gefühlslagen stellt Stephan Hau vom Frankfurter Sigmund-Freud-Institut fest: Menschen in dieser Gemütsverfassung sind »stabil gefangen (.) und eben nicht kreativ und produktiv«.[1] Allerdings ist das nicht die einzige Gemütsverfassung, in der sich Depressive befinden können. Es gibt »viele Menschen, (die) nach Objektverlusten und Trauerphasen mit produktivem Schaffen reagieren«.[2] Wie ist das möglich, wie helfen sie sich aus diesem Widerspruch heraus? Indem diese Autoren im Schreiben von Gedichten beglückende Erfahrungen machen. Ihnen gelingt nicht nur etwas, indem sie ein Gedicht schreiben (ein narzisstisches Glück das die narzisstische Kränkung, als die der Verlust u.a. erfahren wurde, etwas auszugleichen hilft), sie werden durch ihre Texte auch besser in die Lage versetzt, ihre Verluste anzuerkennen und aus diesem Bewusstsein heraus Kraft zu schöpfen.

Diese Überlegungen haben einiges für sich. Warum aber jemand Verluste hinnehmen lernen sollte, damit er Gedichte schreiben kann und sich beispielsweise nicht lieber einer Organisation anschließt, die anderen das Leben leichter zu machen versucht (beim Verlust von nahestehenden Menschen etwa der Hospiz-Bewegung), lässt sich nicht zufriedenstellend beantworten (auch im Helfen stecken genügend narzisstische Befriedigungsmöglichkeiten). Vor allem wird nicht klar, wie und warum jemand überhaupt zum Schreiben findet. Dazu lassen sich bei anderen Theoretikern in der Nachfolge von Sigmund Freud einige brauchbare Hinweise finden, etwa bei einem

---

1 Stephan Hau, *Kreativität und Depression*, in: *Depression – zwischen Lebensgefühl und Krankheit*, herausgegeben von Stephan Hau, Hans-Joachim Busch und Heinrich Deserno, Göttingen: Vandenhoeck & Ruprecht 2005, S. 51.
2 Stephan Hau, *Kreativität und Depression*, a.a.O., S. 53.

gezielt hermetisch sich äußernden Psychoanalytiker wie Wilfred R. Bion[1]. Er hat sich meines Wissens weder zur Entstehung von Gedichten noch von Literatur im Allgemeinen, noch über kreative Vorgänge geäußert, sein Interesse galt der Untersuchung von Denkstörungen und wie sie zustande kommen. Dabei ist er zu einer wichtigen Unterscheidung gelangt, die auch sachdienliche Hinweise gibt, welche inneren Vorgänge bei Schreibanfängen ablaufen können und welche Auswirkungen das wiederum auf das Schreiben haben kann.

Bion sah Erwachsene mit Empfindungen konfrontiert, die sich ihrem Verständnis entzogen und die sie loswerden wollten, mit sogenannten Beta-Elementen. Diese Beta-Elemente (alleine das Technische dieser Bezeichnung soll bereits verdeutlichen, wie unzugänglich diese Eindrücke sind) lassen sich jedoch in so genannte Alpha-Elemente umwandeln. Die Alpha-Elemente haben den Vorteil, dass sie aus Bildern, Traumfetzen und anderen hoch verdichteten Eindrücken (flashartigen Erlebnissen etc.) bestehen, die Erwachsenen zur weiteren Auseinandersetzung offenstehen. Auf dieses Material müssen sie nicht mehr mit Erschrecken und Abwehr reagieren, im Gegenteil lernen sie diese Empfindungen in kryptisches Bildmaterial zu übersetzen, mit dem es sich dann weiter zu beschäftigen lohnt.

Das scheint mir, ohne weiter ins Detail gehen zu wollen, ein Modell zu sein, wie sich die ersten Schritte beim Schreiben eines Gedichts genauer fassen lassen. Die Autoren haben es mit Einfällen zu tun, die einen harten, schwer zu entschlüsselnden Kern besitzen können. Dieses in seiner Bildlichkeit reizvolle, aber unnahbare Material

---

[1] Zum Beispiel in dem Buch: Wilfried E. Bion, *Lernen durch Erfahrung*, Frankfurt am Main: Suhrkamp Verlag 1992.

wandeln die Autoren in halluzinierende und träumerische Bilder um, die weitere Assoziationen zulassen. Dieses Material hat den Vorteil, dass es sich der Sprache öffnet und damit dem Autor als Grundlage für sein weiteres Arbeiten dienen kann. In diesen traumähnlichen Vorgängen wird aus Empfindungsfetzen, Gedankensplittern oder verdrehten Wortkombinationen, die sich allesamt dem Denken und Bearbeiten widersetzen, ein Stoff, der literarisch verwertbar wird und sich in die ästhetischen Gesetzmäßigkeiten von Gedichten einfügen lässt: die Umwandlung von träumerisch erzeugtem Material in Gedichte.

Lyriker sollten also eine spezielle Fähigkeit haben, sich mit zunächst undurchdringlich wirkenden Sprachfetzen zu beschäftigen. Woher sie diese Fähigkeit beziehen und weswegen sie überhaupt diesen Blick für attraktive Unzulänglichkeiten haben und sich von den Schwierigkeiten nicht entmutigen lassen, sich mit schillernden Sprachfetzen zu befassen, wird dabei noch nicht klar. Wie poetisches Material, wenn es kryptisch sich äußernden Bewusstseinsregionen abgerungen ist, sich dann aber sichern lässt, dafür gibt es verschiedene Strategien (angefangen mit einer zähen Auseinandersetzung mit unzugänglichem Bildmaterial).

Biographisches

In Rühmkorfs Tagebüchern findet sich eine größere Anzahl von kurzen Skizzen, die deutliche Spuren erster Ausarbeitungen aufweisen.

Ein kurzes Erlebnis, nicht mehr als eine flüchtige Wahrnehmung, der er en passant ausgesetzt war, hat einen solchen Schreibschub ausgelöst. Im Frankfurter Café Laumer (während der Buchmesse) bemerkte er eine Frau, die ihm zulächelt. Ihm ist diese Beobachtung nicht unangenehm, er glaubt diese Frau sogar von irgendwoher zu kennen, ihm will aber nicht einfallen, was ihn mit ihr verbindet. Erst später im Hotel dämmert es ihm: Vor Jahren war er dieser Frau in der Buchhändlerschule in Frankfurt-Seckbach begegnet, und nachdem er diese Verbindung zu seinen Erinnerungen hergestellt hat, kann er notieren:

»Wo die Weisheit der Jugend voranging
und der Geist im kleinen Kreise noch was galt –

Wo das Fleisch sich noch nicht so anstellte
und der Geist sich nicht pausenlos entschuldigen musste.«[1]

Der erste auslösende Impuls für dieses Gedicht kommt aus dem Erleben des Autors. Im Grunde besteht dieser Beginn aus einer Irritation, die sich nicht auflösen mag. Damit Rühmkorf diese Missempfindung aber auflösen kann, schafft er sich Zusammenhänge, die ihm helfen, den sprachabweisenden und gegen konkrete Erlebnisbilder sich sperrenden Kern aufzubrechen. Dabei geht er biographisch vor. Er sucht nach Ereignissen in seiner Vergangenheit, die ihm helfen, seine Erinnerungen aufzufrischen, und lange braucht er nicht zu suchen, warum sich ihm diese Frau so hartnäckig eingeprägt hat. Er muss mit ihr einmal eine Nacht verbracht haben; damit hat sich für ihn die Situation aber keineswegs erledigt. Ein zweiter Assoziationsstrang entrollt sich ...

Nachdem diese Verdrängung ans Licht gehoben ist, versucht er sich mit einer soziologisch-kulturkritischen

---

1 Peter Rühmkorf, *Tabu* I, a.a.O., S.98

Überlegung weiterzuhelfen. Er meint, das Leben damals, als er mit dieser Frau im Bett war, habe größere sexuelle Freiheiten geboten, und im Vergleich dazu müsse er sich heute mit einem Leben abfinden, das von der früheren Freiheit nur wenig übrig gelassen habe. Der Autor nimmt das enttäuscht zur Kenntnis, und wir sehen: Rückbesinnung und das Vergleichen der Zeiten löst einen Sprach- und Vorstellungsschub aus. Dem flüchtigen Bild der Frau wird eine persönliche und eine zeit- und sittengeschichtliche Dimension hinzugefügt.

Wie stark das biographische Moment bei diesem Schreibversuch ist, zeigt sich nicht zuletzt an den vier Zeilen selber. Ihre plausible Abfolge und damit ihr formaler Halt rührt aus dem biographischen Erleben. Die Verse lesen sich, als wären sie von jemandem geschrieben worden, der für die Richtigkeit dieser Verse mit seiner Person und mit seinen Erfahrungen einstehen kann. Sie haben die Autorität von tatsächlich Gelebtem und das macht sie auch wertvoll – so wertvoll, dass Rühmkorf sie aufschreiben musste. Sie hellen ein bisher dunkel gebliebenes biographisches Erlebnis auf, und sie liefern gleichzeitig einen Beleg dafür, dass es sich lohnt, sich mit der Vergangenheit zu beschäftigen: Sie ist in diesem Fall den darauf folgenden Zeiten überlegen und lässt den Verlust erahnen, mit dem es der Autor in seiner Gegenwart zu tun hat.

Rekonstruieren, Konstruieren
Zu einem brauchbaren Gedichtanfang kann man auch auf anderem Weg kommen. Das nachtragende Erzählen und damit der Versuch, Lücken in der eigenen Biographie zu schließen oder Besonderheiten hervorzuheben, ist

zwar weit verbreitet; zu Gedichten gelangt man aber auch auf anderen Wegen.

Beispielsweise finden Autoren wie Wilhelm Lehmann in das Schreiben nicht über biographisches Ausforschen hinein. Er bricht in eine ganz andere Richtung auf. Ihm bedeutet beim Schreiben auch das soziale Leben wenig, er lässt es hinter sich und wendet sich der Natur zu. Dort findet er, was er braucht, und um Schreiben muss es dabei zunächst gar nicht gehen. Er kann Wanderungen unternehmen, die Vögel und die Flora beobachten. Wenn das Wetter warm und sonnig ist, freut er sich darüber, und wenn ihn seine Freundin begleitet, dann ist ihm auch das willkommen. Ihm steht ja nicht der Sinn nach Absonderung, er möchte von Natur umgeben sein.

Ganz ohne Absicht ist Lehmann jedoch nicht unterwegs, anscheinend zieht er aber erst in zweiter Linie als Schriftsteller seine Bahnen. Wenn er von seinen Ausflügen nicht mit einem Gedicht zurückkehrt, enttäuscht ihn das nicht: Er ist ja nicht losgezogen, um mit einem Gedicht zurückzukehren. Allerdings fühlt er sich, sobald er Fuß vor Fuß setzen kann, in einen wacheren und durchlässigeren Zustand versetzt. Diese leichte Dauererregung mag er, und, derart vitalisiert, kann es geschehen, dass er von einer Hecke nicht nur gutschmeckendes Obst mitbringt, sondern Früchte noch ganz anderer Art im Gepäck hat, darunter ein »Göttergeschenk« (wie er es nennt), kurz: einen Vers. Einer von diesen Funden lautet: »Weise mischt sich ihre Düfte.«[1]

Nun könnte man von diesem Vers den Eindruck haben, Lehmann hinke mit ihm weit hinter Hans Sahls dunkler,

---

[1] Wilhelm Lehmann, *Sämtliche Werke*. Dritter Band, Wiesbaden: Sigbert Mohn Verlag 1962, S. 124.

aber geschliffener Formulierung her. Aber das Gegenteil ist bei näherem Betrachten der Fall. Lehmanns Zeile hat einen immensen Wert, zudem besitzt sie auf vollendete Weise einen fragmentarischen Charakter. Sie erweckt den Eindruck, als sei sie aus einem Gedicht herausgebrochen worden, und als würden nur die Passagen bis zu diesem Vers und die Partien, die auf diesen Vers folgen, fehlen – wie bei einer Statue, bei der Kopf und Füße auch noch herausgearbeitet werden müssen. In dem erkennbar fehlenden Davor und Danach liegt der Reiz dieser Wendung.

Anders formuliert: Diese Zeile gibt der Phantasie einen starken Halt, es handelt sich bei ihr nur um ein Stück von etwas Umfangreicherem. Der Autor muss, erfasst von dieser Phantasie, glauben, er befinde sich schon mitten in einem Gedicht, das bislang nur den Nachteil hat, ihm in weiten Teilen unbekannt zu sein. Bisher hat er dieses Gedicht erst in einem kleinen Ausschnitt kennenlernen dürfen. Er weiß nur, dass ihn diese Formulierung stark anspricht und dass er das Gedicht, zu dem diese Wendung gehört, bergen muss. Seine Aufgabe besteht nun darin, dieses Gedicht insgesamt zu rekonstruieren, Schritt für Schritt. Lehmann selbst spricht bei seinem Ausgangsvers von »Geheimoffenbartem«, und an dieser Formulierung lässt sich ablesen, dass auch für ihn die Herkunft dieses Verses im Dunklen liegt, wie das gesamte Gedicht. Wenn er es kennenlernen möchte, muss er weiter in ihm unbekannte Zonen vordringen.

Bei diesem (unheimlich klingenden, da von geheimen Realitäten ausgehenden) Rekonstruktionsversuch muss der Autor sich vorkommen, als sei er in einen schwarzen Raum hineingestoßen worden. Ganz ohne Orientierung ist er jedoch nicht. Er kennt ein Motiv, dazu die Sprachgebung und Melodie seines Gedichts. Vor allem aber ist ihm die Methode vertraut, wie er die noch unsichtbaren Teile des Gedichts vielleicht heben kann. Er muss das tun, was er bisher getan hat: weiter wandern. Die Natur ist sein poetisches Reservoir, dort wird er die ihm noch unbekannten Passagen des Gedichts und den ganzen Aufbau nach und nach finden.

Das hat auf sein Verhältnis zur Natur Auswirkungen: Aus dem Wanderer, der auf absichtslose Weise jeden Tag losgelaufen ist, wird jetzt ein Wanderer, der voller Absichten aufbricht, der sich aber, damit er nicht verkrampft, von seinem absichtslosen Beginn noch etwas bewahren möchte. Er weiß, er wird das neue Gedicht der Natur nicht abtrotzen können, deshalb wandert er jetzt voller Absichten absichtslos: Nur so werden sich ihm weitere Bruchstücke zeigen.

Klären

Ein anderer Autor, ein weiteres Standardmodell, wie Einfälle zur Entfaltung gebracht und weiterentwickelt werden können.

Walter Höllerer spricht, wenn er über die Entstehung seines Gedichts *Ich sah, ich hörte* nachdenkt, von einem »ursprünglichen Anlaß«, auf den er reagiert habe. Alleine die Formulierung »ursprünglicher Anlaß« zeigt, er muss sich erst versichern, was genau den Ausschlag zu seinem Gedicht gegeben hat. Der »Anlaß«, von dem er spricht, ereignete sich an einem »Märzmorgen des Jahres 1943 zwischen 6 und 7 Uhr in Griechenland. Von einem Lkw aus, der Ersatzteile holen sollte, beobachtete ich zufällig die Erschießung von ungefähr zwanzig Zivil-Geiseln auf einem Truppenübungsplatz unmittelbar vor dem Berg Hymettos bei Athen.«[1] Dieser Vorgang hat sich »sehr genau ins Gedächtnis, und das meint, ins Hirn und in mein Nervensystem eingebrannt«[2], und mit den Nachwirkungen hat er es zu tun.

Worum es in dem Gedicht geht, scheint keine Zweifel zuzulassen, bei näherem Hinsehen verwischt sich dieser Eindruck aber rasch. In das Gedächtnis hat sich die Erschießungsszene eingegraben – und mit dem Beschreiben dieser Szene hatte Höllerer auch immer wieder angesetzt, wenn er sein Gedicht schreiben wollte, nicht unbedingt zu dessen Gewinn.

Genauso eingebrannt hat sich ihm, dass er sich vor der Wahrnehmung dieser Szene nicht in Schutz nehmen konnte. Höllerer hatte mit dem Schreiben seines Gedichts aus einer Art Selbstverteidigungsreflex heraus begonnen, er fühlte sich dem Zwang ausgeliefert, auf diesen Vorgang immer wieder zu sprechen zu kommen – eine poetisch nicht unbedenkliche Angelegenheit. So wenig wie er sich davor bewahren konnte, sich die Erschießungen dauernd von Neuem vorzustellen, konnte er vermeiden, diese Szene in das Gedicht aufzunehmen. Er war einem Betrachtungs- und Schreibreflex ausgesetzt. Als unfreiwilliger Zeuge nahm er wahr, was mit den Geiseln geschah und was sich mit ihm als Beobachter dieser Exekutionen ereignete; dabei lernte er ein ästhetisches Problem kennen.

Ganz im Gegensatz zu Rühmkorf und Lehmann hat es Walter Höllerer mit einer extremen Szene und mit überdeutlichen Folgen dieser Szene zu tun, die in ihrer Eindeutigkeit nicht zu erschüttern sind. Welche schreibver-

---

1 Walter Höllerer, *Gedichte*. A.a.O., S. 72.
2 Walter Höllerer, *Gedichte*, a.a.O., S. 72.

hindernde Dominanz dieses Ausgangsmaterial hat, lässt sich allein schon an der Anzahl der fehlgeschlagenen Schreibversuche ablesen: »Es gibt ungefähr 25 Vorfassungen des Gedichts«[1], erzählt Höllerer. Er kennt auch den Grund für diese vielen misslungenen Anfänge: »das Motiv (wollte) immer wieder auch als Motiv laut werden, und nicht nur als Anstoßkraft, als Motor für das Gedicht (.).«[2] Höllerer muss sich zum Schreiben dieses Gedichts von dessen Anlass lösen.

Das aber bedeutet: Der Autor hat das Gedichts erst gegen die Offenkundigkeiten des Materials zu erarbeiten. Ihm ist es aufgegeben, sich gegen das Schreibbare zur Wehr zu setzen, damit er schreiben kann, was er schreiben möchte. Das eigentliche Gedicht wird von dem sich anbietenden Material verstellt. Die Unbrauchbarkeit des zu leicht sich der Verwendung andienenden Materials lässt den Autor nicht zur Ruhe kommen, die (daraus resultierenden) unbefriedigenden Schreibergebnisse sind so lange zu korrigieren, bis er zu Ergebnissen gelangt, die sein ästhetisches Empfinden nicht wieder in Alarm versetzen und die ihn mit der tatsächlichen Substanz seines Gedichteinfalls in Kontakt kommen lassen.

Arbeitstechnisch betrachtet, verfolgt Höllerer dabei zwei Richtungen. Als Erstes muss er herausfinden, welche Erfahrungen dieser Morgen für ihn bereithält, und als Zweites hat er auszutesten, in welcher Form sich diese Erfahrungen am besten aussprechen lassen. Wenn es gut geht, bringt der eine Klärungsversuch den anderen voran. Wenn er sich genauer mit den Ereignissen beschäftigt, sieht er exakter, wie der ästhetische Ausdruck beschaffen

---

1 Walter Höllerer, *Gedichte*, a.a.O., S. 73.
2 Walter Höllerer, *Gedichte*, a.a.O., S. 73.

sein müsste, der diesen Vorgängen gewachsen ist. Und je genauer er sich überlegt, was er tun muss, damit seine Verse literarisch zu halten sind, setzt er die Auseinandersetzung mit den Ereignissen fort, die ihn nicht loslassen. Das entscheidende Gefühl, das ihn dabei weiterkommen lässt, ist das Gefühl für Angemessenheit und poetische Proportion. Erst wenn das nicht mehr verletzt wird, kann er die Arbeit einstellen und zufrieden mit dem Ergebnis sein.

Der Autor wird zum Autor des Gedichts

Nun kann dieses Ablösen eines Einfalls von den Ereignissen, mit denen er verbunden ist, auch misslingen. Es gibt viele Autoren, die sich gerade von den pittroresken Begleitumständen ihrer Einfälle in einem Übermaß faszinieren lassen, und statt zu überprüfen, welche poetische Substanz ihre Einfälle haben, verfangen sie sich in den bunten Umständen und dem anekdotischen Beiwerk ihrer Ideen. Sie schaffen genau das nicht, worum sich Walter Höllerer mit aller Kraft bemüht: zum Autor ihres jeweiligen Gedichts zu werden.

Wenn wir bei den bisherigen Beispielen bleiben, dann hat sich keiner der Autoren, von denen hier die Rede war, in der Lage befunden, das sich ankündigende Gedicht auch zu schreiben. Rühmkorf war krank, Jandl hielt sich zur Zeit der Niederschrift seines Textes *nachrichten* zum ersten Mal länger in Berlin auf und war damit beschäftigt, an dem neuen Ort wieder in die Arbeit hineinzufinden. Und damit sind nur die äußeren Bedingungen, unter denen diese Lyriker und Lyriker überhaupt arbeiten, erst grob skizziert. Vor allem suchen sie nach einem inneren Raum, der sie in den Stand versetzt, ihre Gedichte zu schreiben. Diesen Raum zu finden, stellt in vielen Fällen die große Herausforderung dar.

Was genau geschehen muss, damit ein Autor nicht nur ein Gedicht schreiben will, sondern dieses Gedicht auch schreiben kann, lässt sich bei Walter Höllerer besonders gut nachvollziehen: »Es wurde mir mehr und mehr klar, dass ich nichts von Belang schreiben würde, wenn ich den Schwierigkeiten dieser Lage auswiche ...«[1] Gemeint sind die Schreibschwierigkeiten, die sich aber nicht einfach nur daraus ergeben, was sich auf dem Papier befindet oder dort nicht hingelangen will. Es geht um innere Vorgänge, regelrechte Entwicklungen. Der Autor muss eine Einstellung zu seinem neuen Gedicht finden. Er hat sich dem speziellen Schreib-Ich für dieses Gedicht anzunähern, und damit verändert sich seine gesamte Haltung. Er wird in Realitätsfragen lässiger, in der Beschäftigung mit poetischen Fragen dagegen agiler und verantwortungsvoller. Er löst sich aus den Sinnstrukturen des Alltags und fügt sich in die ästhetische Welt seines Gedichts ein, und das so lange, wie er mit den Versen befasst ist.

Dieses Schreib-Ich durchläuft dabei regelrecht eine eigene Biographie. Im Fall von Peter Rühmkorf ist sie kurz und liest sich auch mehr wie eine Biographie-Verhinderung: Der Autor findet nur für kurze Frist einen Zugang zu seinem Schreib-Ich und kehrt ihm danach wieder den Rücken zu. Die Konsequenz: Die Arbeit lässt sich nicht weiterführen. Findet der Autor aber einen dauerhaften Zugang zu seinem Schreib-Ich, kann er von seinen Gefühlen bis hin zu seinen ästhetischen Überlegungen jene Einstellungen entwickeln, die er für neue Gedichte

---

1 Walter Höllerer, *Gedichte*, a.a.O., S. 76.

benötigt, dann hat das Gedicht eine Chance, geschrieben zu werden. Er muss herausfinden, ob der Einfall tatsächlich ausreichend Qualität für ein Gedicht besitzt oder ob er ihn möglicherweise überschätzt. Der Autor beginnt ein Grundgefühl für sein Gedicht zu entwickeln, das ihn bei allem, was kommt, begleiten wird. Er erarbeitet sich das für das Schreiben unentbehrliche Empfinden, was zu einem Text passt und was nicht.

II. DAS GEDICHT

In Ernst Jandls Sprechoper *Aus der Fremde* beklagt sich der dort auftretende Autor, seine ganzen Schubladen seien voller »dreck«. Auf das Wort »dreck« sind wir bei Jandl schon einmal gestoßen, diesmal meint er jedoch nicht fertige Gedichte sondern jene Texte, die über das Entwurfsstadium nicht hinausgekommen sind und die zu seinem Überdruss in ihrem halbfertigen Zustand die Schreibtischschubladen verstopften. Wie aber schaffen es Autoren, nicht in den ersten, vielversprechenden Ansätzen stecken zu bleiben und sich dem Schreiben eines neuen Gedichts immer bloß anzunähern?

Wenn der Rückzug einsetzt
Im Gespräch beschrieb ein Autor diese fortgeschrittene Arbeitssituation folgendermaßen: »Ich arbeite am liebsten im Fahren. Ich tue das nicht aus einer Absicht heraus, aber wenn ich zum Beispiel im ICE sitze oder im Auto auf dem Weg zu einer Lesung bin, kommen mir plötzlich drei, vier Verse in den Sinn. Ich mache dann gar nichts. Das heißt, ich mache dann das, was ich tun wollte, fahre also weiter, wohin ich fahren muss, merke aber, dass ich zu arbeiten anfange. Ich lasse mir die Zeilen durch den Kopf gehen, füge neue hinzu, wenn mir neue in den Sinn kommen, und wenn ich dann wieder an meinem Computer sitze, geht es los: Ich schreibe mir den Text, so weit er bis dahin gediehen ist, auf. Dabei merke ich dann häufig, dass mir mein Text in der Vorstellung viel schlüssiger

vorgekommen ist, als er sich bei der Niederschrift dann tatsächlich zeigt. Aus dem Aufschreiben gleite ich dann in ein Ausarbeiten hinein.«

Sehr verdichtet hat der Autor ausgeführt, wie sich die Arbeit an einem Gedicht vollzieht und welche Voraussetzungen erfüllt sein müssen, damit er diese Arbeit zu einem guten Schluss führen kann. Auf Distanz zu gehen, findet – in verschiedensten Formen – in dieser Phase der Arbeit als Erstes statt.

Distanz hat mit Vereinzelung zu tun, und der eben zitierte Autor zieht sich in sich selbst zurück. Er hält die ersten Zeilen in seinem Gedächtnis fest und wendet sich von der ihn umgebenden Realität bis zu einem gewissen Grad ab und seinem Text zu – auch wenn er noch unterwegs ist.

Bei Autoren wie Wilhelm Lehmann vollzieht sich dieses Abkapseln erheblich sichtbarer. Er notiert: »Die Gefährtin wurde nach Hause gerufen.«[1] Der Autor befindet sich im Sommerurlaub, und dieser Rückruf kommt seiner Arbeit sehr entgegen. Nachdem er seine Freundin zum Bahnhof gebracht hat, liegt eine Woche vor ihm, die er alleine verbringen und in der er sich mit seinem Gedicht beschäftigen kann. Ob er nachgeholfen hat, dass sich seine Freundin zur Rückfahrt entschloss, ist unbekannt, aber sobald er alleine ist, kehrt er auf seinen Wanderungen zu der Hecke zurück, der er den ersten Vers verdankt. Er beobachtet, mit welchen weiteren Mitteilungen dieses Natur-Ensemble (inklusive des Wetters) ihn noch versorgt. Endlich kann er ungestört in das Material seines Gedichts eintauchen.

---

1 Wilhelm Lehmann, *Sämtliche Werke*. Band 3 a.a.o., S. 124.

Walter Höllerer dagegen muss selbst aktiv werden, damit er die nötige Distanz zum Schreiben findet. Höllerer: »An diesem selben Tag noch (er spricht von dem Tag, an dem er morgens die Erschießungen beobachtet hat, K.S.), im März 1943, wurde ich nach Saloniki geflogen («von dort der Ausflug«) und saß abends in der Maxim-Bar am King George Kai; ich hatte Funkgeräte abzuholen und somit gleichsam drei Tage Urlaub. An diesem Tag habe ich den ersten Entwurf für dieses Gedicht gemacht (...). Aus der Höhle, aus dem Nest der Maxim-Bar konnte man aufs Meer hinausschauen; hier innen ging es drunter und drüber, in der üblichen Art, und ich hatte noch dazu mit meinen Gespenstern vom Morgen auszukommen und überdies einen Flug hinter mir, die sonnige griechische Küste entlang. Es war völlig unvereinbar miteinander.«[1]

Auch Höllerer sucht einen bindungsärmeren Raum und findet ihn, indem er sich wegbewegt. Er muss erst einmal eine große Entfernung zwischen sich und den Ereignissen, die ihn an das neue Gedicht denken lassen, legen, bevor er an dessen erste Niederschrift denken kann. Er fliegt nach Saloniki nicht in erklärter Schreibabsicht. Er wird abkommandiert und bemerkt nur, dass er sich an diesem ihm fremden Ort leichter mit seinen Schreibplänen befassen kann. Ähnlich wie Wilhelm Lehmann nutzt er die Gunst der Stunde und findet dort, was er für die Arbeit an einem Gedicht braucht: Unabhängigkeit. Das heißt: Entfernung zu den Geschehnissen, die ihn bedrängen, und begrenzte freie Zeit, sich mit ihnen zu beschäftigen. Für wenige Tage ist er Soldat außer Diensten und kann seinem Schreibimpuls nachgeben.

---

1 Walter Höllerer, *Gedichte*, a.a.O., S.74.

Diese unterschiedlichen Rückzüge eröffnen jeweils einen anderen inneren Schreibraum und begünstigen verschiedene Umgangsformen mit dem poetischen Material:

- innerlicher Arbeitsstil: Diese Lyriker behalten ihren Tagesablauf bei; sie brauchen sogar die gleichbleibende Abfolge von Verrichtungen, damit sie sich weiter darauf konzentrieren können, wie sich ihr Text fortführen und vervollständigen lässt. Der Rückzug ist kaum zu registrieren, es sei denn, man nimmt ein gesteigertes Maß an Zerstreutheit oder eine gewisse Abwesenheit als Indiz dafür, dass ein Autor bei der Arbeit ist.
- äußerlicher Arbeitsstil: sie suchen eine Nähe zu den Sujets ihrer Texte und geben dafür ihnen sonst wichtige soziale Beziehungen auf. Dieses Abwenden setzt bei Autoren jene Kräfte frei, die sie benötigen, damit sie weiter das Material ihrer Gedichte erkunden können. Aus dieser Beschäftigung wächst ihnen weiterer Text zu.
- Der Ortswechsel-Arbeitsstil: Einige Autoren müssen sich von der Welt wegbewegen, aus der ihr Material stammt, damit sich in ihrem Inneren erst die Räume für poetisches Arbeiten öffnen, bzw. sie müssen einen Ort für ihr Schreiben finden, der sie von der Welt, in der sie für gewöhnlich leben, wegführt. Nur dieser neue Ort erlaubt es ihnen, sich auf ihre Texte zu konzentrieren. Je wohler sie sich in dieser neutralen Enklave fühlen, umso leichter wachsen die Texte weiter.

Weiterarbeiten
Insgesamt hat sich mit dem Anwachsen der Texte (oder mit der Aussicht darauf) die Arbeitssituation der Autoren deutlich verändert.

Die Lyriker haben zur geduldigen Arbeit an einem Gedicht und danach am nächsten Gedicht und nach dessen Fertigstellung zur Aufnahme der Arbeit an wieder einem Gedicht zurückgefunden. Sie wollen genau das tun, was sie tun, ihr Schreiben weiter fortsetzen, und sie werden auch von einer gewissen Zuversicht getragen: Sie glauben, dass ihnen die Texte gelingen werden. Allerdings dürfen sie sich nicht nur über ein stärker gewordenes Vertrauen in ihre Arbeitskraft freuen. Sicher können sie sich nicht sein. Mit Abtasten von Möglichkeiten allein sind sie nicht mehr beschäftigt. Jetzt haben sie es mit einem Gedicht in seiner ganz konkreten Gestalt zu tun und können vielleicht schon auf einen Fundus von neuen Gedichten zurückblicken, den sie sich erarbeitet haben. Damit kommt den Autoren aber auch in den Sinn, dass das Gedicht, an dem sie gerade arbeiten, nicht gelingen kann, und vielleicht müssen sie auch einsehen lernen, dass die Gedichte, die sie bisher geschrieben haben, ebenfalls von minderem poetischem Gewicht sind und dass sie überhaupt eine Schreibrichtung eingeschlagen haben, die sie in die Irre führt. Dass sie einer riskanten Tätigkeit nachgehen, die auch scheitern kann, wird ihnen jetzt wieder in seiner ganzen Härte bewusst.

Aber das sind gewiss nicht alle Schwierigkeiten, die in diesem »mittleren« Arbeitsabschnitt auftauchen. Was sie unternehmen können, falls die literarische Qualität ihrer Arbeit tatsächlich sinkt, geht ihnen auch durch den Kopf. Wenn sie ehrlich sind, dann werden sie sagen müssen, sie wissen es nicht, da auch das Schreiben von guten und gelungenen Texten nur bis zu einem gewissen Grad in ihrer Macht liegt. Sie wissen, dass sie von den richtigen Ideen abhängig sind und darauf vertrauen müssen, dass ihnen diese Ideen in den Sinn kommen und keine anderen von minderer Qualität.

Diese Überlegungen besitzen für Autoren nicht nur deswegen eine enorme Bedeutung, weil sie gute Gedichte schreiben wollen (möglichst immer das ultimative Gedicht) und sich durch den Kopf gehen lassen, wie ihnen das auf Dauer gelingt. Wenn sie aber wieder einige Gedichte geschrieben haben, dann setzt auch eine andere, viel höher fliegende Überlegung ein. Einen neuen Gedichtband zu publizieren könnte sie schon reizen, auch wenn sie wissen, dass der Weg bis dahin noch weit ist. Aber der Gedanke an ein neues Buch lässt sie, wenn er sich eingestellt hat, nicht mehr los – und mit dieser Überlegung verändert sich ihr Verhältnis zu ihrer Arbeit und zu denjenigen, mit denen sie in dieser Zeit etwas zu tun haben. Die Autoren sehen ihre Texte in einem kritischeren Licht und können sich auch nicht mehr vorbehaltlos auf Lektoren und Redakteure zubewegen, was ihnen vorher leichter möglich war. Ihre Texte müssen als Erstes vor ihnen selber bestehen, und sie müssen es sich durch den Kopf gehen lassen, ob sie als Autor dieser Verse in der Öffentlichkeit angesehen werden wollen. In Lektoren und Redakteuren sehen sie jetzt Personen, die sich für ihre Gedichte einsetzen können oder sie unbeachtet lassen und damit deren Verbreitung im Weg stehen. Mit ihnen Kontakt aufzunehmen will also überlegt sein.

Diese Überlegungen haben Auswirkungen darauf, wie Autoren auftreten und wie sie dabei über ihre Gedichte und über deren Entstehung sprechen. Auf die Frage allerdings, ob er vor dem Schreiben seiner großen Gedichte jeweils Krisen durchlaufen habe, reagierte ein älterer und erfahrener Autor verhalten: »Krise? Ich kann mich nicht erinnern, dass Krisen beim Schreiben meiner Gedichte eine Rolle gespielt hätten.« Und er setzt seine Überlegung fort: »Im Grunde ist es sehr einfach: Mal ist es mir gelungen, ein Gedicht zu schreiben, ein anderes Mal ist es mir nicht gelungen, ein Gedicht zu schreiben. Mehr gibt es dazu nicht zu sagen. Es sei denn, ich würde mich dazu entschließen, das Schreiben von Gedichten insgesamt als eine Krise anzusehen.«

Damit hat der Autor das Grundproblem seines Schreibens angedeutet. Ob bessere oder schlechtere Gedichte entstehen, darum ist es ihm in erster Linie überhaupt nicht zu tun. Er ist sich vielmehr nicht sicher, ob er den Motor des Schreibens am Laufen halten kann. Seine Unsicherheiten sind von grundlegenderer Natur, allerdings ist seine Lust, über diese weitreichenden Unsicherheiten auch zu sprechen, nicht übermäßig hoch entwickelt. Mit seinem bestimmten Ton wiegelt er bereits ab, und er hat gewichtige Gründe, weswegen er über Schreibprobleme von dieser prinzipiellen Natur nicht ausführlicher sprechen möchte. Die Öffentlichkeit scheidet für ihn als Forum für solche Diskussionen aus. In der Öffentlichkeit zählt für ihn etwas anderes: Dort hat er das Bedürfnis, sich für seine Gedichte einzusetzen und auf sie aufmerksam zu machen. Das verträgt sich für ihn nicht mit sorgenvollem Nachdenken darüber, ob ihn seine Produktion im Stich lassen könnte und woher im Einzelnen die Einfälle stammen. Über sein Schreiben nachzudenken und für seine Gedichte einzutreten verträgt sich im Grunde nicht – seine Schreibkrisen könnten in der Öffentlichkeit gegen seine Gedichte sprechen. Aus vorauseilender Vorsicht hält er sich deswegen lieber zurück, damit er die Aufnahme seiner Gedichte nicht durch unbedachte

Äußerungen erschwert. In dieser Zurückhaltung ist er unter Lyrikern keine Ausnahme und zeigt eine typische Reaktionsweise. Das Gefühl, sich auf dünnem Eis zu bewegen, sobald sie sich an die Öffentlichkeit wenden, ist unter Autoren weit verbreitet und im Grunde gut zu verstehen – auch wenn für die tatsächlichen Probleme des Schreibens nur Eingeweihte Interesse aufbringen dürften und das Publikum eher Verständnis für Autoren in Not besitzen wird – ändert, falls es diese Schwierigkeiten überhaupt wahrnimmt, das nichts an deren Vorsicht.

Die Stellung der Lektoren

Aber Autoren wollen ihre Gedichte nicht nur verteidigen, sie wollen in erster Linie Leser für sie finden, und vor allem werden sie von einem getrieben: das Gedicht, mit dem sie gerade beschäftigt sind, zu einem guten Ende zu führen. Kurz: Sie wollen weiterarbeiten – und das bedeutet, in ihre poetischen Welten abtauchen können, ohne von dauernd sich wiederholenden Überlegungen behindert zu werden, ob das, woran sie gerade arbeiten, eine Chance hat, gedruckt zu werden. Sie haben, solange sie schreiben, eine Art von literarischem Tunnelblick: Es ist ihnen nur um das Lösen ihrer konkreten Schreibaufgaben zu tun und um sonst nichts.

In die Beziehung zu Lektoren kommt damit ebenfalls ein realistischer Zug. Diese Beziehungen sind nicht mehr nur – wie zu Anfang – darauf beschränkt, die Dichter in ihrer Arbeit zu bestärken, ohne dass von dieser Arbeit detaillierter die Rede ist. Jetzt kommt eine neue, die Realität stärker zur Geltung bringende Dimension hinzu. Die Autoren wollen nicht nur in ihrer Eigenart erkannt und anerkannt werden, sie wollen auch neue Gedichte veröffentlichen und im Literaturbetrieb zu den wichtigen Lyrikern gezählt werden. Das verändert die Position der Lektoren.

Selbstverständlich geht es in diesem Stadium der Arbeit immer noch mehr um Atmosphärisches. Konkrete Gespräche über Buchumfänge, Ladenpreise und Erscheinungstermine können noch gar nicht geführt werden, ein Manuskript ist erst im Entstehen begriffen. Dennoch fühlen in dieser Phase die Autoren häufig vor, ob sich ein Verlag für die neuen Gedichte überhaupt interessiert. Es gibt unter den Autoren ganz verschiedene Ankündigungstypen:

– Die zurückhaltenden Autoren, die effektvoll schweigen
– Lyriker, die in der Zusammenarbeit mit Lektoren ein langfristiges Projekt sehen und die Lektoren informiert halten
– Verwicklungen schaffende Autoren: Sie weihen Verlage in die Pläne namhafter Illustratoren ein, die nichts lieber täten, als gleich mit der Gestaltung ihres neuen Gedichtmanuskripts zu beginnen, oder von Rundfunkanstalten oder wichtigen Redakteuren in überregionalen Zeitungen, die auf den neuen Gedichtband bereits warten und nachgefragt hätten, wann sie mit dessen Erscheinen endlich rechnen könnten ...

Diese Ankündigungen haben etwas Zwiespältiges: Einerseits müssen sich Lektoren dadurch aufgefordert fühlen, als Experten für Gedichte und als Kenner der Verlagssituation zu reagieren, die die Autoren antreffen werden, wenn sie Ernst machen und ihre Gedichte veröffentlichen wollen. Das heißt, von ihnen werden zutreffende und verlässliche Auskünfte erwartet. Andererseits suchen viele Autoren in dieser Arbeitsphase weiter nach Unterstützung. Sie wollen nicht nur als Autoren angesehen werden, die an wichtigen Projekten arbeiten, sie wollen auch wissen, ob diese Projekte interessant genug für einen Verlag sein könnten, so dass er sich zu deren Publikation entschließt. Erhalten sie darauf eine positive Antwort, dann hilft ihnen das, ihre Arbeit fortzusetzen. Sie können sich dann unbedenklicher ihren Schreibrückzügen überlassen und ihre einsamen Auseinandersetzungen und Zwiegespräche mit den wachsenden Texten weiterführen. Von einem pauschalen Verlagsinteresse an ihren Texten dürfen sie sich dann getragen fühlen.

Das bedeutet für Lektoren aber nicht automatisch, dass sie auf jede Ankündigung mit Verständnis reagieren müssen. Sie sollen zwar möglichst zustimmen (und damit Zuversicht verbreiten), dennoch ist auch ihre Fähigkeit, ablehnen zu können, gefragt. Ihr Gegenüber hat ein feines Gespür, ob es einem Lektor wirklich um gute Gedichte zu tun ist oder ob es ihm nur um folgenlosen Austausch geht. Es kränkt Lyriker zu Recht, wenn sie merken, sie werden in ihrer Arbeit nicht ernst genommen. Zu harschen Auseinandersetzungen kann es dann kommen. Aus den Mails und Briefen, die dann geschrieben werden, zitiere ich besser nicht.

Anreichern von Texten

Wenn sich ein Lyriker getragen fühlen kann und, mehr noch, wenn er die Aussicht besitzt, dass seine Gedichte veröffentlicht werden, dann wird es ihm leichter fallen, sich mit seinen weiteren Arbeiten zu beschäftigen. Nehmen wir Wilhelm Lehmann als Beispiel: »Freilich die

Hecke als Täterin entblößte sich bei näherer Betrachtung als allegorische Künstlichkeit. Wie wurden wir der glühenden Stunde habhaft? Sie verhielt sich ruhend und tuend, tuend und getan zugleich. Sie konnte vom Maler als Durcheinander, als Miteinander, sie musste in das Gedicht als Folge gebannt werden. Im mittäglichen Glanze war mir mehrere Male ein bestimmtes, rötlich wallendes, weiches Waldgras begegnet, es drückte das Fließende der Sommertage aus:

Rötlich spielen sie wie Funken
Gräser spitz, mit Bärten, mit Locken.«[1]

Mit folgenden Schritten geht die Arbeit weiter:

– Der Autor nimmt eine zugespitzte Einschätzung der literarischen Qualität seines Ausgangsmaterials vor. Er spricht von »allegorischer Künstlichkeit«. Mit dieser Einschätzung begreift er, dass ihn diese Sorte von Material alleine nicht zu seinem Gedicht führen wird.
– Um weiter zu planen, aber auch um ein fest umrissenes Ziel vor Augen zu haben, vergegenwärtigt er sich, welchen Aufbau sein Gedicht haben soll, und dabei gelangt er zu dem Schluss: Er möchte seine Beobachtungen und Überlegungen in einen plausiblen Verlauf bringen.
– Danach kehrt der Autor wieder zu seinem ersten Vers zurück und kann die nächsten Zeilen anfügen.

Von einer abstrakteren Warte aus kann man sagen: Der Autor schwankt zwischen allgemeinen literarischen Ein-

---

[1] Wilhelm Lehmann, *Sämtliche Werke*, Band 3, a.a.O., S.124/125.

schätzungen und konkreten Überlegungen, die auf das bereits vorhandene Material eingehen. Er will die literarischen, die darstellerischen und die stofflichen Anforderungen seines Gedichts durchdringen und sich mit den konkreten Aufgaben gleichermaßen beschäftigen. Damit sich aber der Autor mit diesen unterschiedlichen Aufgaben auseinandersetzen kann, sollten noch einige weitere Voraussetzungen erfüllt sein. Die erste: Er muss sich für das Schreiben dieses Gedichts eine Schreibwerkstatt einrichten.

Was dabei geschieht, lässt sich an den Schilderungen von Walter Höllerer gut ablesen. Es handelt sich dabei um einen Rückzug im Rückzug, eine nochmalige Trennung und Separation von anderen. Höllerer nimmt dazu Platz in einer Bar, in der er niemanden kennt und in der eine Sprache gesprochen wird, die er nicht beherrscht. Hier gelangt er in die Stimmung, in der er das Gedicht fortführen kann. Ob er dazu Papier und einen Stift benutzt oder in seinem Inneren Vers an Vers reiht, lässt sich nicht sagen. Eines ist sicher: Hier beginnt das Gedicht erste definitive Konturen anzunehmen.

Allerdings werden nicht alle Autoren ihre Schreibwerkstatt in einer Bar suchen; nur wenige Lyriker werden sich in einer solchen Umgebung wohlfühlen. Allerdings ist es auch nicht jedermanns Sache, sich wie Wilhelm Lehmann einen Zufluchtsort in der Natur zu suchen oder wie Peter Rühmkorf die Neutralität eines Hotelzimmers als anregend zu empfinden. Das spricht nicht gegen das Vorgehen der jeweiligen Autoren, die solche Schreibräume aufsuchen. Es zeigt nur, dass sie sich eine jeweils eigene Schreibwerkstatt aufbauen – und erst dort in das Schreiben hineinfinden. Und mit Schreibwerkstatt sind keineswegs nur die äußeren Bedingungen gemeint, die Lyriker vorfinden wollen, damit sie sich ihrer Arbeit überlassen können. Vor allem geht es dabei erneut um innere Einstellungen, zu denen sie finden müssen, um ihre Arbeiten aufnehmen zu können.

Wo auch immer die Autoren sich einrichten, die meisten werden es an ihrem Schreibtisch zuhause tun, und diese Isolation geschieht aus einem wichtigen Grund: Aus einem Erlebnis wird in dieser Abgeschiedenheit Stoff. Die Haltung des Autors zu seinem Material verändert sich: Was an dem Material faszinierend, bedrohlich, beeindruckend, angstauslösend, belebend usw. war, wird jetzt weniger bedrängend wahrgenommen und lässt sich damit leichter bearbeiten.

Der Autor gewinnt also an innerem Spielraum. Er muss sich nicht länger vereinnahmenden Wahrnehmungen ausgeliefert fühlen, sondern kann leichter entscheiden, auf welche Weise er sein Material in einem Gedicht verwenden möchte. Gleichwohl hält er eine emotionale Verbindung zu seinem Stoff und zum auslösenden Ereignis seines Schreibens aufrecht – gleichgültig, ob er es mit einem historischen Ereignis, der Natur oder einem Alltagsgegenstand zu tun hat. Er hält die Erfahrungen wach, die seinem Text zugrunde liegen, ohne dass diese Erfahrungen ihn in seiner Arbeit stärker behindern. Und damit ist auch sichergestellt, dass das Geschriebene den Erfahrungen standhält, die den Schreibvorgang angeschoben haben.

Anders ausgedrückt: Lyriker möchten auf eine verminderte Weise beeindruckt bleiben, d.h. auf eine kontrollierte Art schockiert. Sie haften an der Gefühlsspur ihres Gedichts, damit sie ihr aber folgen können, darf sie nur von einer gedrosselten Aufdringlichkeit sein. In diesem temperierten Stimuliertsein (leichte Melancholien sind dabei genauso hilfreich wie leichte Manien) stellen sich dann größere Textpartien ein und, wenn das geschehen ist, haben sie auch einen genaueren, meistens sogar äußerst präzisen Eindruck, wie ein Gedicht beschaffen ist. Dieses Gefühl aktivieren und wach halten zu können ist bei der Fortsetzung der Arbeit enorm wichtig.

Ein Beispiel aus dem hier bereits ausgebreiteten Material:

»Ich saß der Armee auf Lastwagen, Transportmaschinen.
Ich hielt die Tür offen, als der Wind sie sprengte,
Ich wurde mitgerissen,
Ich bin vernichtet worden mit Euch,
Ich bin wieder aufgeflogen. Ich schwieg.«[1]

Das Konstruktionsprinzip dieser ersten Strophe ist offensichtlich. Höllerer bringt sich mit seinem »Ich« in das Gedicht ein. Er beschreibt die Situation, in der er sich befunden hat, und was in dieser Situation in ihm vorging. Von Lastwagen ist die Rede – und davon, welche Folgen die Erschießungen für ihn hatten. Diese autobiographische Engführung des Textes löst aber das Missfallen des Autors aus. Sie führt zu einem bekenntnishaft-pauschalisierenden Ton (»Ich bin mit Euch vernichtet worden«) und mit diesem sentimentalen Zugriff ist eine Art von Themen-Verfehlung eingeleitet. Höllerer möchte keine Bekenntnisse schreiben, deswegen hat er den Eindruck, seine Verse greifen zu kurz, wenn er nur die eigenen Empfindungen wiedergibt. Er möchte einen über

---

1 Walter Höllerer, *Gedichte*, a. a. O., S.

das eigene Erleben hinausführenden Schreibstandpunkt finden, denn auf der persönlichen Ebene sind nicht einmal die Ereignisse, und damit das, was seine poetischen Anstrengungen ausgelöst hat, nachvollziehbar darzustellen.

Allerdings muss Höllerer nach diesen ganzen Überlegungen einsehen lernen, dass seine vier Zeilen nicht zu halten sind. Weitere Entwürfe werden angefertigt und teilweise verworfen. Der Autor gelangt in lebhafteren Kontakt mit seinem Gedicht. Er sammelt Erfahrungen, muss versuchen, aus diesen Erfahrungen wiederum die richtigen Schlüsse zu ziehen, und wird, biographisch gesprochen, im Umgang mit seinem Text erwachsener und in ästhetischer Hinsicht kundiger. Dabei spielen folgende Aspekte eine wichtige Rolle:

- sämtliche Formüberlegungen, die sich auf den ganzen Kanon des lyrischen Sprechens beziehen und auf noch unbekannte Sprechmöglichkeiten
- die verwendete Sprache und auf welche Eigengesetzmäßigkeiten dabei zu achten ist
- inwieweit ein Gedicht alltägliche Formen des Sprechens übernimmt und bis zu welchem Grad es sich diesen Sprechgewohnheiten entzieht
- der Rhythmus und die graphische Gestalt des Gedichts

Diese Überlegungen müssen von den Autoren keineswegs alle durchgespielt und wie ein Katalog von Anforderungen abgearbeitet werden. Das Schreiben vollzieht sich weniger systematisch und schon gar nicht nach einem Masterplan von ordentlich gestaffelten Aufgaben. Insbesondere am Anfang muss der Schreibverlauf nicht alle Phasen durchlaufen. Wie das Schreiben im Einzelnen verläuft, hängt sehr vom Ausgangsmaterial ab. Drei Materialtypen lassen sich dabei unterscheiden:

- Ein Gedicht zeigt sich mit einem starken Gefühl und wenigen Formulierungen
- Ein Gedicht zeigt sich in einer der Endfassung sehr nahe kommenden Vollständigkeit
- Ein Gedicht zeigt sich als eine Kombination der beiden skizzierten Modelle: weder als ein starker, in seiner konkreten Ausformulierung entwickelter Text, noch als ein marginaler Einfall, sondern als eine Mischung aus beidem. Dabei kann das Mischungsverhältnis mal mehr in die vorläufige, mal mehr in die definitivere Richtung verschoben sein.

Von diesen Materialtypen hängt ab, in welchem Ausmaß der Autor weiterarbeiten muss. Im ersten Fall beginnt der Autor seine Arbeit bloß mit einer starken Hoffnung, je fortgeschrittener der Einfall aber ist, umso weniger bleibt für den Autor zu tun. Falls ein Lyriker, streng genommen, gar keinen Einfall hat, sondern ihm der Text bereits in seiner ausgereiften Endstufe in den Sinn kommt, kann er sich weitgehend darauf beschränken, das Gedicht entgegenzunehmen. Je unentwickelter das Ausgangsmaterial ist, umso stärker ist der Autor gefordert.

Welche Grade an Ausführlichkeit das Ausarbeiten eines Gedichts annehmen kann, zeigt Rühmkorfs Buch *Selbst III/ 88. Aus der Fassung*. Auf über 700 Seiten sind dort alle Notizen zu einem gewaltigen Materialgebirge versammelt, die sich beim Erarbeiten eines einzigen Gedichts angesammelt hatten. Dabei kann sich während der Arbeit wiederholen, was sich am Anfang gezeigt hat. Dem Autor können auf dem Weg zum fertigen Text wieder große Materialpartien zufallen oder er muss sich insgesamt Wort für Wort vorwärts tasten oder er hat es mit einem Arbeitsfortschritt zu tun, bei dem sich beides miteinander verbindet. Wie groß das Schreibabenteuer jeweils ist und was dem Autor geschenkt wird, lässt sich nicht voraussagen. Es gehört zum Unwägbaren dieser Vorgänge und ist ein Teil des Wagnisses, auf das sich jeder Autor einlässt, wenn er ein Gedicht schreibt.

Selbstwahrnehmung

Wenn Lyriker sich in dieser fortgeschritteneren Arbeitsphase befinden, verändert sich ihr Verhältnis zu ihren Texten ein weiteres Mal. Sie spüren, dass von dem bereits Erreichten ein eigener Sog ausgeht. In der Diktion von Wilhelm Lehmann hört sich das so an: »Es war (.) mittlerweile so viel Baustoff in den wühlenden Sinnen zubereitet, daß es die Möglichkeit, (...) das Begonnene liegenzulassen, nicht mehr gab.«[1] Der bisher entstandene Text und vor allem, was der Autor mit ihm verbindet, besitzt eine eigene Autorität. Er hat etwas Forderndes, dem ein Autor gern nachgibt: die Arbeit jetzt zu einem möglichst guten Ende zu bringen. Ihm erscheint endlich als erreichbar, weswegen er sich diesen ganzen Mühen unterzogen hat – er glaubt nicht nur daran, ein Gedicht schreiben zu können; er ist auf dem besten Weg, es tatsächlich zu tun.

Auch der Charakter der Arbeit nimmt neue Züge an, die Autoren sehen sich dabei in einen doppelten Vorgang verwickelt.

---

1 Wilhelm Lehmann, *Sämtliche Werke*, Band 3, a.a.O., S.126.

Einerseits muss in diesem Fortschritt unbedingt ein Gewinn gesehen werden. Die Autoren finden in ihrem Manuskript bereits viel von dem wieder, was sich bislang in ihrem Kopf abspielte und dort eher vage Konturen besaß. Andererseits erleiden sie dabei auch einen nicht gering zu gewichtenden Verlust. Solange sie sich noch mit mehreren Varianten abgeben konnten, besaßen sie ein großes Moment an Unabhängigkeit. Dieser Spielraum ist nun enger geworden. In gewisser Weise stehen sie jetzt dem Gedicht zur Verfügung. In einer die Arbeitsverhältnisse überdeutlich wiedergebenden Übertreibung könnte man sie nun als Objekte ihres Einfalls und ihrer Visionen bezeichnen.

Das allerdings stimmt nur bis zu einem gewissen Grad. Mit dem enger werdenden Spielraum geht eine andere Entwicklung Hand in Hand: Die Dichter werden souveräner. Am Anfang waren sie auf Einfälle angewiesen, damit sie in das Gedichteschreiben hineinfanden. Dieses Angewiesensein hielt einige Zeit an, mindestens so lange, bis sie die Tragfähigkeit ihrer Idee erkundet, weiteres Material entdeckt und in die Arbeit aufgenommen hatten. Es hat sich nun erheblich verringert, und das Arbeiten ist jetzt tatsächlich ein handwerklicher Vorgang. Verschiedene Wendungen, Versformen usw. werden ausprobiert, und es wird entschieden, welche Variante dem Gedicht guttut und welche ihm schadet und weg von seinem Kern führt.

Allerdings gehören zu diesen unterschiedlichen Phasen auch zwei Arten von Talent: In der ersten Zeit hilft es den Autoren, wenn sie Freude an Ungewissheiten haben und sich von diesen Unwägbarkeiten nicht erschrecken lassen. Später wird eine andere Stärke von ihnen gefordert: sich vom Sog der verschiedenen Anforderungen nicht verein-

nahmen zu lassen und dabei die eigenen poetischen Vor-
stellungen im Blick zu behalten. Der Autor muss seinen
Willen jetzt unter Beweis stellen.

Wie das im Einzelnen aussieht, zeigt sich an einem Bei-
spiel. Ernst Jandl hat mir, nachdem die Arbeit an dem
Gedichtband *selbstporträt des schachspielers als trinken-
de uhr* beendet war, ein Manuskriptblatt geschenkt, das
Gedicht *rilkes atmen*.[1] Die letzten drei Zeilen sind darauf
gestrichen und als Alternative dafür am Rand vermerkt:
»3 x /:die gute luft:/.«

Offenbar scheint es nur um Korrekturen im Detail zu
gehen, ein letztes Glätten – aber das täuscht. Der Autor
ist von der literarischen Qualität der Vokabel »pausen-
los« nicht überzeugt, da sie einen allgemeinen und bloß
schwer zu greifenden Sachverhalt ausdrückt. Er möchte
diese ununterbrochene Tätigkeit lieber konkret fassen
und behilft sich dazu mit der Formulierung »die gute
luft«. In dieser Formulierung, hat man den Eindruck,
liegt etwas Appellatives, das Einatmen geradezu Heraus-
forderndes. Damit ist der Autor aber auch nicht zufrie-
den. Er versucht es mit Wiederholungen dieser Wen-
dung – aber damit lässt sich das Problem anscheinend
ebenfalls nicht zufriedenstellend lösen.

Bei diesen nicht übermäßig schlüssigen und sehr punk-
tuellen Veränderungen geht es um eine grundlegende Fra-
ge. Rilkes kontinuierliches Atmen war durch die drei-
fache Wiederholung der Wendung »die gute luft« nur
unvollkommen dargestellt – und das hatte eine prinzi-
pielle Konsequenz für das Gedicht. Es ging nicht darum,
Rilke als jemanden vorzustellen, der atmete. Dass Rilke

---

1 Ernst Jandl, *die bearbeitung der mütze*, in: Ernst Jandl, *Das poetische Werk in 10
Bänden*, Band 6, München: Luchterhand Literaturverlag 1997, S. 65.

rilkes atmen

rilke
atmete
pausenlos
~~die luft~~   3x /die gute luft:/

~~die gute luft~~
~~pausenlos~~
~~atmete~~
~~ri~~

rilke, ~~fragend~~ befragt 2 gefragt

jemand fragt
rilke antwortet

rilke fragt
jemand antwortet

beide sind nicht sehr glücklich darüber
beide sind nicht sehr traurig darüber

Ernst Jandl

auch Sauerstoff zum Leben benötigte und dass er sich mit diesem Sauerstoff versorgte, indem er Luft in seine Lungen beförderte, ist als solches eine triviale, ein Gedicht nur unzureichend tragende Mitteilung. Bliebe es bei dieser Feststellung, dann kann man sagen: Das Gedicht steht als Gedicht auf dem Spiel.

Allerdings geschieht, während der Autor über die verschiedenen Formulierungen nachdenkt, noch etwas anderes – und um dieses Umfassendere geht es bei der Ausarbeitung. Am Kopf des Blattes notiert der Autor mit einem grünen Stift, mit dem er auch die anderen Korrekturen auf dem Blatt aufgeschrieben hat, die Wendung: *der gewöhnliche rilke*. Im Abschweifen wird ihm deutlich, warum er dieses Rilke-Gedicht überhaupt schreiben will. Er möchte seinen Vorgänger in dessen Banalität darstellen, einen Rilke also, der vom edlen Dichterruhm entkleidet ist und der es mit so unspektakulären Verrichtungen wie Atmen zu tun hat – etwas, das ihn nicht auszeichnet, sondern das er mit jedem anderen Menschen teilt.

Sicher mögen derartige Überlegungen dem Autor während der Niederschrift durch den Kopf gegangen sein, wie elementar dieser in einer konkreten Formulierung sich niederschlagende Gedanke nun tatsächlich ist und in welche Dimensionen der Autor in seinem Nachdenken dabei vordringt, macht nicht nur der Hinweis klar, dass die Wendung »der gewöhnliche rilke« einem ganzen Gedichtzyklus und nicht nur diesem einen Gedicht den Titel gegeben hat. Bei den Überlegungen, die zu dieser Formulierung geführt haben, ging es sogar um Fragen, die über das Schreiben dieses Zyklus hinausgingen.

Jandl wollte sicherstellen, dass sich keine Form von Dichtungs- und Dichterpathos in seinem Text ausbreitete.

Rilke ist für ihn überhaupt nur interessant, weil er das hochstilisierte Bild dieser Ikone eines Lyrikers brechen kann. Er will dem artifiziellen Bild einen Rilke entgegenhalten, der in seiner Alltäglichkeit vollkommen aufgeht. Aber damit nicht genug: In Rilke sieht er einen Autor, der sich hervorragend eignet, seine eigenen, viel sachlicheren Vorstellungen durchdringen zu lassen, wie das Leben von Lyrikern beschaffen ist, wenn Ruhm und überzogene Genievorstellungen keine Rolle spielen, und in welcher Weise diese Lebensrealität dann Eingang in Gedichte finden kann. Es geht dem Autor um den nüchternen Blick auf das Schreiben und Leben eines Lyrikers.

Das bedeutet: Auch wenn nur wenige Vokabeln ausgetauscht werden, geht es ums Ganze. Das muss nicht immer der Fall sein, und diesen Verdacht braucht man nicht sofort und regelmäßig zu haben, wenn bei einem Manuskript einige Vokabeln verschoben, einige gestrichen und andere dafür ins Spiel gebracht werden. Aber zunächst unscheinbar wirkende Überarbeitungen können durchaus diese Bedeutung haben. Und dabei sind Lyriker nicht nur Theoretiker ihrer eigenen Gedichte, sondern ihre Theorien spielen in der Arbeit an den Gedichten eine wichtige Rolle.

Auf dem Jandl-Blatt kann man aber noch ein wichtiges Element des Schreibens beobachten: das Moment der Selbstreflexion. Stärker als in anderen Gattungen trägt dieses Moment die Arbeit. Von Arbeitsschritt zu Arbeitsschritt versuchen Lyriker poetisch zu bewerten, was sie tun. Dabei denken sie in zwei Richtungen: wie ihre Gedichte beschaffen sind und wo sie mit ihren Gedichten im Vergleich zu den Gedichten anderer Autoren stehen. Das macht sie enorm sensibel für die Risiken, die im Gebrauch jeder Vokabel liegen und die in ihren Folgen für ihr Gedicht genau eingeschätzt werden wollen. Gleichzeitig eröffnet es ihnen eine weitere Tür: diese Selbstreflexionen in ihre Gedichte aufzunehmen.

In der Community der Dichter

Karl Krolow hat ein Buch mit dem für unser Thema einschlägigen Titel *Ein Gedicht entsteht* publiziert. Darin beschreibt er, wie er einzelne Gedichte geschrieben hat und welche Überlegungen ihn dabei begleitet haben. In dieser Aufsatzsammlung befindet sich auch ein Essay, der mit *Oskar Loerke – mein Modell?* überschrieben ist und der mehr noch als andere Beiträge in diesem Band die Erwartung weckt, dass Krolow darin gründlich darauf eingeht, wie sein Schreiben funktioniert und was er dabei von Loerke gelernt hat. Zur großen Enttäuschung finden sich in diesem Aufsatz dann reihenweise Sätze von folgendem Zuschnitt: »Mich faszinierte der starke Objektivierungszwang, der besonders in den frühen Arbeiten Oskar Loerkes vorangetrieben wurde, eine Objektivation, die allerdings von einer magisch-pantheistischen >Erweiterung< des Dargestellten begleitet war, von einer naturalen Autosuggestion, die die angestrebte >Existenz durch Sprache< in ihrer Sachlichkeit und – erhofften – Kühle gefährdete durch Elemente sprachlichen >Zauberns<.«[1] Eine Überraschung?

Eine Überraschung ist dieses Satzungetüm ohne Zweifel, und zwar deshalb, weil Krolow weder über sein Schreiben etwas preisgibt noch neugierig darauf ist, wie Loerke zu seinen Gedichten gekommen ist. Ihn scheint

---

1 Karl Krolow, *Ein Gedicht entsteht, Selbstdeutungen, Interpretationen, Aufsätze*, Frankfurt am Main, Suhrkamp Verlag 1973, S.129.

die ganze Entstehungsfrage nicht zu interessieren, statt-
dessen versucht er sich als Interpret von Loerkes Poesie,
und er erweist sich dabei zudem als ein Interpret, der in
poetischen Fragen überaus beschlagen ist und grundsätz-
liche Gedichtanalysen des von ihm so hoch geschätzten
Lyrikers bietet.

Doch weder diese Art zu argumentieren noch der Duk-
tus insgesamt unterlaufen Krolow. Er bleibt, auch wenn er
sich in scheinbar gewundenen Gedichtdeutungen bewegt,
ein Lyriker, den Praktisches interessiert. Er möchte an-
hand der genauen Beschäftigung mit den Gedichten eines
anderen Lyrikers in Erfahrung bringen, wie die Poetik
dieses Autors beschaffen ist. Je näher ein Lyriker einem
anderen steht, umso exakter möchte er über dessen Poetik
Bescheid wissen. Im Gedankenaustausch mit den gelieb-
ten Gedichten des anderen Autors schärft er seine Vorstel-
lungen von Gedichten, und das kommt ihm dann wieder
zugute, wenn er zu seinen eigenen Gedichten zurückkehrt:
Er weiß nun besser darüber Bescheid, was er bei Gedich-
ten als groß ansieht, und diese Kenntnis hilft ihm, seine
Arbeit gestärkt fortzusetzen.

Nicht nur Karl Krolow hat über die Entstehung von
Gedichten geschrieben: Aufsätze mit diesem Thema bil-
den eine eigene Textsorte unter Lyrikern. Viele unter den
namhaften Autoren der letzten Jahrzehnte haben sich zu
diesem Thema geäußert. Es beginnt mit Edgar Allan Poe
und seinem folgenreichen Aufsatz *Die Methode der Kom-
position*.[1] Wladimir Majakowski hat zu diesem Thema
einen viel zitierten Essay geschrieben: *Wie macht man*

---

[1] Edgar Allan Poe, *Gesammelte Werke in 5 Bänden*. Band V, Der *Rabe*. Gedichte
& Essays, S.196 ff.

Verse.[1] Hans Magnus Enzensberger greift in seinem Essay *Die Entstehung eines Gedichts*[2] die Überlegungen von Poe wieder auf. Walter Höllerer hat sich dazu in dem bereits mehrfach zitierten Aufsatz und in einer Reihe anderer Arbeiten zu verwandten Themen geäußert. Wichtige Anregungen finden sich bei einem anderen Lyriker aus dieser Zeit, bei Helmut Heißenbüttel und in seinem Band *Zur Tradition der Moderne.*[3] Von Reiner Kunze gibt es einen Gedichtband *eines jeden einziges leben*, dem er, als würde er insgeheim den beiden Büchern von Hans Magnus Enzensberger und Walter Höllerer folgen wollen einen Aufsatz mit dem unauffälligen Titel *nachwort*[4] hinzufügt – eigentlich etwas Ungewöhnliches. In den frühen 1960er Jahren hatte der Suhrkamp Verlag eine kleine Sub-Reihe zu publizieren begonnen. Jeder Band enthielt Gedichte eines Lyrikers und einen Aufsatz des Autors, wie eines seiner Gedichte entstanden ist. Bei Gottfried Benn (»Gedichte entstehen nicht, sie werden gemacht«) und Bertolt Brecht im Arbeitsjournal finden sich einschlägige Äußerungen. Wilhelm Lehmann, hier ebenfalls schon häufiger zitiert, hat sich zu diesem Thema geäußert, und Ernst Jandl hat es in entsprechenden Vorlesungen getan[5]; ein Essayist und Rundfunkredakteur, der vor allem in den

---

1 Wladimir Majakowski, *Werke. Publizistik. Aufsätze und Reden Band V*, 1, Frankfurt am Main: Suhrkamp Verlag 1980 (hier zitiert nach der Taschenbuch-Ausgabe, werkausgabe edition suhrkamp in zehn Bänden, Neunter Band, S. 171 ff.)

2 Hans Magnus Enzensberger, *Gedichte. Die Entstehung eines Gedichts*, Frankfurt am Main: Suhrkamp Verlag 1962.

3 Helmut Heißenbüttel, *Zur Tradition der Moderne. Aufsätze und Anmerkungen 1964–1971*, Darmstadt und Neuwied: Luchterhand Verlag 1972.

4 Reiner Kunze, *eines jeden einziges leben*, Frankfurt am Main: S. Fischer Verlag 1986.

5 Ernst Jandl, *Autor in Gesellschaft*, a.a.O.,

1950er und 1960er Jahren gelesen und gehört wurde, Albrecht Fabri, hat sich mit unserem Thema nahestehenden Überlegungen zu Wort gemeldet: *Literatur als Gespräch*.[1] Die Tagebücher und Aufsätze von Peter Rühmkorf sind angefüllt mit Überlegungen zu diesem Thema. In jüngerer Zeit hat ein Lyriker ein ganzes Buch über das Herstellen von Gedichten geschrieben[2], und es wurde im Umkreis dieses Themas ein eigener Band *Die Hölderlin Ameisen*[3] veröffentlicht, in dem sich 36 zeitgenössische Lyriker darüber verbreiten. Auch jüngste Diskussionen unter Lyrikern in der Zeitschrift *BELLA triste*[4] lassen sich in einem erweiterten Sinn als Beitrag zu diesem Thema lesen.

Und es gibt noch einen Grund, weswegen sich Lyriker gerne mit anderen Dichtern und mit Entstehungsfragen von Gedichten beschäftigen: Sie bewegen sich in einer Community von Dichtern, Lebenden und Toten, und in dieser Community wollen sie ihre Position finden. Warum sie diese Anstrengungen unternehmen, darüber kann kein Zweifel bestehen. Im Vergleich entwickeln sie nicht nur Vorstellungen, was sie als gelungen ansehen und was nicht. Gleichzeitig registrieren sie genau, wer von ihren Kollegen ihre Ansichten teilen könnte und bei wem sie mit ihren Vorstellungen von einem gelungenen Gedicht auf Ablehnung stoßen werden. Dieses Wissen benötigen

---

1 Albrecht Fabri, *Der schmutzige Daumen. Gesammelte Schriften*, Frankfurt am Main: Zweitausendeins 2000, S.186 ff.
2 Alexander Nitzberg, *Lyrik Baukasten. Wie man ein Gedicht macht*, Köln: DuMont Verlag 2006.
3 *Die Hölderlin Ameisen. Vom Finden und Erfinden der Poesie*, Köln: DuMont Verlag 2005.
4 *BELLA triste* 17, Sonderausgabe zur deutschsprachigen Gegenwartslyrik, Hildesheim 2007; *BELLA triste* 18, Hildesheim 2007, enthält einen »Sekundärteil« über Gedichte, und *BELLA triste* 19, Hildesheim 2007, mit einem »Dossier Lyrikdiskurs«.

sie keineswegs bloß aus narzisstischen Gründen, weil sie sich in ihrer Bedeutung in anderen spiegeln wollen. Gedichte sind ein äußerst störanfälliges Textkonglomerat. Jedes Wort kann darüber entscheiden, ob ein Gedicht bestehen kann; ob sich die Arbeit daran fortsetzen lässt oder der Autor in eine falsche Richtung gelenkt wurde und einsehen muss, dass er zwar gut begonnen, dann aber die Orientierung verloren hat. Diese leichte Irritierbarkeit ist eher zu vermeiden, wenn die Autoren in literarischen Grundsatzfragen und vor allem darin, was ihnen zusagt und was ihnen missfällt, größere Sicherheit gewonnen haben – und sie in einem Atemzug damit auch ihren Platz unter den Lyrikern erkennen. Alleine bei der Überlegung, was in einem Gedicht poetisch als vertretbar angesehen werden kann und was zum Misslingen eines Gedichts beitragen wird, spielen eine nicht zu übersehende Anzahl von Fragen eine Rolle:

- ob Gedichte einen Anlass im Leben haben sollten
- ob Gedichte einen Anlass in der Realität haben müssen
- ob Gedichte als ästhetische Konstruktionen anzusehen sind, die sich nur auf Gedichte beziehen
- ob Gedichte zwar Kunstprodukte sind, aber als darüber hinausgehender Ausdruck anzusehen sind
- ob Gedichten ihr Entstehen angemerkt werden darf
- ob das Entstehen eines Gedichts zum Bestandteil eines Gedichts werden kann
- ob Gedichte Fehler enthalten dürfen (mit Absicht eingebautes Falsches oder Korrekturen von Irrtümern)
- ob Gedichte Fehler oder blinde Flecke enthalten müssen, damit sie als Gedichte ernst zu nehmen sind
- ob Gedichte perfekt sein dürfen

- ob Gedichte geschlossene Gebilde sein sollen
- ob Gedichten gebrochene Oberflächen guttun
- ob in Gedichten erkennbar Gedanken vorkommen dürfen oder sogar müssen
- ob Gedichte nachvollziehbar zu sein haben
- ob Gedichte einen Grad an Komplexität besitzen dürfen, der den Zugang zu ihnen erschwert
- ob bei Gedichten grundsätzlich der Komplexität der Vorzug zu geben ist
- ob das alltägliche Sprechen in Gedichten einen Platz hat
- ob Gedichte nichts anderes als ein veredelter Sprechakt sind
- ob Gedichte grundsätzlich neue Elemente enthalten sollten und wonach sich das bemisst
- ob ästhetische Innovation überhaupt ein Kriterium für ein gelungenes Gedicht ist
- ob Tradition nicht der schlimmste Hemmschuh guter Gedichte ist
- ob Gedichte sich erkennbar früher geschriebenen Gedichten anschließen und sie auf eigene Weise fortführen können
- ob Gedichte etwas Überraschendes, Provozierendes, Befremdendes enthalten müssen
- ob Gedichte eine Wirkung haben sollen
- ob Gedichte sich überhaupt einem solchen Katalog von Fragen zu stellen haben oder nicht ästhetische Zusammenhänge bilden, die nach ganz anderen Gesetzmäßigkeiten funktionieren
- ob nicht Gesetzmäßigkeiten und ein Denken in dieser Richtung als Feinde guter Gedichte anzusehen sind.

Nun gilt auch an dieser Stelle, dass ein Autor nicht über alle Fragen nachdenken muss, die hier aufgeführt sind. Er muss nicht einmal über eine einzige der hier aufgelisteten Fragen nachdenken, sondern kann sich ganz seinen Intuitionen überlassen. Er braucht aber zumindest eine Vorstellung davon, dass er in seiner Arbeit wenigstens mit einigen dieser Fragen zu tun hat und dass ihn darüber hinaus noch seine Vorlieben und einige zeit- und modebedingte Präferenzen im Nachdenken über Gedichte beeinflussen, und dass auch die poetischen Auffassungen und intellektuellen Stimmungen der Community, der er sich als Lyriker verbunden fühlt, und sei es eine Gemeinschaft von Dichtern, die sich jemand aus der Literaturgeschichte zusammengetragen hat und die es nirgendwo anders als in seinem Kopf gibt, einen großen Einfluss auf sein Schreiben haben.

Welche Fragen auch immer herausgegriffen werden: Die Gedichte werden einer ins Grundsätzliche gehenden Überprüfung unterzogen. War insbesondere am Anfang die Arbeit mehr von träumerischer Natur, treten jetzt poetische Denkgesetze und Erfahrungen aus dem Alltagsleben bei der Arbeit in den Vordergrund. Damit halten sich die Autoren durchaus weiter an ihre Eingebungen und übersetzen wie zu Anfang deren kryptische Inhalte in Material, das zumindest weitläufigen Assoziationen zugänglicher wird und damit Eingang in das Gedicht finden kann. Gleichzeitig wird einem abwägenden Denken jetzt ein ungleich größerer Raum gegeben. Was dem Gedicht nützt, ist willkommen, was ihm schadet, wird zur Seite gelegt. Sollten sich Alternativen eröffnen, werden sie präzise durchdacht. Alles in allem: Es wird kontrollierter vorgegangen, als das bisher der Fall war (und wenn man speziell das Moment der Selbstreflexion an dieser Stelle gesondert betrachtet, das hier besonders gefördert wird, dann kann man davon sprechen, dass die Moderne beim Schreiben von Gedichten am deutlichsten ihre Spuren hinterlassen hat).

Ob die Texte deswegen gelingen, ist damit nicht gesagt. Es lässt sich nicht einmal voraussagen, ob aus einem guten Ansatz zu einem Gedicht auch ein gutes Gedicht wird. Die Gefahr des Scheiterns und des Abbruchs der Arbeiten ist nicht überwunden und – auch das gehört zu den Eigenheiten der Arbeit an Gedichten – wird nicht überwunden sein, bis das letzte Wort gefunden ist, das, streng genommen, aus einem Text mit guten Ansätzen erst ein Gedicht macht.

Warum Texte Notate bleiben und nicht zu Gedichten werden, kann verschiedene Ursachen haben:

– Das Ausgangsmaterial kann sich als längst nicht so stark erweisen, wie es dem Autor vorgekommen ist, und er muss sich damit abfinden, dass er auf diesem Weg zu keinem Gedicht gelangt.
– Der Autor kann sich dem Material als nicht gewachsen erweisen und muss die Arbeit an dem Gedicht einstellen, obwohl in dem Material durchaus das Potenzial zu einem Gedicht steckt.
– Der Ansatz zu einem Gedicht lässt sich ausarbeiten und der Autor ist auch in der Lage, diese Arbeiten auszuführen, das Ergebnis kann trotzdem von mäßiger Qualität sein und den Autor nicht zufriedenstellen, ohne dass sich weitere Möglichkeiten zu Verbesserung und damit zur Steigerung der literarischen Qualität des Gedichts böten.

Damit stellt sich die Frage, auf welche Weise Lyriker feststellen, wann eines ihrer Gedichte gelungen ist und wann sie die Arbeit daran aufgeben und das Ergebnis als unzureichend verwerfen. Sicher wird dafür der alten Vorstellung von Vollkommenheit nicht mehr das höchste und damit ausschlaggebende Gewicht eingeräumt. Heute stehen Intensität des Ausdrucks und Angemessenheit in der Darstellung höher im Kurs. Die Wiedergabe von Stimmungen hat zudem an Gewicht gewonnen, und jene Gedichte, in denen die Welt (so wie sie ist) erfasst werden sollte (nach 1945 sind viele Lyriker diesem Konzept noch gefolgt), finden dagegen weniger Verfechter.

Versionen

Mit zunehmender Schreibdauer verändert sich auch die Position des Autors gegenüber seinem Text ein weiteres Mal: Er wird zu einem Sachverständigen in der Verbesserung seiner Gedichte.

Autoren haben, außer wenn sie von einem Gedicht überrascht werden und es ihnen gelingt, den Text in einem Schwung niederzuschreiben, das Gedicht nie als Ganzes im Blick. Ihre Sicht auf das Gedicht verändert sich mit dem Fortschritt der Arbeiten. Zunächst sehen sie den Text in seinen Möglichkeiten, und wenn sie in der Arbeit weiter vorangekommen sind, betrachten sie ihn als einen Torso, der noch weiter ausgearbeitet werden will, schließlich geht es um die Überarbeitung und das Schreiben von Passagen, die dem Autor erst fehlen, nachdem er seinen Text geschrieben hat.

Dabei sind gerade diese letzten Ausarbeitungsschritte nicht Sache jedes Lyrikers. Es gibt einige, die vor dieser Arbeit zurückschrecken, manche kapitulieren sogar davor, besonders wenn sich diese Arbeiten zu lange hinziehen. Sie schreiben aus dem Schwung des Einfalls heraus und benötigen diesen Schwung, damit sie das Gedicht auch zu Ende führen. Für sie muss die Arbeit an einem Gedicht in einem überschaubaren Zeitraum geschehen und sich auch in dieser Frist beenden lassen. Ohne diesen Schwung verlieren sie die Lust, am Text weiterzuarbeiten. Was mit Freude begann, wird nur noch als Last angesehen, der sich auszuliefern es für einen Lyriker keinen plausiblen Grund gibt – eher Gründe dagegen. Einer von ihnen: Zur Lösung einer Pflichtaufgabe darf das Schreiben von Gedichten nicht verkommen.

Es geht um den inneren Kontakt zum Text und inwieweit der Autor diese Verbindung aufrechterhalten kann. Der Text, an dem er arbeitet, muss sich schließlich selber tragen können, und was der Autor im Einzelfall zu tun hat, damit ein Text zu dieser Stärke findet, zeigen die verschiedenen Fassungen, die Norbert Hummelt während der Überarbeitung seines Gedichts *gedimmtes licht* erstellt hat. Ingesamt elf Fassungen sind im Manuskript erhalten.

Bei der ersten Niederschrift gelingt dem Autor ein Text, der zunächst den Eindruck erweckt, es handele sich bei diesem Text bereits um ein Gedicht: »dem jungen gib / mal kirschsaft in ein simples Glas / (…).« Diese Zeilen ebnen dem Autor den Zugang zu einem einzigartigen Terrain: dem Zimmer seiner Großmutter und damit zu wichtigen Räumen seiner Biographie – etwas Neues in seinem Schreiben. Dennoch ist er mit dem Text als Ganzem noch nicht zufrieden. Mehr als ein Fragment kann er in diesen Zeilen nicht sehen. Nachdem er sich in vielen Gedichten zuvor bei dem Gesprochenen um ihn herum bedient hatte, musste er den Zugang zu dieser Innenwelt mit ihren Intimitäten erst finden. Konkret: Ungelöst ist, wie er in diesen Raum kommt.

Hier zunächst einige der unterschiedlichen Versionen, die Hummelt in den Sinn gekommen sind:

Version 1:
die dunkle tür zur wohnung mit
der schelle geht
unbedenklich nach der diele auf

Version 2:
auch außen freundlich ist der tag
nicht mehr, im dunst
befangener septemberabend

Version 3:
im dunst befangener
septemberabend, noch um
ein weiteres um denselben
block, (…)

Version 6:
schon stillgelegte, halb vergessene
gegend im dunst befangener
septemberabend, noch um ein
weiteres um denselben block um

Als Erstes drängt sich bei diesen Varianten der Eindruck auf, der Autor würde an einem anderen Gedicht schreiben. In dem fixen Textblock geht es u. a. um einen Jungen, dem mit einem Glas Saft eine Freundlichkeit entgegengebracht wird. Davon ist aber in den nächsten Versionen nicht mehr die Rede, der Autor verlässt sogar die Szenerie und wechselt komplett die Perspektive. Er schildert nicht mehr das Leben im Inneren des Hauses, vielmehr schaut er jetzt von außen auf die Szenerie – und damit handelt sich der Autor ein Schreibproblem ein.

Entsprechend tastend fallen seine neuen Ansätze zunächst aus. In Version zwei spricht er direkt an, worum es ihm zu tun ist: »auch außen freundlich ist der Tag / nicht mehr (…)« – eine Zeile, in der der Autor den Blick auf das Haus, bevor er es betreten hat, in seiner Wahrnehmung erst etablieren muss. Er ist damit beschäftigt, und darin liegen die grundlegenden Schwierigkeiten bei der Fortsetzung seiner Arbeiten an dem Gedicht, seine Schreibhaltung umzuorganisieren. Darin, dass er in dieser Umorganisation ein beträchtliches Stück weiter gekommen ist, liegt der große Wert dieses Verses. In der endgültigen Fassung wird er aber nicht mehr auftauchen.

In einem neuen Anlauf versucht es Hummelt mit dem Vers: »im dunst befangener / septemberabend«. Mit dieser Naturmetapher erzielt er einen weiteren Fortschritt. Das Dunkle ist jetzt ausgedrückt und nicht benannt, außerdem hat der Autor eine Bildwelt betreten, die tatsächlich außerhalb des Hauses und seines Interieurs liegt, die aber den Vorteil besitzt, nicht bloß die Umgebung dieses Raums in seinen sozialen und historischen Zusammenhängen zu erfassen und dabei einen poetisch folgenreichen Schritt zu machen. Ihm gelingt es, den Leser in die ihm so kostbare Wohnung der Großmutter hineinzuführen – als würde er eine Brücke von seinen weltbetonten Gedichten, die er zuvor geschrieben hatte, hin zu diesen persönlichen Versen bauen wollen.

Damit ihm das von seinen Stimmungen (die auch durch soziale und historische Entwicklungen in die Welt gesetzt werden) her gelingt, muss er neu ansetzen. Er schreibt: »gefegte, lang schon unbetretene / gegend (…)« und korrigiert in Handschrift den ersten Vers: »schon stillgelegte, halb vergessene gegend (…)« – und hat damit zum ersten Mal festhalten können, was in der Umgebung des Hauses tatsächlich das Erschreckende ist: Das Haus liegt in einer vom sozialen Fortschritt abgekoppelten Gegend.

Es ist lohnend, sich diesen Vorgang zu vergegenwärtigen, weil er nicht bloß zeigt, wie der Autor sich in einen regelrechten inneren Schreibtumult verwickelt sieht, der explosiv ist und ihn von Version zu Version weiterführt – auf diese Weise entsteht Neues. Wichtig ist es noch aus einem anderen Grund, diesen Vorgang in seinen detailreichen Windungen zu rekapitulieren: Der Autor arbeitet mit seiner Unzufriedenheit und mit dem Gefühl, sich mit dem Erreichten nicht abfinden zu können. Der Motor bei dieser Arbeit sind die Erwartungen, die der Autor an sein Gedicht hat und denen sein Gedicht standhalten muss – und auch aus dieser Enttäuschung setzt er die Arbeit fort. Im konkreten Fall soll das Gedicht mehr leisten, als den verborgenen Raum zu beschwören. Hummelt will im Gedicht in diesen Raum hineinfinden – und solange er diesen Erwartungen an seinen Text nicht gerecht werden kann, vermag er in seiner Arbeit an dem Text nicht nachzulassen und ihn aus der Hand zu geben. Als wäre der Text unerlöst, muss er daran die Arbeit fortsetzen, bis er zu seiner Zufriedenheit erreicht hat, was ihm vorschwebte und was in ihm rumorte. Hätte er zuvor aufgegeben, hätte er diese Aufgabe – wie andere Lyriker auch – als eine Niederlage angesehen.

In diesem Umarbeiten liegt aber eine eigene Gefahr – und wenn wir von den Schwierigkeiten sprechen, weswegen Lyriker gelegentlich Mühe haben, einen Text zu Ende zu führen, dann lassen sich diese Schwierigkeiten an dieser Stelle am deutlichsten erfassen. Die Ansprüche der Autoren an ihre Gedichte spielen dabei eine große Rolle:

- Die Arbeit des Autors erstarrt. Er kann seinen Text nicht weiter ausarbeiten, da es ihm nicht gelingen will, die Vorstellungen von seinem Gedicht und den bereits geschriebenen Text einander anzunähern.
- Der Text löst sich mit zunehmender Arbeit auf. Er lässt sich zwar weiterentwickeln, aber um einen hohen Preis: Seine grundlegende Architektur geht verloren.
- Die Erwartungen an das Gedicht richten sich gegen den bereits bestehenden Text – der Autor arbeitet an ihm, er kommt scheinbar auch voran, je weiter er aber kommt, umso nachhaltiger drängt sich ihm der Eindruck auf, vom Text sei nur noch eine leblose Hülle übrig.

Dieses Überarbeiten kann im Einzelfall nicht nur deswegen schwierig werden, weil die Autoren sich ihren poetischen Erwartungen unterlegen fühlen. Im Überarbeiten können sie auch auf frühere Stufen der Arbeit an dem Gedicht zurückfallen und keinen Weg sehen, wie sie von dort wieder auf das hohe Niveau des Textes gelangen sollen, das sie bereits erreicht hatten. Es kann sogar zu einem Arbeitsmix von neuen Einfällen, ersten Notaten, weiteren Ausarbeitungsversuchen dieser Notate, dem Erfassen der Poetik des Gedichts und der Arbeit an zusätzlichen Versionen kommen. Die Arbeit wird unübersichtlich – ob so am Ende tatsächlich ein Gedicht entsteht oder der

Autor in früheres Notieren zurückgelangt und einsehen muss, dass er diese Phase nie verlassen hat, ist offen. Und schließlich kann der Autor die Erwartungen an sein Gedicht nicht im Zaum halten und mit seinen überzogenen Ansprüchen den vorhandenen Text zerstören.

Die Autoren überarbeiten das Gedicht aber nicht nur in seiner Sprachgebung. Sie beschäftigen sich auch mit der optischen Präsenz des Gedichts. Die Arbeit an der formalen Einrichtung kommt im Vergleich zur Arbeit an der Sprache und Semantik des Gedichts weit seltener vor, da Autoren eine hohe Affinität zu bestimmten Versformen haben. Sie achten genau auf die Verteilung der Laute, Wörter und Verse auf der Seite und darauf, welche Bedeutungen das Gedicht durch diese Anordnung erlangt. Falls sie es als notwendig ansehen, ändern sie auch die formale Komposition des Gedichts. Stark in Strophen gegliederte Gedichte werden in Versionen ohne Stropheneinteilungen umgewandelt. Kürzere Verse werden zusammengelegt, und es wird ausprobiert, wie das Gedicht auf den Autor wirkt, wenn die Zeilen länger sind und der Text einen erheblich kompakteren Eindruck macht. Lange Verse können in kurze zerlegt werden, in Versen kann mit Hervorhebungen z.B. durch die Verwendung von Großbuchstaben, anderen Schriftarten oder Schriftgrößen gearbeitet werden. Die Variationen sind nicht so vielfältig wie die, wenn Gedichte sprachlich überarbeitet werden, sie stehen aber zur Verfügung, und wenn über deren Verwendung nachgedacht wird, geht es auch um wesentliche Gestaltungsmöglichkeiten eines Gedichts: in welchem Verhältnis die jeweiligen Textpartien zu dem sie umgebenden Weiß der Seite stehen, und wie das Verhältnis der einzelnen Textpartien zueinander beschaffen ist.

Endfassungen

Je stärker die Gedichte die in sie gesetzten Erwartungen erfüllen, umso selbstständiger wird ein jeder dieser Texte – deutlichstes Zeichen dafür, dass die finalen Arbeiten begonnen haben.

Im Grunde schreiben Autoren schon sehr früh an der Endfassung ihrer Gedichte. Wenn sie mit der Niederschrift des Gedichts beginnen, dann tun sie das bereits in der Vorstellung, dass sie jetzt das Gedicht in seiner endgültigen Gestalt festhalten werden. Diese Fiktion wird bei jedem weiteren Arbeitsschritt, falls er nötig ist, erneut belebt: Wenn die ausstehenden Korrekturen ausgeführt sind, dann wird das Gedicht endlich fertig sein und kann zu den anderen Gedichten gelegt werden, die schon geschrieben wurden.

Im Grunde gibt es bloß zwei Textsorten, in denen sich Lyriker bewegen, Notate und Endfassungen. Wie früh sie tatsächlich mit den Endfassungen beginnen, zeigt sich bereits, wenn sie ihren Laptop starten und die Tastatur bedienen oder, falls sie noch ein weißes Blatt Papier hervorholen, mit einem Stift in der Hand zu schreiben beginnen. Sie richten die Niederschrift so ein, als würde ihr Gedicht bereits auf einer Buchseite stehen, und damit sie nicht immer von vorne beginnen müssen, haben sich viele in den Schreibprogrammen ihrer Computer feste Normseiten (mit entsprechenden linken und rechten Rändern, Einzügen, Schriftarten und Schriftgrößen usw.) geschaffen, die sie regelmäßig benutzen. Die Arbeit findet auf diesen vorbereiteten Feldern der endgültigen Version statt – und diese Normseiten werden nur von Zeit zu Zeit verändert (neue Schriftart, Schriftfarbe, andere Abstände usw.).

Dieses Schreiben in Endversionen erlaubt den Autoren Energien zu mobilisieren, die unangetastet blieben, wenn sie nicht glauben dürften, es komme jetzt darauf an, alle Kräfte für das Gedicht einzusetzen. Hätten die Autoren den Eindruck, sie würden nur an einer weiteren Version arbeiten, dann würden sie nicht die Konzentration aufbringen, die zu mobilisieren sie in der Lage sind. Dabei kommt es bei den tatsächlichen Endarbeiten häufig zu einem Mix verschiedener Arbeitstechniken: Schreiben mit dem Computer und der Hand (als Korrekturen auf den Computerausdrucken) wechseln einander ab.

Für diesen Wechsel gibt es Gründe. Die Autoren möchten sich für einen Moment von der Last der Arbeit an der Endversion befreien und nutzen das Flüchtige und Leichtere des Handschriftlichen, um sich geeignetere Versionen zu notieren. Dabei geht es in erster Linie um passendere Wendungen, und diese Wendungen werden später dann in das Gedicht hineingearbeitet. Damit ihnen das gelingt, wird ein neuer Anfang gesucht, und wie am »ersten« Anfang überlassen sie sich wieder dem Sog der Einfälle, dem sie sich jetzt leichter als vor dem Wechsel der Arbeitstechnik überlassen können.

Die wenigsten Autoren erstellen noch die Endfassung ihrer fertigen Gedichte in Form von Reinschriften dieser Texte. Die Gedichte sind fertig (und damit ist dann auch die Endfassung erstellt), wenn sich an der letzten Version keine Korrekturen mehr ergeben – sobald der Autor sich also vergewissert hat, dass alle Überlegungen, die er zu einem Text anstellte, in dessen Schlussversion Eingang gefunden haben. Der Autor überprüft ein letztes Mal seinen Text, und was sich bei dieser letzten Überprüfung ereignet, lässt sich am besten zeigen, wenn wir davon ausgehen, die Autoren würden noch Endfassungen und Reinschriften ihrer Gedichte anfertigen[1] – sich also einer überlebten Arbeitstechnik bedienen.

Während der präzisen und eindeutigen Wiedergabe des Gedichts stellt sich der Autor einer letzten Auseinandersetzung mit dem Text. Er überlegt, ob er etwas Wichtiges vergessen und seinem Gedicht vorenthalten hat, er sich im Umgang mit seinem Text also nicht vorhalten lassen muss, er habe sich nicht ausreichend um ihn gekümmert. Mit dieser präzisen Wiedergabe stellt er außerdem sicher, dass ihm keine unerledigten, ihn warnenden Widerstände mehr begegnen, die ihm anzeigen könnten, er habe noch nicht alle Arbeitsprobleme gelöst. Wenn er sich dessen versichert hat, weiß er, dass das Gedicht aus eigener Kraft bestehen kann und ihn als Autor nicht mehr braucht – und das ist eine beglückende Einsicht. Bisher war er der Kenner seines Gedichts. Nur er war lange Zeit in der Lage gewesen, das Gedicht in seiner Gestalt zu sehen oder zumindest zu erahnen. Jetzt braucht es ihn nicht mehr und er kann sich von seinem Text entfernen, ohne dass das Gedicht darunter leiden würde. Seine Kennerschaft ist ganz dem Gedicht zugute gekommen, es hat sein eigenes Leben eingehaucht bekommen, und der Lyriker kann im Idealfall in dieser letzten Überprüfung des Gedichts feststellen, dass er sich als Autor zurückziehen darf. Das Gedicht und diejenigen, die sich mit ihm künftig beschäftigen werden, brauchen ihn nicht mehr, ihnen genügt auf vollkommene Weise der nunmehr abgeschlossene Text.

---

1 Darauf geht Norbert Hummelt im vorderen Teil dieses Buches ausführlicher ein.

Der Lektor

Während meiner langen Zeit als Lektor bin ich fast nie von einem Lyriker angerufen worden oder habe von ihm eine E-Mail erhalten mit der Bitte, ihm bei der Arbeit an einem Gedicht zu helfen. Nur ein einziges Mal hat sich ein Autor in dieser Weise an mich gewandt, und es kam zu einem Telefongespräch mit folgendem Inhalt: »Er sei nach dem Umzug in dem Ort herumgelaufen, in dem er nun lebe. Am Arbeitsamt neben dem Marktplatz hätten sich kleinere Pulks von Ausländern aufgehalten. Sie hätten miteinander gesprochen, und von ferne hätte er auch russische Brocken aufgeschnappt. Darüber schreibe er ein Gedicht, und er müsse jetzt wissen, wie der spezielle Sprengstoff heiße, der von der russischen Mafia im Westen verkauft würde. Ich sei doch Lektor und sollte ihm das sagen können.«

Wenn man darüber nachdenkt, worum es bei diesem Gespräch gegangen ist, dann kann es sich nicht wirklich um die exakte Bezeichnung für einen Sprengstoff gehandelt haben. Weswegen sollte ausgerechnet ein Lektor über russische Explosionsstoffe Bescheid wissen? Warum dann aber hat der Autor angerufen, und was wollte er in Erfahrung bringen? Das ist an dem zunächst absonderlich anmutenden Inhalt des Gesprächs nicht direkt abzulesen.

Sicher wollte dieser Autor demonstrieren, dass der Umzug ihn keineswegs hindere, weiter Gedichte zu schreiben, sondern ihn sogar – obwohl es ihm wegen des Umzugs schlecht gehe – mit neuem Stoff versorge. Darüber hinaus wollte er dem Lektor sagen, er habe damit eine schwierige Hürde überwunden und sei doch noch nicht vollkommen an dem neuen Ort angekommen, an dem er jetzt leben müsse – ihm fehle sogar eine wichtige Sprachdimension, damit er seine neue Umgebung aufnehmen und tatsächlich ein Gedicht schreiben könne. Weiter gibt er dem Lektor zu verstehen, er solle auf seine Sprachschwierigkeiten nach dem Umzug Rücksicht nehmen und brauche nicht darüber verwundert zu sein, wenn er in nächster Zeit keine Gedichte schreiben könne und sich erst einmal darauf verlegen werde, seine neue Welt zu erkunden …

In diesem Gespräch schwangen noch andere Mitteilungsdimensionen mit, beispielsweise die ziemlich direkte Aufforderung an den Lektor, die Misere des Autors zu beenden und sich damit nicht zu lange Zeit zu lassen. Im Kern war dieses Telefonat aus einer Angstphantasie hervorgegangen. Der Autor wollte unbedingt ein Gedicht schreiben, aber mehr, weil er das unbedingt wollte (Schreiben als reiner Willensakt), als dass er tatsächlich über einen Einfall verfügt hätte und es aus diesem Grund lohnend für ihn gewesen wäre, sich an die Arbeit zu machen. Beim Schreibversuch hat er dann gesehen, wie aussichtslos seine Bemühungen sind und im Gespräch mit dem Lektor wollte er wenigstens den Versuch als einen positiven Ansatz retten, bevor er ganz in Depression versinken und am Ende sogar von der Furcht heimgesucht werden würde, in seiner neuen Wohnung niemals wieder ein Gedicht schreiben zu können und durch den Umzug die Fähigkeit dazu insgesamt verloren zu haben. Aus dieser Angst hat er den Lektor angerufen und wollte in ihm einen Zeugen für das Schwierige seiner Schreibsituation finden – was ihm gelang. Allerdings war das Gespräch so angelegt, dass er selber aus seinen Befürchtungen nicht herausfinden konnte.

Nun ist das ein realistisches und nicht einmal besonders drastisches Beispiel dafür, wie Autoren auftreten.

An diesem Beispiel wird mehr als deutlich, dass Lektoren beim Schreiben von Gedichten keine Hilfe sein können, auch wenn der Autor dringend Hilfe gebrauchen könnte. Schon die Länge eines Gedichts und die dabei bewegten Stoffmengen prädestinieren dieses Genre dazu, von einem Autor alleine bewältigt zu werden. Die Dramaturgie des Gedichts, die Anordnung des Stoffs, der Einsatz von Sprache, Klang, Rhythmus – das alles lässt sich von einem Autor lösen, oder er kommt dabei nicht an das erwünschte Ziel. Die konkreten Arbeiten an einem Gedicht lassen sich nicht auf zwei Personen verteilen, selbst wenn der Lektor selber auch ein Lyriker wäre (wie z.B. Oskar Loerke[1] einer war). Außerdem bedarf es eines extrem spezialisierten Sprachempfindens, das von einem Zweiten gar nicht in dem notwendigen Ausmaß aufgebracht werden kann, dass dieser Zweite Teile des Gedichts schreiben könnte. Darin liegt sicher keine Überbewertung des poetischen Vermögens von Lyrikern, sondern vielmehr eine realitätsnahe Einschätzung der zugespitzten Sprachbewegungen in Versen, die im Prinzip nur von diesem Autor beherrscht werden können. Und wenn dann noch die Ausdrucksabsicht eines Textes nicht vollkommen zu erkennen ist und auch die sprachliche Struktur des Ganzen noch in einem erheblichen Ausmaß im Kopf des Autors ruht, kann ein Lektor ohnehin nichts tun – außer ein eigenes Gedicht schreiben, vorausgesetzt er möchte das. Dann aber wird aus dem Lektor ein Lyriker, und dieser Lyriker ist genauso auf sich angewiesen, gleichgültig ob er auch ein Lektor ist oder einer anderen Tätigkeit nachgeht. Am

---

[1] Wie Loerke seinen Beruf ausgeübt hat, darüber findet sich beispielsweise etwas in seinen Aufzeichnungen: Oskar Loerke, *Tagebücher 1903–1939*, Heidelberg und Darmstadt: Verlag Lambert Schneider 1955.

Beispiel Ernst Jandls wurde deutlich, dass der Autor sich erst das Gedicht in seiner Grundaussage erarbeiten muss. Würde ein Zweiter sich an diesem intimen Austausch mit dem verhalten aufscheinenden Text beteiligen, dann würde der Autor das als eine Störung ansehen. Er müsste sich gegenüber einem anderen öffnen, sich dessen Vorstellungen anhören und durchdenken. Die Intimität des Austauschs und die Konzentration darauf würden leiden.

Ganz anders stellen sich die Verhältnisse dar, wenn die Autoren das Manuskript eines Gedichtbands ankündigen, auch wenn die Arbeiten an den Gedichten, aus denen sich dieses Manuskript zusammensetzen soll, noch nicht abgeschlossen sind. Der Autor signalisiert, dass er wieder mit einem Buch vertreten sein möchte – und damit zeichnet sich eine neue Arbeitsphase ab.

III. DER GEDICHTBAND

Publizieren

Wenn wir das Schreiben von Gedichten insgesamt be-
trachten, dann handelt es sich um einen ausgesprochen
fiebriger Vorgang. Das Schreiben selbst erfordert nicht
viel Zeit, die Phasen der Konzentration sind jeweils in-
tensiv, aber kurz. Kaum ist die Arbeit an einem Gedicht
zu Ende geführt (und kaum sind alle inneren Prozesse,
die dabei eine Rolle spielen, durchlaufen), müssen sich
Lyriker darauf einstellen, erneut von vorne zu beginnen,
und wenn das nächste Gedicht dann seinen Abschluss
gefunden und die Seele des Autors auch diese Produktion
durchlebt hat, dann kann er sich auf einen abermaligen
Start einstellen …

Ganz kehren Lyriker aber nicht an jenen Anfang zu-
rück, an dem sie sich befunden haben, als sie noch keine
Gedichte geschrieben und sich dann dazu entschlossen
hatten, damit zu beginnen. Sie sind mit dem Schreiben
beschäftigt, und sei es auch nur in der Form, dass ihnen
durch den Kopf geht, sie sollten ihre Produktion doch
fortsetzen. Allerdings verlieren erfahrene Autoren ihren
Realitätssinn auch dann nicht vollkommen, wenn sie sich
ihrem Text zuwenden und für eine befristete Zeit nur die-
sen im Sinn haben. Einen Gedanken vergessen sie dabei
bestimmt nicht, selbst in flauen und produktionslosen
Zeiten unterläuft ihnen das nicht, dass sie ihre Gedichte
veröffentlichen wollen. Auch Autoren, die noch nie ein
Gedicht geschrieben haben, ist die Vorstellung, ihre et-

waige Gedichte auch publizieren zu wollen, vertraut. Ohne den Gedanken an Veröffentlichung wird nicht nur kein Vers geschrieben, sondern noch nicht einmal an das Schreiben von Gedichten gedacht.

Dabei haben die Autoren nicht nur die einzelne Veröffentlichung im Sinn. Am liebsten sehen sie sich mit einem eigenen Gedichtband im Arm, auch wenn sie, was das Publizieren angeht, einen größeren Spielraum besitzen und flexibler als Romanciers sind. Sie können ihre Veröffentlichungskarriere zunächst mit einzelnen Gedichten beginnen und die allermeisten tun das auch. Abdrucke einzelner oder mehrerer Gedichte an prominenten Stellen (in Zeitschriften und Anthologien) stärken durchaus ihr Ansehen und erfüllen fürs Erste ihren Zweck. Dennoch bleibt eine eigene Buchpublikation die Veröffentlichungsform, die die größte Wertschätzung genießt – und das hat einen nachvollziehbaren Grund. Im Vergleich zu anderen Medien ist das Buch das Publikationsformat, das den Autor am nachdrücklichsten in der Öffentlichkeit sichtbar macht.

Für wie wichtig Autoren Gedichtbände für ihr Schriftstellerleben ansehen, kann gar nicht hoch genug veranschlagt werden. Es gibt Autoren, die ihrem ersten Gedichtband nachtrauern, weil er nicht richtig beachtet wurde. Das zeigt sich besonders deutlich, wenn ihr Buch nach einiger Zeit vom Markt genommen wurde. Dann kommen sie sich vor, als wären sie selbst abgeschafft worden. Es gibt Autoren, die richten ihre Lebensplanung danach aus, ob ein Gedichtband von ihnen erscheinen wird. Mit einem eigenen Buch glauben sie, als Autoren endlich zu existieren, und von da an wollen sie ihre Kräfte ganz in das Schreiben von neuen Gedichten (und in das

Zustandekommen von weiteren Buchpublikationen) stecken. Es gibt Autoren, die zu ihrem 60. Geburtstag oder zu anderen wichtigen Anlässen mit einem Band mit neuen Gedichten vertreten sein wollen, damit nicht der Eindruck entsteht, sie hätten wichtige Etappen in ihrem Leben zurückgelegt und dabei das Entscheidende verpasst: auf sich als Autor aufmerksam gemacht zu haben. Und wie viele Gedichtbände auch immer von einem Autor erschienen sein mögen: Jeden neuen erlebt er als ein biographisch einschneidendes Ereignis, und wenn er von der Freude über ein gerade erschienenes Buch ergriffen wird, dann glaubt er, er müsse nur exakt genug schildern, was sich um die Publikation seiner Bücher jeweils abgespielt hat, und schon könne er sein ganzes Leben schildern.

Gedichtbände sind also eine Kostbarkeit für Autoren, allerdings stellen sie auch eine Herausforderung dar. Die Leistungen, die zu erbringen sind, bis ein Gedichtband erarbeitet ist, sind hoch. Reiner Kunze: »Für einen gedichtband bedarf es hundert und mehr poetischer einfälle, hundert originärer, mehr oder weniger entdeckerischer verknüpfungen von welt – auch für einen zeitraum von vier, fünf jahren eine zahl, die staunen machen sollte –.«[1]

Aber nicht allen Lyrikern ist es vergönnt, gleich am Anfang ihrer Entwicklung zu einem Buch zu kommen. Viele müssen froh sein, wenn sie einzelne Gedichte veröffentlichen können – und einzelne Gedichte veröffentlichen sie auch weiterhin gern, selbst wenn es bereits einen Gedichtband von ihnen gibt. Wie auch immer die Publikationssituation eines Autors im Einzelnen beschaffen ist, der Gedichtband bleibt das unangefochten höchste Ziel sei-

---

1 Reiner Kunze, *eines jeden einziges leben*, a.a.O., S.115.

ner Veröffentlichungs-Anstrengungen – und dabei zeigt es sich, dass auch der Weg zu einem eigenen Gedichtband weit ist. Die geringste Rolle spielt dabei, ob ein Autor der Ansicht ist, mit seinen Gedichten in der Öffentlichkeit bestehen zu können. Dieser Auffassung sind viel mehr Lyriker als Gedichtbände je erscheinen werden.

Die langsame Annäherung an das Publikum
Von außen betrachtet, sind die Risiken, denen sich Autoren aussetzen, sobald sie mit ihren Gedichten in die Welt gehen wollen, nicht so spektakulär, wie das den Autoren vorkommt. Lyriker müssen einen großen Schritt machen, bevor sie anderen ihre Gedichte zur Lektüre überlassen können. Eigentlich dürfte das nicht schwierig sein, die Gedichte sind ja geschrieben worden, damit sie in andere Hände gelangen. Dennoch tun sich die Autoren schwer, ihre Manuskripte weiterzureichen. Manchen hilft es, ihre Gedichte zunächst vorzulesen. Diese Scheu hat Gründe, die aus der Entstehung der Gedichte heraus verständlich werden.

Damit die Autoren nicht zu lange zögern, halten sie den Kreis derjenigen, an die sie sich wenden, zunächst klein. Dieser Kreis umfasst meist nur die allernächsten vertrauten Menschen, wenige Freunde, Ehe- und Lebenspartner, gelegentlich gehört auch ein Lektor dazu. Sie schaffen sich einen Übergangsraum, und diesen Übergangsraum benötigen sie auch dringend. Worum es ihnen dabei geht, ist klar. Sie möchten herausfinden, ob sie ihre Gedichte tatsächlich für so gelungen halten können, wie sie das tun – und in dem von ihnen geschaffenen Übergangsraum fühlen sie sich nicht gezwungen, den geschützten Bereich ihres Arbeitens ganz zu verlassen. Den ausgewählten Lesern (Zuhörern) ihrer Gedichte trauen sie zwar zu, dass sie etwas von Gedichten verstehen. Aber sie können auch davon ausgehen, dass das, was gesprochen wurde, die geschützte Zone nicht verlassen und den Ruf des Autors in Gefahr bringen wird. Das zu wissen ist für Autoren wichtig, denn in diesen ersten Gesprächen über die neuen Texte sind sie empfindlich. Autoren allgemein, aber insbesondere auch Lyriker, können sich leicht angegriffen fühlen und glauben, sich, also ihre Texte, verteidigen zu müssen – auch dann, wenn sie zu der Einsicht gelangen, ihre Texte entsprechen den Qualitätserwartungen nicht, die sie an Gedichte anderer ganz selbstverständlich anlegen würden. Zu der Einsicht zu kommen, ein weniger geglücktes Gedicht (und weniger geglückt heißt bei Gedichten in der Regel misslungen) geschrieben zu haben, ist eine schmerzhafte Angelegenheit – vor allem aber möchte der Autor sich offen halten, was er mit den Einschätzungen anfängt, die er zu hören bekommt: ob er sie ignoriert oder mit dem Text an seinen Schreibtisch zurückkehrt (und die Arbeit daran wieder aufnimmt) oder auf die Zukunft setzt und auf die nächsten Texte hofft.

Ähnlich schwierig ist es für Lyriker, wenn sie aus Gründen gelobt werden, die aus ihrer Sicht mit den Gedichten nur oberflächlich zu tun haben. Sie haben mit ihren Versen zwar einen wichtigen Schritt getan und die Intimität ihrer Arbeitssituation verlassen. Mit den geschilderten Eindrücken können sie nichts anfangen und fühlen sich im besten Fall irritiert und manchmal auch massiv verunsichert. Ihre Situation ist damit schwieriger geworden als sie es war und nicht zu vergleichen mit jener exklusiven Idylle, als sie sich nur mit sich selbst und ihren Versen beschäftigt hatten.

In diese Vorgänge sind auch Lyriker verwickelt, die zu diesem frühen Zeitpunkt nie auf die Idee kämen, nach Mithörern oder Mitlesern zu suchen, sondern stets darauf achten, das Schreiben ganz in ihrer Hand zu behalten. Auch ihnen tut es gut, wenn sie von ihren Texten ein Stück abrücken und sich die Frage stellen, ob sie sie in diesem Zustand der Öffentlichkeit übergeben möchten. Mit der Frage, ob sie ihre Texte als gelungen ansehen können, schaffen auch sie sich eine Übergangszone. Dass dieser Übergangsbereich hauptsächlich in ihrem Inneren besteht, spricht nicht gegen diese Vorgehensweise, sondern eindeutig für sie. Diese Autoren genügen sich auf eine gute Weise selbst, indem sie, genauso wie die Kollegen, die ihre Texte aus der Hand geben, herausfinden wollen, ob ihre Gedichte Einwände auslösen oder ob sie vielleicht sogar bejubelt werden, weil sie gut sind – und dabei müssen Unsicherheiten, die Autoren bei der Lektüre einzelner Partien ihrer Manuskripte spüren, nicht in jedem Fall gegen die Gedichte sprechen. Wenn sie mit einigen ihrer Formulierungen etwas riskiert haben, dann können manche Leser schon unwillig reagieren, weil ihre Lesegewohnheiten an diesen Stellen nicht erfüllt werden. Obwohl es genügend gute Gründe geben kann, weswegen sich Brüche mit diesen Gewohnheiten nicht vermeiden lassen, bleibt es ein Wagnis, das zu tun.

Wenn Autoren mit diesen Fragen beschäftigt sind, bewegen sie sich unverkennbar auf die Öffentlichkeit zu. Diese Schritte fallen den Autoren schwer, und es gibt einen Grund, der sie zögern und der sie mit ihren Texten zunächst einmal jene vorläufige Zone des nicht mehr Intimen, aber noch nicht Öffentlichen ansteuern lässt. Der Grund dafür ist nicht so leicht zu fassen. In diesem

Ungreifbaren liegt bereits ein zentrales Moment, das Lyriker in vorsichtige Vertreter ihrer eigenen Sache verwandelt – auch wenn sie die Öffentlichkeit scheinbar nicht fürchten und sogar Lust am Provozieren haben sollten. Etwas Dunkles spielt beim Schreiben von Gedichten eine Rolle und mit diesem Dunklen bekommen sie es spätestens dann zu tun, wenn sie ihre Gedichte veröffentlichen wollen.

Bei Hans Magnus Enzensberger kann man den Grund gut studieren: »Von Poesie reden, heißt immer von etwas sehr Altem reden. Dieses Steinalte lässt kein Überholen und Überwinden zu, und somit keine Überraschungen und keine Reprisen.«[1] Das klingt positiv, seinerseits aber überaus dunkel, und Enzensberger will damit sagen, dass beim Schreiben von Gedichten Gesetzmäßigkeiten berührt werden, die in den Tiefen unserer Menschheitsgeschichte lagern; konkret: die zum frühen Bestand unserer europäischen Geschichte gehören, grob gesprochen der Antike. Auf derart tief verankerte und dauerhaft sich haltende historische Gegebenheiten können sonst vielleicht nur noch Dramatiker verweisen, bestimmt nicht Romanciers. Wer Gedichte schreibt, genießt das hohe Privileg, sich mit Formen zu befassen, die in unserer frühen Geschichte ausgebilden wurden ...

Was immer von Enzensbergers Überlegungen zu halten ist und wieweit man ihnen überhaupt folgen mag, spielt in diesem Zusammenhang keine Rolle. Wichtig ist nur: Lyriker können sich einerseits freuen, wenn ihnen diese in große Tiefen reichenden Verbindungen nachgesagt werden, andererseits wird mit dieser kräftigen Aufwer-

1 Hans Magnus Enzensberger, *Gedichte*, a.a.O., S. 55.

tung ihres Tuns auch auf enorme Risiken hingewiesen, die in ihrer Arbeit liegen. Sie müssen dieser verehrungswürdigen Tiefendimension genügen und damit stellt sich ein Arbeitsproblem: Wie soll ihnen das gelingen und wie können sie sicherstellen, dass ihnen das gelungen ist?

Bleiben wir zunächst bei Enzensberger: Wenn tatsächlich beim Schreiben von Gedichten uralte Gesetze im Spiel sein sollten, wie kann es einem Autor dann gelingen, Zugang zu diesen Kräften zu finden? Wie kann ein Lyriker Herr über seine Verse werden, wenn er es mit Kräften zu tun hat, von denen er allenfalls ahnt, welchen Einfluss sie auf sein Schreiben ausüben? Im Grunde kann er diese Kräfte nicht beherrschen, und damit haben Lyriker mit der unangenehmen Einsicht zu leben, dass sie sich teilweise nur als Moderatoren von Kräften aus einer anderen Zeit begreifen dürfen, als Co-Autoren der Antike, wie Hans Magnus Enzensberger das nahelegt, oder einer göttlichen Instanz oder der Klassik oder der Romantik oder der Lyrik überhaupt oder des Menschheitsfortschritts oder der Mystik oder eines Mythos usw... In welche literarischen Traditionen, sozialen oder historischen Einflussspektren sie sich auch immer eingefügt sehen, sie müssen neben sich noch andere Autoren akzeptieren, mit der alles andere als erfreulichen Konsequenz, dass diese Autoren beim Schreiben fremde Einflüsse und Einflüsterungen hinzunehmen haben und damit nur in Maßen die Autoren ihrer Gedichte sind.

Enzensberger macht also, ohne diese Absicht zu verfolgen, auf ein Dilemma aufmerksam. Lyriker können angesichts der Größe ihrer Aufgabe nicht die Vorstellung haben, ihnen würde ihr Text voll und ganz zur Disposition stehen. Das ist eine äußerst beunruhigende Beobachtung, denn wenn sie die Gedichte nur zum Teil nach ihren Vorstellungen formen können, dann wissen sie nicht genau, was deren Stärken und Schwächen ausmacht. Das führt dazu, dass sie von unguten Gefühlen begleitet werden, wenn sie mit ihren (unerprobten) Gedichten die Öffentlichkeit suchen. Sie müssen sich für Texte einsetzen, die sie nur zu einem Teil verantworten können, für die sie aber in der Öffentlichkeit voll und ganz und ohne Abstriche als Urheber angesehen werden. Geht das gut, dann können sich die Autoren freuen und denken nicht mehr daran, dass sie für Leistungen gelobt werden, die ihrem Einflussbereich entzogen sind. Geht das schlecht aus und werden die Gedichte entweder ignoriert oder als weniger geglückte Texte kritisiert, dann sind sie auf das Dilemma ihres Schreibens verwiesen: Sie müssen für etwas geradestehen, das nur bis zu einem gewissen Grad von ihnen stammt. Welche Auswirkungen hat diese Einsicht aber auf ihr weiteres Schreiben, und wie können sie ihre Art zu schreiben ändern – vorausgesetzt, sie ziehen diesen Schluss aus der Kritik an ihren Texten? Schlussfolgerungen aus diesen Fragen lassen sich nur schwer ziehen und deshalb kommt vielen Lyrikern der nachträgliche Austausch jeder Vokabel in einem ihrer Gedichte auch wie eine Aktion von höchstem Schwierigkeitsgrad vor, als müssten sie sich mit Problemen von nur schwer zu überschauenden Komplexitäten beschäftigen. Und deshalb müssen sich Lyriker auch jedesmal überwinden, wenn sie sich mit neuen Texten der Öffentlichkeit stellen.

Kleiner oder großer Verlag
Wenn sich die Autoren dann aber in der Öffentlichkeit zeigen, müssen sie einen erneuten Rollenwechsel vorneh-

men und sich als Autoren (und nicht als Co-Erfinder ihrer Verse) in Szene setzen, wollen sie von Verlagen, Kritikern und den Redaktionen verschiedenster Medien beachtet werden. In etwa sind diese Aufgaben mit denen identisch, mit denen sich literarische Agenturen befassen – und tatsächlich haben Autoren jetzt als Agenten in eigener Sache aufzutreten.

Auch diese Rolle trainieren sie bereits mit den Vorveröffentlichungen ihrer Gedichte im halbprivaten Übergangsraum. Dort lernen sie, wie sie sich am besten für ihre Gedichte einsetzen können. Die Reaktionen auf diese Vorveröffentlichungen zeigen ihnen, mit welchen Einwänden sie zu rechnen haben, wenn sie den nächsten Schritt in die Öffentlichkeit gehen, und darauf können sie sich einstellen. Wie sie mit Bewunderung umgehen, wird sie vor geringere Schwierigkeiten stellen – obwohl es auch nicht leicht ist, sich von Zustimmung auf richtige Weise beeinflussen zu lassen; auch eine gute Kritik will überlebt und in ihren Auswirkungen auf das Schreiben richtig verstanden werden.

Sich auf Kritik und Lob einzustellen und im Umgang damit etwas geübter zu werden, hilft, wenn sie dann einen Verlag für ihre Gedichte finden wollen. Das ist für Lyriker eine ungleich kompliziertere Aufgabe als für Romanautoren. Sie wissen sehr genau, dass die Wertschätzung, die selbst in literarischen Verlagen neuen Gedichten entgegengebracht wird, vergleichsweise gering ist und in keinem Verhältnis zu dem Ansehen steht, das Romanautoren genießen, selbst wenn sie, literarisch betrachtet, noch so bescheiden komponierte Texte liefern. Ein Beispiel (aus dem Mail-Wechsel mit einem Autor): »Jetzt habe ich mich doch entschlossen, Dir wegen meiner Gedichte zu schreiben. Seit mittlerweile zwei Monaten liegt das Manuskript im Verlag. Das ist, für sich genommen, schon lange, aber ich habe den Eindruck, das Manuskript kann noch zwei weitere Monate im Verlag liegen und ich höre noch immer nichts. Deshalb will ich jetzt wissen, ob der Verlag sich für oder gegen das Manuskript entscheidet, und füge auch noch hinzu: Falls der Verlag meine Gedichte nicht will, werde ich sie in einem kleineren Verlag erscheinen lassen. Dort sind sie nämlich willkommen. Sehr sogar.«

Damit zu verstehen ist, in welche Lage sich dieser Autor mit seinem Gedichtmanuskript versetzt sieht, muss hinzugefügt werden, dass er nicht nur Gedichte schreibt, sondern auch Prosa und sich als Autor von Romanen zu diesem Zeitpunkt bereits einen Namen gemacht hat. Dies ist wichtig zu wissen, damit der Ton, den er anschlägt, besser zu verstehen ist. Er drängt in seiner Mail zwar auf eine Entscheidung, aber er tritt für seine Verhältnisse überaus zurückhaltend und einräumend auf. Wenn er ein neues Romanmanuskript im Verlag eingereicht hätte, dann wäre er ganz anders aufgetreten. Auf keinen Fall hätte er zwei Monate gewartet und dann den Verlag um eine Stellungnahme gebeten. Alles andere als eine rasche Entscheidung, und zwar eine positive, verbunden mit einem finanziell überzeugenden Angebot zur Übernahme seines neuen Romans in das Programm des Verlags wäre von ihm nicht in Betracht gezogen worden, und jede Verzögerung wäre ein guter Grund gewesen, den Verlag zu wechseln und sich nach einem entscheidungsfreudigeren und vor allem literarisch versierteren Verleger und Lektor umzusehen. Bei Gedichten verhält sich der Autor aber, als sei er ein anderer Schriftsteller. Er tritt auf, als müsse er sehr vorsichtig mit dem Verlag umgehen, ihn in gewisser

Weise vor seinem Manuskript in Schutz nehmen – eine Position, auf die er sich mit neuer Prosa nie zurückgezogen hätte.

Der Autor bezieht in seine Überlegungen, wie er gegenüber einem Verlag am besten auftritt, nicht nur das publizistische Gewicht seines Manuskripts mit ein, seine Überlegungen sind auch abgestimmt auf Argumente, die mit der Ökonomie einer solchen Publikation zu tun haben. Ökonomie bedeutet in diesem Fall, und darüber sind die Autoren bestens ins Bild gesetzt, dass die Verlage in einem Gedichtband eher eine Belastung sehen und, realistisch betrachtet, kein Buch, das zum Überleben des Verlags einen Beitrag leisten wird. Mit Bösartigkeit (oder literarisch mangelndem Sachverstand) darf diese Einschätzung nicht in Verbindung gebracht werden, sie hat mit Einsicht in Marktgesetze und der Notwendigkeit zu tun, diese Gesetze in ihrer ganzen Unerfreulichkeit zu akzeptieren.

Dennoch sehen sich Lyriker nicht als Bittsteller gegenüber Verlagen, und wenn wir bei dem Autor bleiben, der seinen Verlag um eine Entscheidung für oder gegen sein Manuskript gebeten hat, dann begibt sich dieser Autor auch nicht in diese Rolle, unabhängig davon, wie schlecht die finanziellen Aussichten sein mögen, die mit seinem Buch aller Wahrscheinlichkeit nach verbunden sind. Dass ein Autor wie Erich Fried einen Band *Liebesgedichte* schreibt, der sich in mehr als 100 000 Exemplaren verkauft oder dass Ernst Jandl mit seinem radikalen Gedichtband *der künstliche baum* in den ersten Jahren über 20 000 Käufer gefunden hat, bleibt die Ausnahme. In seinen Vorstellungen ist auch das Wissen um die große Bedeutung von Gedichten verankert, auch wenn sie sich nur auf dem bekannten Niveau von etwas mehr als 1300

Stück absetzen lassen, und dieses Wissen fließt in das Verhalten des Autors gegenüber Verlagen ein. Er weiß, dass er ein literarisch wertvolles Manuskript in Händen hält und dass er, wenn es um Resonanz und Aufmerksamkeit geht, zumindest in dem kleinen Kreis von Lyrikinteressenten mit seinen Gedichten eine wichtige Rolle spielen wird und dass in diesem Kreis genau verfolgt wird, wessen Gedichte in welchen Verlagen veröffentlicht werden und was diese Verlage für ihre Lyriker tun – auch der Verlag, der sonst seine Romane veröffentlicht. (Die Community der Lyrikinteressenten ist auch in dieser Hinsicht besonders wach.) Selbstverständlich überleben in seiner Selbsteinschätzung auch Überlegungen von der Qualität von Enzensbergers Auffassung, wonach Gedichte mit den Quellen der europäischen Kultur nach wie vor in Verbindung stehen, diesmal eindeutig ermutigend. Ohne Abstriche sind Lyriker davon überzeugt: Unter den verschiedenen Gattungen ist das Gedicht die einzig wirklich literarische. An oberster Stelle kommen Gedichte, lange bevor von Romanen überhaupt die Rede sein kann. Aus dieser festen Überzeugung gelangen Dichter dann doch zu einer Verhandlungsposition gegenüber Verlagen, die um ihre Stärke weiß. Wenn ein Verlag den Beweis erbringen möchte, dass er literarisch ernst genommen werden will, dann wird er sich zu der Veröffentlichung von Gedichten entschließen können, und wenn er sich gegenüber Gedichten verweigert, hat er ohnehin seinen Offenbarungseid abgelegt und ist im Begriff, seinen Rang als literarischer Verlag zu verspielen. Insofern können Lektoren und Verleger in gewissem Sinn froh sein, wenn sie Gedichte zur Publikation angeboten bekommen. Womit sonst wollen sie denn für ihr eigenes literarisches Ansehen sorgen?

Wie die Autoren aber auftreten und auf Verlage zugehen, hängt ganz entschieden davon ab, auf welche Weise ihre Erwartungen an den Verlag, ihre Einschätzung der Verkaufschancen ihres Manuskripts, die erhoffte Resonanz der Medien auf das Buch und ihre Haltung gegenüber der eigenen Arbeit eine Verbindung miteinander eingehen. Es lassen sich, von dort aus betrachtet, regelrecht unterschiedliche Typen von Autoren beschreiben, bei denen diese Haltungen und Einschätzungen höchst unterschiedliche, aber sehr stabile Verbindungen miteinander eingehen:

- Der genialische Lyriker: Lektor und Verlag können froh sein, dass sie sein Manuskript überhaupt anvertraut bekommen, und wenn sie nicht begeistert genug reagieren, dann müssen sie damit rechnen, dass dieser Autor die Zusammenarbeit mit diesem Verlag einstellt.
- Der pseudogenialische Lyriker: Er überreicht sein neues Manuskript mit dem Kommentar, Lektor und Verlag könnten froh sein, dass sie es mit einem derart guten Manuskript zu tun bekommen, er muss sagen, dass er sich als Dichter diesmal selber in den Schatten gestellt hat.
- Der auskunftsverweigernde Lyriker: Er sagt über sein Manuskript nichts und dies auf eine derart demonstrative Weise, dass sein Gegenüber zu der Ansicht kommen muss, die zu bewältigenden literarischen Probleme seien von einem Ausmaß gewesen, dass nur ein Dichter wie er in der Lage war, diese Probleme zu lösen.
- Der schweigende Lyriker: Er kann, während er noch mit seinen Gedichten befasst ist, nichts über sie sagen. Und auch wenn die Arbeit an den Gedichten beendet

ist, sieht er sich nicht in der Lage, sich kohärent zu seinen Versen zu äußern. Er signalisiert sogar, dass es eine Zumutung ist, von einem Dichter eine solche Äußerung zu erwarten. Dann hätte er sie ja nicht schreiben müssen, sondern hätte jedem erzählt, was ihm so vorschwebt.

– Der realistische Lyriker: Er geht systematisch vor und kündigt an, wenn er einen (neuen) Gedichtband veröffentlichen will. Bei seinem Schreibnaturell, daran kann es keinen Zweifel geben, ist einfach damit zu rechnen, dass er in gut überschaubaren Abständen Bücher publizieren wird, und sein Gegenüber richtet sich auf diese kontinuierlich hohe Produktivität am besten ein.

– Der semirealistische Autor: Er kündigt ein neues Manuskript an, hat aber keins. Diese Ankündigung stiftet ihn vielmehr dazu an, über ein neues Manuskript nachzudenken. Und sollte die Reaktion auf seine Ankündigung positiv sein, dann beflügelt ihn das, die Arbeit auch tatsächlich aufzunehmen.

– Der angepasste Lyriker: Er verbindet sein Reden über ein (neues) Gedichtmanuskript sofort mit dem Hinweis, dass er wisse, wie schwierig es sei, Gedichte überhaupt zu veröffentlichen. Hinter den üblichen Erwartungen werde er mit seinen Gedichten aber nicht zurückbleiben.

– Der ängstliche Autor: Er schickt dem Lektor ein Manuskript zu und möchte eigentlich nur über die Erscheinungsmodalitäten des Manuskripts reden. Über diese Modalitäten diskutiert er gerne und durchdenkt zusammen mit dem Lektor alle Schwierigkeiten, die sich dabei ergeben können – solange das Faktum, dass seine Gedichte erscheinen werden, nicht in Frage gestellt wird.

– Der Lyriker als Künstler: Er habe festgestellt, sein (neues) Buch bestehe aus Gedichten, und nun falle dem Lektor die Aufgabe zu, aus diesem Gedichtband auch etwas Ordentliches zu machen. Alles andere als ein Erfolg werde ihn in seiner weiteren literarischen Entwicklung behindern, der Lektor wisse also, in welcher Verantwortung er stehe.

– Der sich verleugnende Lyriker: Er könne sich kaum noch entsinnen, wann er das letzte einigermaßen gute Gedicht geschrieben habe. Deshalb müsse seine Frage, ob der Verlag bereit sei, von ihm Gedichte zu drucken, als eine Anmaßung erscheinen. Er wolle sie aber dennoch stellen.

– Der vielschreibende Autor: Er hätte bereits zwei weitere Projekte abgeschlossen – mehr oder weniger –, und bevor er sich mit dem nächsten Vorhaben beschäftige, müsse er sich jetzt doch für seine Gedichte einsetzen. Sie müssten endlich rasch erscheinen.

– Der produktionsvergessene Lyriker (kommt selten vor): Er schreibt in höchst unregelmäßigen Abständen, hat jedoch sehr genaue Vorstellungen davon, wie ein Gedichtband beschaffen sein muss, damit er tatsächlich Bestand hat, und kann sich nicht vorstellen, über ausreichend Material zu verfügen. Deshalb muss man ihn fragen, ob er denn genügend Gedichte für einen Band hat – und abwehrende Antworten auf diese Frage sollten besser nicht geglaubt werden.

– Der komplizierte Lyriker: Er spricht am liebsten über das Schreiben und dabei vor allem über die Schwierigkeiten, die dabei auftauchen. Im Grunde müssen diese Probleme als derart hoch angesehen werden, dass seine Gedichte nur aus einzelnen Wortkombinationen bestehen dürften, da komplexere Sprach- und Kompositionsstrukturen kein literarisch ernst zu nehmender Mensch mehr vertreten könne. Trotzdem sei ihm das Undenkbare gelungen: Er habe ein ganzes Gedichtmanuskript zusammengetragen …

Bei jeder dieser Auftritts-Inszenierungen geht es um eines: einer Buchveröffentlichung näher zu kommen. Und jedes dieser Modelle (mit der Ästhetik der Autoren hat das nichts zu tun) wird mit guter Aussicht auf Erfolg angewandt. Welchem dieser Modelle ein Autor folgt, darauf hat er nur bescheidenen Einfluss. Er entscheidet sich nicht für das eine oder andere Verhaltensset, er verhält sich, und es zeigt sich dann, welchem Auftrittstyp er eher zuneigt.

Mindestens eine der Fragen, mit denen es Lyriker dabei zu tun bekommen, ist ausgesprochen brisant: In welchem Verlag sehen sie sich besser vertreten, in einem kleinen oder in einem der großen literarischen Verlage?

Für sich genommen ist diese Frage absurd, denn welcher Autor würde nicht gerne in dem Verlag sein Buch publizieren wollen, den er für den bedeutendsten hält. Welcher das ist, darüber wird unter Autoren diskutiert und gestritten. Dass sie aber in dem Verlag, den sie als groß und einflussreich ansehen, mit ihrem Manuskript am liebsten einen Platz finden würden, steht außer Frage.

Allerdings liegt es nicht im Ermessen der meisten Autoren, sich für einen Verlag zu entscheiden, bzw. sie haben nur bedingt Einfluss darauf, wo ihre Gedichte erscheinen werden. Sie können sich durchaus einen Verlag aussuchen, in dem sie mit ihren Gedichten am liebsten vertreten wären. Ob sich die Realität dann so verhalten wird, wie sie sich das zurechtgelegt haben, und in diesem Verlag ihre Gedichte dann auch tatsächlich erscheinen, ist die Frage. Verlage tun sich schwer, Gedichtbände zu veröffentlichen, insbesondere wenn sie es nicht nur mit einem Lyriker zu tun haben, sondern mit mehreren. Die meisten Lyriker haben im Gegenteil die Erfahrung machen müssen, dass ihre Manuskripte abgelehnt wurden – mit nichtssagenden Begründungen in aller Regel –, ohne dass aus diesen Absagen also irgendein Rückschluss auf die literarische Qualität des Manuskripts gezogen werden konnte. Über eine Veröffentlichung wurde gar nicht ernsthaft nachgedacht, da es sich um Gedichte und nicht um Romane handelte. Das aber bedeutet: Lyriker müssen auf der Suche nach Verlagen flexibler und hartnäckiger sein. Für sie kann es nicht unbedingt darum gehen, ob sie in dem Verlag ein Buch haben werden, der ihnen literarisch am nächsten steht. Sie müssen sich pragmatischer verhalten und den Verlag finden, der ihre Gedichte auch publizieren will. Wenn dieser Verlag dann literarisch angesehen genug ist und ihre Gedichte dort nicht unter ihrem Wert publiziert werden, dann können sie sich darüber freuen. Und wenn es sich dabei auch um kleinere Verlage handelt, ist dagegen nichts einzuwenden. Kleinere Verlage können für die Publikation von Gedichten durchaus geeignete Plattformen bieten, weil kleine Verlage bei einem speziellen Kreis von wissenden Lesern einen guten und eingeführten Namen haben. Oder weil einem Lyriker das persönliche Verhältnis zu Verleger und Lektor besonders wichtig ist und er im persönlichen Kontakt spüren möchte, auf welche Weise sich ein Verlag für seine Gedichte verwendet.

Der Lektor in Aktion

Dieses offensive Auftreten der Autoren hat seine Auswirkungen. Lektoren und Verleger[1] sehen sich in eine neue Rolle gebracht. Sie werden zu Mitspielern bei der Entstehung von Gedichten, und zu notwendigen Mitspielern, denn schließlich findet die Entstehung von Gedichten in der Veröffentlichung ihr Ziel und ihren (vorläufigen) Abschluss.

Insgesamt verhalten sich Lyriker jetzt fordernder als bisher. Die Autoren sind im Besitz von etwas, vom dem sie wollen, dass die Leser damit Bekanntschaft machen können. Die Lektoren und Verleger sind diejenigen, die es zu ihrem Beruf gemacht haben, dem Literaturbetrieb die Arbeiten von Schriftstellern zur Kenntnis zu bringen – deshalb, so denken die Autoren vollkommen zu Recht, sollten sie ihrer Aufgabe auch nachkommen und sich um ihre Manuskripte kümmern. Und da Verlage das auch tatsächlich als ihre Aufgabe ansehen, gehen sie prinzipiell auch gerne auf die Wünsche der Autoren ein, denn schließlich befinden sie sich auf der Suche nach guten Gedichten. Allerdings können Lektoren dabei nicht komplikationslos den Erwartungen, die an sie gerichtet werden, nachkommen, selbst wenn diese gut nachvollziehbar sind und sie literarisch ausgereifte Manuskripte erhalten.

Lektoren können sich dabei – und das ist das Kernproblem – nicht nur der Literatur gegenüber verpflichtet fühlen, sie haben durch ihre Verlagszugehörigkeit auch

---

1 Verleger und Lektoren werden hier zusammen genannt, weil es eine Reihe von Verlagen gibt, in denen Verleger ebenfalls die Lektoren des Verlags sind, bzw. Lektoren eigene Verlage gegründet haben und in ihren Verlagen auch die Aufgaben eines Verlegers wahrnehmen, bzw. der Lektor, der auch Verleger ist, zugleich Gedichte schreibt und publiziert.

ökonomische und programmatische Interessen des jeweiligen Verlags wahrzunehmen. Das registrieren Lyriker mit ihrem feinen Gespür, und das macht sie aus der Perspektive der Autoren, deren Manuskripte sie im Verlag nicht zur Veröffentlichung vorschlagen, zu unangenehmen und literaturunempfindlichen Verlagsvertretern. Die Autoren jedoch, mit denen sie eine Zusammenarbeit anstreben, haben eine ungleich höhere Meinung von ihnen, gewöhnlich auch von ihrem literarischen Sachverstand. Für sie stehen diese Lektoren sehr wohl der Literatur nahe und das sogar in einem besonderen Maß, denn sie interessieren sich für nichts Geringeres als für Gedichte. Allein das verdient bereits Anerkennung und ist jenseits der Wahrnehmung von Autoren auch nichts Selbstverständliches.

Allerdings müssen Lektoren, wenn die Entscheidung für die Veröffentlichung eines Gedichtbands gefallen ist, sich als literarisch versiertes Gegenüber auch tatsächlich beweisen. Dabei müssen sie sich den Aufgaben gewachsen zeigen, die sich stellen, wenn sie aus dem Manuskript ein Buch machen wollen.

Das heißt: Die Lektoren haben sich dann durchaus in geschäftlichen Belangen und vertraglichen Regelungen als fachkundige Partner zu zeigen, die im Verlag in diesen Dingen Einfluss haben (die Wahl des Auslieferungstermins, die Platzierung des Gedichtbands in der Vorschau etc.). Wenn dann aber die Verträge unterzeichnet sind, müssen sie in eine andere Rolle wechseln und sollten in der Lage sein, die literarische Qualität von Gedichten präzise einschätzen und über ihre Leseeindrücke sprechen zu können, und dies zwar so, dass ihnen der Autor der Gedichte folgen kann. Die Urteile von Lektoren besitzen in den Augen von Autoren besonderes Gewicht, da es

»wissende« Urteile sind. Ihre Stellungnahmen sind nicht nur als Äußerungen von Lesern zu bewerten, die häufig Gedichte lesen und denen Gedichte etwas sagen. In ihre Urteile fließen auch Erfahrungen ein, die aus der Verlagsarbeit an und mit Gedichten stammen. Über Kenntnisse in dieser Kombination verfügen Lektoren mit einer nicht zu unterschätzenden Exklusivität, und auch deshalb suchen Autoren ihre Nähe, und zwar eine Nähe, die ihnen gleichermaßen das Nachdenken über ihre Gedichte ermöglicht und sie dann mit den Gedichten den entscheidenden Schritt in den Literaturbetrieb tun lässt.

Beim gemeinsamen Nachdenken über die Gedichte haben Lektoren dann vorsichtig vorzugehen: Kritik an ihren Versen wollen Autoren nicht unbedingt hören – und werden sie auch kaum zu hören bekommen. Das liegt daran, dass sich die Lektoren für die Publikation dieser Gedichte entschieden haben, also davon auszugehen ist, dass ihnen die Verse gefallen. Damit ist aber nicht gesagt, dass Autoren und Lektoren nur Freundlichkeiten miteinander austauschen. Wenn Lektoren Einwände gegen bestimmte Partien eines Manuskripts haben, dann ist es ihre Aufgabe, diese Einwände auszusprechen. Die Autoren haben sogar ein Anrecht darauf, mit diesen Vorbehalten bekannt gemacht zu werden, und es liegt sogar in ihrem Interesse (und dem der Lektoren ebenfalls), sich über diese negativen Eindrücke auszutauschen, denn schließlich sind Lektor und Autor ja gleichermaßen bestrebt, das Manuskript so gut wie möglich auszuarbeiten – und im Gespräch mit einem Lektor bietet sich in aller Regel die letzte Gelegenheit dazu.

Dennoch bedeutet diese freundliche Grundstimmung nicht, dass diese Gespräche einfach zu führen wären. Es gibt Lyriker, die regelrecht süchtig nach Einwänden und gleichwohl vom Wert ihrer Texte überzeugt sind. Sie wollen auf die letzte noch unentdeckt gebliebene Schwachstelle in ihren Versen aufmerksam gemacht werden und geben keine Ruhe, bevor der Lektor nicht alle Zurückhaltung aufgibt und den Autor ohne Rücksicht in seine Lektüreerlebnisse einweiht. Dichter mit dieser Vorliebe sind aber die Ausnahme. Viele Lyriker fühlen sich eher angegriffen und glauben, sich verteidigen zu müssen. Sie tasten die Stellungnahmen der Lektoren regelrecht danach ab, ob der Lektor angemessen genug ihre Leistungen würdigen kann oder sich als jemand erweist, den sie, wenn es um die Entwicklung eines optimalen Textes geht, besser von ihren Gedichten fernhalten. Befürchtungen spielen dabei eine nicht zu unterschätzende Rolle, der Lektor könnte sich insgeheim als ein Gegner der Gedichte herausstellen oder sich den Versen gegenüber gleichgültig verhalten, etwas, das Autoren alarmiert, auch wenn sie dazu die Realität gelegentlich nach ihren Ängsten zurechtbiegen müssen.

Bücher erfinden

Aus einem E-Mail-Wechsel mit einem Autor:

»Anthologien fand ich nie gut. Seit einiger Zeit denke ich aber darüber nach, ob ich nicht eine Anthologie mit Gedichten von mir zusammenstellen sollte. So schnell wird es von mir keinen neuen Gedichtband geben. Trotzdem brauche ich ein neues Buch. Mir hat einmal ein großer Verleger gesagt, es wäre gut, alle zwei Jahre ein neues Buch zu haben. Daran muss ich mich nun nicht unbedingt halten. Mein letztes Buch liegt aber schon eine Weile zurück und an ein neues ist nicht zu denken, deshalb komme ich jetzt auf die Idee, ob eine Anthologie mir jetzt weiterhelfen könne. Bitte denke darüber nach und lasse mich wissen, was Du darüber denkst.«

Eine Mail in dieser Direktheit ist für einen Lyriker eher ungewöhnlich. Aber es macht zweierlei deutlich: Der Autor hat seine Schreibzurückgezogenheit hinter sich gelassen, und in Büchern sieht er zu Recht eine Chance, im Literaturbetrieb vertreten zu sein und von seinen Lesern nicht vergessen zu werden. Er achtet genau darauf, wann es von ihm welche Veröffentlichung gegeben hat und ob die Abstände zwischen den einzelnen Publikationen zu groß werden könnten und ob er im kollektiven Gedächtnis von Lesern, Buchhändlern, Kritikern und anderen Autoren noch nachhaltig genug verankert ist. Er möchte als Autor präsent bleiben, und selbst wenn er sich mit Schreibschwierigkeiten abzumühen hat, wie der Autor in der zitierten Mail, dann bremst ihn das keineswegs, sich ehrgeizige Pläne zurechtzulegen und konkret über neue Bücher nachzudenken. Und wenn dazu bereits erschienene Texte herhalten müssen, dann spricht gegen deren nochmalige Veröffentlichung auch nichts. Schreiben und Publizieren folgt unterschiedlichen Rhythmen. Das wissen Autoren und handeln danach.

Um das Spezielle der Vorgänge zu verstehen, die mit dem Erarbeiten eines Gedichtbands verbunden sind, muss man hinzufügen, dass mit dieser Aufgabe nur Lyriker zu tun bekommen, in abgeschwächter Form vielleicht noch Autoren sehr kurzer Prosa. Lyriker müssen sich ein Buch erst erfinden, etwas, das einem Romancier völlig fremd ist. Bei einem Roman stellt sich die Frage nicht, auf welche Weise er zusammengestellt werden könnte, damit er seinen Weg in die Öffentlichkeit findet und dort auf angemessene Weise beachtet wird. Der Roman ist bereits seine Inszenierung, die als eine eigene Aufgabe auf Autoren von Gedichten noch zukommt (über die Lyriker aber auch dann nachdenken können, wenn sie keine neuen Gedichte haben oder nicht über neue Gedichte in einer ausreichenden Zahl verfügen).

Nun wäre es grundfalsch, in dieser Arbeit etwas Belastendes sehen zu wollen. Autoren möchten in ihrer Einmaligkeit wahrgenommen werden, deswegen beschäftigen sie sich gerne mit dem Zusammenstellen von Gedichtbänden. Auch wenn sie die einzelnen Gedichte nicht vorrangig aus dem Grund geschrieben haben, damit sie einmal einen Platz in einem Buch finden werden.

Damit es zu einem Gedichtband kommt, bitten Lyriker einen Lektor nicht so lässig um Mithilfe, wie das in der Mail zuvor geschehen ist (und dort auch nur deshalb so unverblümt geschah, weil es sich um eine dem Autor ferner stehende Anthologie handelte). Ein Gedichtband benötigt eine eigene poetische Idee. Eine solche Idee ist keineswegs identisch mit den Einfällen für Gedichte. Bei einer Idee zu einem Gedichtband fließen pragmatische und literarische Überlegungen zusammen. Die literarischen haben dabei das Übergewicht, und am besten stellt man sich die Zusammenstellung eines Gedichtbands als ein eigenes Schreiben mit vorhandenen Gedichten vor. Und dies geschieht mustergültig, wenn es dem Autor gelingt, einen dichten Band zusammenzutragen.

Als Idee kann Verschiedenstes taugen. Beispielsweise findet ein Autor Gefallen daran, Gedichte mit ähnlicher thematischer Ausrichtung zusammentragen: Frühlingsgedichte oder spezielle Sorten von Liebes-, Hass- und Eifersuchtsgedichten, Selbstporträts oder Gedichte, in denen mehr oder weniger deutlich Abschiede oder die Elemente wie Wasser, Luft, Feuer eine Rolle spielen. Das Spektrum an Möglichkeiten, das sich hier öffnet, ist weit, und wie der Autor sich darin bewegt, hängt von seinem Temperament ab. Gedichtbände können nach inhaltlichen Schwerpunkten geordnet sein (oder eine äußerliche Ordnung erhalten) – beispielsweise Gedichte versammeln, die während des Aufenthalts in einer bestimmten Stadt entstanden sind oder die in einem speziellen Zeitabschnitt geschrieben wurden oder die sich mit einer historischen oder biographischen Phase beschäftigen (Gedichte zur Antike oder dem Dreißigjährigen Krieg usw.). Oder formale Überlegungen erscheinen einem Autor reizvoll, Oden zu sammeln oder nur Sonette in einen Band aufzunehmen oder die Gedichte nach anderen formalen Besonderheiten zu sortieren: Lautgedichte etwa zu Lautgedichten zu stellen, Gedichte mit starken graphischen Anteilen aneinanderzureihen, Gedichte zum Thema Krieg mit anderen zu diesem Thema zu kombinieren usw.

Die Kunst der Zusammenstellung besteht zunächst darin, dass jedes Gedicht in seiner Individualität wahrgenommen werden sollte. Der Autor muss ihm in der Abfolge des Gedichtbands einen solchen Stand verschaffen, dass seine Einmaligkeit zur Entfaltung kommt. Als Zweites soll der Leser von Gedicht zu Gedicht auf eine naheliegende und erkennbare Weise mit der Grundidee des Gedichtbands bekannt gemacht werden. Dabei kann es um die Auseinandersetzung mit einzelnen Aspekten des Themas gehen, um die Hinführung zu formal singulären Sprachgebilden usw. Jedes Gedicht muss dabei einen plausiblen Platz im Gesamtgefüge des Manuskripts erhalten. Es hat, indem es für sich steht, den Gedichtband an dieser Stelle zu tragen.

Der feine Ausdrucksfaden, der ein Gedicht mit dem anderen verbindet, sollte dabei zurückhaltend genug gewirkt bleiben und seine Ausdrucksintensität im Hintergrund entfalten, damit das Buch sich nicht als ein Beweis für das Bestechende der Buchidee liest und die Gedichte dazu abgestellt sind, diese Idee und deren Realisierung zu feiern. Die besondere Anforderung, der die Idee für einen Gedichtband genügen muss, ist demzufolge eine doppelte: Sie hat das Grundkonzept für ein Buch zu liefern, muss im Buch aber gleichzeitig blass bleiben und, verglichen mit den Einfällen, die zu Gedichten führen, von suboptimaler Potenz sein. Erst dann wird sie dieser zweifachen Aufgabe gerecht und schafft es, die Gedichte in ihrer Abfolge fest zu verankern und jedes Gedicht gleichzeitig als diesen einen, alle Aufmerksamkeit zu Recht beanspruchenden Text zugänglich zu machen.

Besonders wichtig ist es auch, sich zu überlegen, welche Nachbarschaften einem Gedicht guttun und welche ihm abträglich sind. Die Nähen lassen sich durch auffällige Inhalte oder formale Anklänge oder große Unterschiede in ihrer Anlage genauer fassen. Sie können sich auch aus Äußerlichkeiten wie Zeilenlängen, Anzahl der Verse, überhaupt den Umfängen und optischen Ausdehnungen der Gedichte ergeben. Wenn die Gedichte darin zu stark voneinander abweichen, kann das als Bruch empfunden und als störend angesehen werden.

Über weitere Gliederungselemente ist nachzudenken: ob einzelne Kapitel zu bilden sind und ob diese Kapitel eigene Titel erhalten sollen oder ob Zahlen als Signale ausreichen, damit der Leser erfassen kann, dass das Buch in verschiedene Sinnabschnitte unterteilt wurde. Dann ist der Stand jedes Gedichts auf der Seite zu beachten und zu überlegen, auf welche Weise mit den Accessoires von Gedichten wie Widmungen, Entstehungsdaten etc. am besten umgegangen werden kann. Das zu bedenken ist wichtig, da das Arrangement des Gedichts auf der Seite eine eigene Bedeutung hat und von Abweichungen semantische Signale ausgehen, die ihre eigene Bedeutung haben. Schließlich ist auf die zu verwendende Schrift zu achten, die Schriftgröße, die Stellung der Seitenzahl und insgesamt auf das Format des Buchs und welche Auswirkungen diese Komponenten auf das Erscheinungsbild der Gedichte und die zu erzielende Wirkung haben. Der Band benötigt auch in diesen Bestandteilen eine graphische Grundausrichtung, damit der Leser, ohne selber zum Experten für die Detailfragen des jeweiligen Buches werden zu müssen, zuverlässig entscheiden kann, wann der Autor ihn auf einen Aussagebestandteil eines Gedichts hinweisen möchte und wann dieser Hinweis unterbleibt, weil sich das Gedicht in seinen optischen Mitteilungen nicht von den anderen Gedichten im Band unterscheidet oder die Abweichungen so gering sind, dass sie keinen Aussagewert besitzen.

Es geht also um die Diktionsregeln von Gedichtbänden. Diese Regeln ergeben sich nur zu einem Teil aus dem Manuskript, sie müssen durch den formalen Aufbau des Buches und damit dem Stand jedes Gedichts auf der Buchseite, der Laufbreite von Schriften, dem Abstand zwischen den Versen (neu) festgelegt werden, da sie mit dem Manuskript in aller Regel nicht identisch sind. Die Lektoren haben dafür zu sorgen, dass die Gedichte in ihrer graphischen Inszenierung angemessen auf die Buchseiten transponiert werden – und das bedeutet in einem gewissen (sicher eingeschränkten) Sinn, dass sie die Gedichte neu schreiben: in dem Verhältnis der verschiedenen Teile eines Gedichts und der Gedichte insgesamt zueinander. Der Lektor erfindet als Interpret des Gedichts das Gedicht auf den Buchseiten in Maßen neu – meist zusammen mit dem Autor.

Zusammenarbeit

Im Normalfall beginnt die Zusammenarbeit zwischen Autor und Lektor nicht erst, wenn über die Details nachgedacht wird, wie die Gedichte auf den Buchseiten inszeniert werden. Das sind eher Arbeiten, die Autor und Lektor erst am Ende ihrer Zusammenarbeit beschäftigen. Die gemeinsame Arbeit setzt meistens ein, wenn sie über das Erscheinen eines neuen Gedichtbands zu reden beginnen. Konkret wird die Arbeit, wenn der Lektor das Manuskript erhält, das der Autor als definitiv ansieht und als maßgebliche Grundlage für sein Buch betrachtet.

Als Erstes wird der Lektor bestrebt sein, die Gedichte kennenzulernen. Er möchte sich mit ihnen vertraut machen und sich den Wirkungen aussetzen, die von ihnen ausgehen. Er weiß, dass er bei der ersten Durchsicht des Manuskripts nur zu einem vorläufigen Eindruck gelangt und dass er sich die Zeit zu mehrmaliger Lektüre nehmen sollte. Einzelne Gedichte wird er sehr häufig lesen, damit eine Annäherung an die Verse wirklich stattfinden kann.

Diese Lektüren werden von Mal zu Mal misstrauischer. Der Lektor fragt sich, ob jedes der Gedichte tatsächlich schon seinen passenden Ausdruck gefunden hat. Wort für Wort muss das Gedicht ihm das unter Beweis stellen, und wenn er feststellt, dass dies dem Gedicht gelingt, dann macht ihn das froh: Er hat einen Text gefunden, für den er sich einsetzen kann. Lässt ihn die skeptische Lektüre aber unzufrieden zurück, dann muss er überlegen, welche Gründe für diese Enttäuschung den Ausschlag geben und wie diese Gründe im Einzelnen zu bewerten sind.

Dabei hat der Lektor keinen großen Entscheidungsspielraum. Er kann sich nur für oder gegen ein Gedicht aussprechen, und das hängt damit zusammen, dass sich Gedichte im Prinzip nicht redigieren lassen. Wenn sich herausstellt, dass die Arbeit an einem Gedicht noch nicht zu Ende geführt ist, dann ist es das Beste, diesen unfertigen Text wieder an den Autor zurückzugeben und ihm zu sagen, welche Passagen noch als problematisch angesehen werden. In jedem Fall muss an dem Text so viel verändert werden, dass sich der Lyriker mit seinem besonderen Gefühl für die Sprachgebung erneut um dieses Gedicht zu kümmern hat. Ein Lektor wäre überfordert, wenn er sich in den Text so weit hineindenken wollte, dass er die Arbeiten des Autors übernehmen könnte.

Dass die Lektoren gewissenhaft ihren Lektüren nachgehen, ist wichtig, da es keine Garantie für das Gelingen von Gedichten gibt (auch bei renommierten Lyrikern nicht) und Lektoren den Autoren gegenüber verpflichtet sind – wie wir bereits gesehen haben –, ihnen zu sagen, welche Texte sie als geglückt ansehen und welche ihnen entgleist vorkommen. Neben anderem kann das Misslingen mit der Komplexität von Gedichten zu tun haben. Dieses Problem taucht bereits an einer der Quellen von Gedichten auf, im Leben der Autoren. Reiner Kunze: »Eine unzahl von eindrücken bombardiert uns. Angesichts der gewaltigen vermehrung des welthaushalts wird der verarbeitungskraft des dichters außerordentliches zugemutet.«[1] In der Darstellung der komplexen Anlage von Situationen und deren Wahrnehmung kann sich der Autor zu viel zugemutet haben. Dabei geht es um das schon häufiger angesprochene Grundproblem beim Schreiben von Gedichten: angemessene Ausdrucksformen zu finden, und diese nachzuvollziehen stellt auch den Lektor vor eine Herausforderung. Die Texte führen ihn häufig in die dunklen Zonen der Poesie, dort wo sie sich der Alltagslogik entziehen und die Lektoren es mit verstellten Bildern und mit Wendungen zu tun bekommen, die sich der Verstehbarkeit verschließen. Was nun verstiegen ist oder banal oder auf eine schlechte Weise dunkel und was literarisch vertretbar und gedeckt, darüber müssen sie im Einzelnen nachdenken und zu Entscheidungen finden – auch über den Graben geheimnisvoller Wendungen hinweg.

In der Praxis stellen sich diese Arbeitsprobleme seltener und wenn dann bei Manuskripten ein, die Lektoren ins Grübeln bringen, ob sie besser darauf verzichten sollten, diese dem Verlag zur Publikation nahezulegen. In der Mehrzahl der Fälle sind die Manuskripte von Lyrikern mit hoher Präzision geschrieben, und deshalb müssen Lektoren auf den ersten Blick nicht mit Notfallplänen operieren und darüber nachdenken, wie diese Texte verbessert werden könnten. Auf den zweiten Blick kann es aber doch vorkommen, dass sich vielleicht eine Vokabel zum Austausch anbietet oder ein leicht veränderter Zeilenfall (das gehört schon zu den größeren redaktionellen Eingriffen) die Abfolge einzelner Verse besser organisieren würde oder die Zeichensetzung minimale Verände-

---

1 Reiner Kunze, *eines jeden einzigen leben*, a.a.O., S. 107.

rungen vertrüge, damit die Rhythmik des Gedichts auf naheliegendere Weise akzentuiert wird oder von der Veröffentlichung des einen oder anderen Gedichts ganz abgesehen werden kann.

Alles in allem bedeutet das: Auf diesem Weg ist aus einem weniger guten Gedicht kein gutes und aus einem guten kein sehr gutes zu machen. Durch diese milden Formen der Redaktion lässt sich nur das, was in dem Gedicht ohnehin vorhanden ist, bis zur letzten Konsequenz herausarbeiten. Darüber hinaus gelangen Lektoren aber nur selten, und der wesentlichere Teil ihrer Arbeit besteht auch in dieser Phase darin, den Autoren zu zeigen, dass sie gute Gedichte geschrieben haben. Darauf hinzuweisen, ist alles andere als eine überflüssige Aufgabe.

Gelegentlich gibt es Ausnahmen und in einigen Fällen wachsen Lektoren in wesentlich umfangreicherem Maß in die Rolle von Mitautoren hinein. Dann tauschen sie nicht nur einzelne Wörter aus, sondern verändern den Duktus des Gedichts, streichen Verse und bitten den Autor, andere Teile des Gedichts umzuschreiben. Wenn Lektoren auf diese Weise zu redigieren beginnen, handelt es sich in aller Regel um Prosagedichte, und bei solchen Gedichten kann die Arbeit des Lektors durchaus darin liegen, dafür zu sorgen, dass die geschilderten Situationen nachvollziehbar und die Dramaturgie des Gedichts in der Abfolge von Schilderungen und Bildern schlüssiger gestaltet wird. Der Lektor versucht in diesen Gedichten dann Prinzipien des Erzählens durchzusetzen – bis hin zur Wortwahl, und die Frage ist erlaubt, ob es sich bei Texten dieser Art noch um Gedichte handelt oder eher um verdichtete, stärker rhythmisierte, bildkräftig formulierte Mitteilungen, die sich äußerer Prinzipien des Gedichts wie kurzer Zeilen etc. bedienen. Es geht um die nicht geringe Anzahl von Texten, die das Lyrische simulieren und im Grunde keine Gedichte sind. Insofern werden *diese* Texte durch die Arbeit der Lektoren zwar besser – aus den Texten werden tatsächlich prägnantere Alltagsprotokolle oder sentenzhaft verdichtete Gedankensplitter oder Aphorismen –, nur Gedichte im emphatischen Sinn werden durch diese Eingriffe und Veränderungen nicht daraus, und insofern bestätigt auch diese Arbeit die grundsätzliche Einschätzung, dass Gedichte sich gegen redaktionelle Überarbeitung sperren.

Das aber heißt, dass Lektoren manchmal auch strikt reagieren müssen. Wenn sprachtechnische Fehler, inkonsequente Orthographie und unsichere Grammatik in einem Gedicht auftauchen und kein zentrales Merkmal der Komposition sind, diese Verstöße also keinen ästhetisch starken Grund haben, dann sollte der Lektor diese Texte besser aus der Hand legen und sich mit ihnen nicht weiter befassen.

Sobald der Lektor mit den einzelnen Gedichten vertraut ist, kann die Beschäftigung mit dem Gedichtband als solchem beginnen. Auch diese Arbeiten lassen sich nicht genau voneinander trennen, die Lektoren werden schon in der Zeit, in der sie das Manuskript erstmals durchgegangen sind, Beobachtungen gemacht haben, in welcher Weise die Gedichte aneinandergereiht sind und wie schlüssig die Organisation des Gedichtbands (Kapiteleinteilungen, Ouvertüre und Ende des Bands, welche Art von Gedichten bilden welche Schwerpunkte etc.) insgesamt wirkt. Mit diesen Fragen beschäftigen sich Lektoren schließlich bei einer weiteren Lektüre des Manuskripts – ohne dann noch auf den Bau der einzelnen Gedichte zu achten. Es wird vielmehr überlegt, welche Aussage in der Abfolge der Gedichte liegt, es werden die Übergänge von einem Gedicht zum nächsten durchdacht und es wird die Wirkung der unterschiedlichen Gedichte miteinander verglichen – dies alles mit dem Ziel, sich eine Vorstellung davon zu machen, ob sie sich gegenseitig behindern oder fördern oder ob ihre Reihung verändert werden muss, damit einzelne Gedichte in der Gesamtanlage des Gedichtbands nicht an den Rand gedrängt werden.

Gelegentlich ermutigen Lektoren Autoren sogar dazu, an die Zusammenstellung eines neuen Gedichtbands zu denken. Auf die Idee kommen Lektoren, wenn es um einen Lyriker zu still wird, sie aber nicht wollen, dass er (noch weiter) an den Rand der öffentlichen Wahrnehmung gerät. Lektoren beginnen mit einem solchen Vorschlag selbst zu handeln. Ebenso gefordert sind sie in ihrer Mitarbeit am Gedichtband. Dann kann es um die Umstellung und den Austausch von Gedichten gehen. Es kann auch geschehen, dass Lektoren in die Rolle der Autoren hinüberwechseln, wenn sie die Zusammenstellung von Gedichtbänden in eigener Regie übernehmen. Sie beschäftigen sich dann mit Dingen, die zu den genuinen Aufgaben des Autors gehören und die sich in keiner Weise mit der Herausgabe eines Romans vergleichen lassen.

Die Arbeit an Werkausgaben oder einem Band mit ausgewählten Gedichten liegt auf einem ganz anderen Feld. Bei solchen Ausgaben werden die Gedichte in einen neuen Zusammenhang gestellt, der von den Autoren ursprünglich nicht vorgesehen war und der in jedem Fall von außen an die Gedichte herangetragen wird – selbst dann, wenn der Autor selber diese Aufgabe übernimmt. Es handelt sich um eine Zweitverwertung (oder wie bei einer

Werkausgabe um den Versuch, dieses Werk als Ganzes zu präsentieren). Wenn Lektoren als Herausgeber auftreten, ist ihre Arbeit als Antwort auf die vorangegangene Arbeit der Autoren zu verstehen. Der Lektor sieht Gründe, sich über die Veröffentlichung der Gedichte in den jeweiligen Einzelpublikationen hinaus für das Werk eines Lyrikers einzusetzen. Dabei handelt es sich um Sonderformen von Buchausgaben, die für ein enges Verhältnis zwischen Lektor und Autor sprechen, die aber an der Verteilung der Aufgaben zwischen ihnen im Entstehungsprozess der Gedichte nichts Generelles ändern.

Noch andere Sonderformen der Zusammenarbeit sind denkbar, wenn der Autor beispielsweise jeweils zehn Gedichte von seiner neuesten Produktion dem Lektor zusendet und ihm auf diese Weise Einblick in das langsame Wachsen eines Gedichtbands gibt. Oder wenn ein Autor mit dem Lektor über die Idee für einen neuen Gedichtband diskutiert, lange bevor sich das Zusammenstellen eines Gedichtbands abzeichnet oder die erste Zeile eines Gedichts geschrieben ist. Oder ein Autor einen Titel für einen Gedichtband gefunden hat, den er als letzten in seinem Leben publizieren möchte, oder überlegt, ob er seine frühen Gedichte umschreiben soll und dazu den Rat des Lektors einholt. Welche geraden oder verschlungenen Wege im Einzelnen gegangen werden, den Abschluss dieser Arbeiten bildet die Abgabe des Manuskripts bei den Herstellern des Verlags, die aus dem Manuskript das Buch machen. Es folgen daraufhin noch wichtige Arbeiten wie die Korrektur des ersten Abzugs der gesetzten Gedichte (Fahnen). Die Arbeit daran ist sehr ernst zu nehmen, denn sie konfrontiert den Autor wie den Lektor mit dem Erscheinungsbild der Gedichte in der Version, in der sie im Buch enthalten sein werden und die als die definitive Version der Gedichte anzusehen ist. Dennoch liegt im Weiterleiten des Manuskripts an den Hersteller eine eigene Magie – als sei mit dieser Aktion der nicht mehr umzustoßende Beweis erbracht, dass aus dem Manuskript tatsächlich ein Buch werden wird und alle vorher getroffenen Verabredungen jetzt verbindlich in die Tat umgesetzt werden. Spätestens dann, wenn der Lektor das Manuskript zur weiteren Verarbeitung im Verlag aus der Hand gegeben hat, freuen sich auch die Lyriker über das, was sie geleistet haben. Sie tun das mit vollem Recht, denn sie haben nicht nur eine Arbeit zu einem guten Ende geführt, die sie viel Zeit, Energie und vor allem Mut gekostet hat. Mit der konkreten Aussicht auf das Buch sind sie am Ziel ihrer Bemühungen angekommen und können sich als Autoren in dem Kreis von Lyrikern angekommen fühlen, deren Gedichtbände sie früher in Händen hielten und die ihnen die erste Idee davon eingaben, was sie später selber einmal in die Tat umsetzen wollten.

Lebensführung
Natürlich kommt auf die Autoren in der Folge noch eine Reihe praktischer Aufgaben zu. Aber bevor sie sich damit beschäftigen, mischt sich in das Glück über den (neuen) Gedichtband auch eine Genugtuung darüber, wie sie ihr Leben geführt haben. Das klingt pauschal, aber sie können stolz darauf sein, dass sie sich von der Angst, ob sich jeweils ein weiteres Gedicht einstellen wird, und den Schwierigkeiten, ein Leben mit dem Schreiben von Gedichten zu meistern, nicht so stark haben irritieren lassen, dass ihnen die Fortsetzung des Schreibens unmöglich geworden wäre.

Die erste Angst lässt sich gut nachvollziehen, denn Lyriker sind in viel höherem Maße abhängig von Einfällen, als andere Autoren das sind. Etwas überspitzt formuliert, lässt sich sagen, ein Romancier kann mit beispielsweise zwanzig poetischen Visionen ein ganzes Autorenleben bestreiten und muss schon einen beachtlichen Fleiß an den Tag legen, um jeder dieser Visionen in ihrer epischen Dimension gerecht zu werden und zu einem Roman auszuarbeiten. Wenn dagegen ein Lyriker zwanzig Einfälle hat und aus diesen Einfällen zwanzig Gedichte macht, dann hat er ein Werk geschrieben, das sich unterhalb der Schwelle befindet, die Autoren überwinden müssen, damit sie wahrgenommen werden. Zwanzig Gedichte reichen nicht einmal aus, um, ohne in Verlegenheiten zu geraten, einen Gedichtband füllen zu können, ganz unabhängig davon, welche Überlegungen sonst noch beim Zustandekommen eines Gedichtbands eine Rolle spielen. Über die Anfänge seines Schreibens kommt ein Autor mit diesem geringen Quantum an Gedichten jedenfalls nicht hinaus (ganz seltene Einzelfälle einmal ausgenommen).

Diese Abhängigkeit von Einfällen registrieren Lyriker auch deshalb besonders lebhaft, weil sie sehr häufig von einem geschriebenen Gedicht Abschied nehmen müssen, und im Anschluss daran nicht klar ist, wie sie ihre Arbeit fortsetzen können. In diesem Moment, der nicht einmal besonders lang anhalten muss (es aber kann), erleben sie ein Stück Schreibunfähigkeit mit den dazu gehörenden schmerzhaften Begleiteindrücken: von Ideen verlassen zu sein und über keine poetische Stimme mehr zu verfügen. Wenn Autoren in ein solches Tief hinabgleiten, kommt ihnen das Zutrauen in ihre Fähigkeiten abhanden. Die

Erinnerung an große Schreibmomente hilft ihnen dann auch nicht, im Gegenteil, im Kontrast zu guten Phasen können sie die dunklen noch nachhaltiger erleben und sich in diesen trüben Zeiten gar nicht mehr vorstellen, wie ihnen jemals wieder neue Kräfte zuwachsen sollten und wie sie die Arbeit an neuen Gedichten aufnehmen könnten. Das Zutrauen in ihre Autorschaft ist dann tatsächlich erschüttert, und dazu gehört auch, dass ihnen niemand zusichern kann, dass sie auf absehbare Zeit wieder zum Schreiben eines Gedichts zurückfinden werden. Die Einfälle können ja, so wie sie sich bisher eingestellt haben, auch ausbleiben und die Hoffnung auf Fortsetzung stellt sich dann als eine Illusion heraus, von der sie sich besser lösen.

Lyriker nehmen also das Moment der Unkalkulierbarkeit ihrer Produktion besonders stark wahr. Mit Unkalkulierbarkeit ist gemeint, dass sie den Zeitpunkt, die Häufigkeit und die Qualität von Einfällen selbst nicht steuern und nicht einmal in Ansätzen beeinflussen können. Sie fühlen sich Kräften ausgesetzt, die ihnen nicht zu Gebote stehen, und die Abhängigkeit von etwas Unberechenbarem spüren sie in diesen kritischen Phasen besonders heftig.

Zitieren wir nochmals aus der Korrespondenz mit einem Autor: »Vor genau 12 Monaten hätte die Zeit beginnen sollen, in der es mir gut ging. Ich hatte Dir geschrieben, ich hätte ein Arbeitsstipendium für ein Jahr erhalten und mir sei es auch gelungen, den Hessischen Rundfunk davon zu überzeugen, mir ein Jahr unbezahlten Urlaub einzuräumen. Vor 12 Monaten hat alles Mögliche begonnen, nur gut gegangen ist es mir nicht und nach Ablauf dieser 12 Monate ist meine Arbeitsbilanz kläglich. Beschäftigt habe ich mich mit der Übersetzung eines Buchs, das ich nie übersetzen wollte. Geschrieben habe ich praktisch kaum. Ein Manuskript kann ich Dir jedenfalls nicht zusenden, und jetzt habe ich wieder im Rundfunk meinen Redaktionsposten auszufüllen. Ob ich noch einmal Gedichte schreiben werde, weiß ich nicht, und am besten ist, Du fängst gleich damit an, mich als einen Kulturjournalisten in Erinnerung zu behalten, dessen Herz für Gedichte schlug.«

Dieser Autor hat dann weitergeschrieben, aber um zu verstehen, was ihn beunruhigte, als er diese Mail schrieb, muss etwas weiter ausgeholt werden. Er hat offenbar zum Gedichteschreiben seine Arbeit im Rundfunk gebraucht, und nachdem er nicht länger als Redakteur gefordert war, entstanden auch keine neuen Gedichte mehr, ein Manko, das er mit dem Übersetzungsauftrag nicht ausgleichen konnte. Dass er sich in seiner freien Zeit eine Übersetzung auf seinen Schreibtisch nach Hause organisierte, wird vermutlich ohnehin nur einen Grund gehabt haben: Er wollte sich nicht zu viel unverplante Zeit für neue Gedichte lassen, aus der Befürchtung heraus, dass unter einer zu großen Entspannung seiner Arbeitssituation das Schreiben leiden würde.

Warum sich in diesem wie in vielen ähnlich gelagerten Fällen etwas Gutes (wie unverplante Zeit) in sein Gegenteil verkehrt, hat mit der Art zu tun, wie sich Lyriker ihr Leben einrichten. Alles hat bei ihnen mit Schreiben zu tun, und das fängt beim Aufstehen am Morgen an; wann was gegessen wird, welche Schreibgeräte zum Einsatz kommen, wann Pausen gemacht werden, wie diese Pausen dann zu füllen sind (Besuch von Friedhöfen oder Fitness-Studios etc.) und was am Abend geschieht und mit wem und wie lang – jede einzelne Aktivität wird daraufhin befragt (bewusst oder unbewusst), ob sie dem Schreiben zuträglich ist oder es erschwert oder gar verhindert. Vor allem überlegen Lyriker genau, wie sie sich das Schreiben organisieren, und dabei wiederum, mit welchen anderen Arbeiten sie das Gedichteschreiben kombinieren. Schon weil sie Geld verdienen müssen, haben sie sich diesen Überlegungen zu stellen.

Die allermeisten Autoren schreiben nämlich nicht nur Gedichte, und alle Autoren, die nicht reine Lyriker sind, tun sich im Umgang mit den Schwierigkeiten des Gedichteschreibens leichter. Sie können unkomplizierter ihr Schriftstellerleben organisieren und das Risiko des Schreibens und das unabsehbare Warten auf neue Gedichte in eine Folge anderer Arbeiten einbetten. Das ändert zwar nichts daran, dass sie immer wieder dunkle Stunden erleben, in denen sie an die Fortsetzbarkeit ihrer Arbeit nur schwer glauben können, wenn sie aber noch anderes schreiben, dann nimmt das den Druck vom Schreiben der Gedichte und hilft den Autoren, mit der Unabsehbarkeit neuer Produktionen etwas leichter umgehen zu können. Die Autoren glauben dann nicht so schnell, sie stünden vor dem Nichts und müssten von sich als von einem einst aktiven Dichter sprechen. Sie haben als Schriftsteller eine Alternative.

Verschiedene Autorentypen gibt es:

- den Epiker, der gelegentlich auch Gedichte schreibt
- Autoren, die als Lyriker begannen, mit ihren epischen Arbeiten aber bekannter wurden. Für sie ist das Schreiben von Gedichten weiterhin wichtig (Günter Grass, Peter Härtling, Wolfgang Hilbig u. a.)

- Lyriker, die vorrangig Theaterstücke schreiben (Bertolt Brecht, Heiner Müller, Peter Turrini, Albert Ostermaier u. a.)
- Lyriker, die auch Kritiken und Feuilletons jeder Art schreiben und die als Publizisten Anerkennung und ihr Auskommen gefunden haben (Kurt Tucholsky, Hans Sahl, Karl Krolow u. a.)
- Lyriker, die sich als Essayisten einen Namen gemacht haben (Gottfried Benn, Hans Magnus Enzensberger, Durs Grünbein, Norbert Hummelt u. a.)
- Lyriker, die sich auch als Übersetzer bewährt haben (Paul Celan, Erich Fried u. a.)
- Lyriker, die in Institutionen arbeiten (Walter Höllerer, wiederum Ernst Jandl u. a.)

Nun sind Autoren nicht nur auf das Schreiben von Essays oder Feuilletons oder das Übersetzen anderer Literatur festgelegt, es gibt Autoren, die dieser Tätigkeit nachgehen und das mit Erfolg tun, allerdings steht es keineswegs in ihrem Belieben, welche anderen Gattungen und zusätzlichen Beschäftigungen ihnen noch liegen. Sie können nicht entscheiden, ob sie lieber Romane, Theaterstücke oder im weitesten Sinn argumentierende Texte in Ergänzung oder in Fortsetzung ihrer Arbeit an Gedichten schreiben möchten. Zu welchem Schreibtyp sie gehören, stellt sich bei der Arbeit meist heraus, allerdings vermindert jede hinzukommende Schreibleidenschaft das Gefühl, auf die unzuverlässig sich einstellenden Gedichteingebungen gnadenlos und ausschließlich angewiesen zu sein. Die Autoren spüren ihre Abhängigkeit nicht in dem Ausmaß, wie sie das täten, wenn sie nur Gedichte schreiben würden. Sie können beispielsweise auch eine Karriere als Kritiker machen, ohne dass ihnen dies unbedingt mit Gedichten gelingen muss. Das schmälert ihren Wunsch nicht, gute Gedichte zu schreiben, es lässt sie aber die unangenehmen Erfahrungen, die mit dem Nichtschreiben und der Angst, vielleicht nie wieder in das Gedichteschreiben hineinzufinden, in Verbindung stehen, weniger drastisch erleben. Und das ist von Vorteil – was immer sie gerade schreiben wollen.

Es gibt auch Autoren, die sich auf diese Schreibabenteuer nicht einlassen wollen – wie Ernst Jandl, der seinen Lebensunterhalt über fünfundzwanzig Jahre und dies mit Bedacht als Lehrer an einem Gymnasium verdiente. Sie wollen das Risiko des Schreibens nicht nur niedriger halten, sie sind auch auf der Suche nach etwas anderem: Erfahrungen, die nichts mit Schreiben zu tun haben, sondern ihnen die Welt näher bringen, die jenseits ihres Schreibtischs, ihrer Wohnung und dem kreisenden Nachdenken über Gedichte besteht. Diesen Weg gehen nicht viele Lyriker, ihn zu gehen kann ihnen aber durch einen Zwang diktiert werden, weil sie mit dem Schreiben nicht ausreichend Geld verdienen und sie sich einen Beruf suchen und ausüben müssen. Denn sich beispielsweise durch vermögende Ärzte oder andere Gedichtenthusiasten finanzieren zu lassen, ist auch nicht die Sache vieler Lyriker, und Stipendien und Preise stehen nicht unbegrenzt zur Verfügung, besonders wenn ein Autor älter wird und nicht mehr den Charme des Debütanten verbreiten kann, dem gerne geholfen wird, da Debütanten zu unterstützen von denjenigen, die das tun, fast schon als eine literarische Tat, zumindest als poetisch verdienstvoll angesehen wird …

Das Ende

Wenn dann der Gedichtband endlich erschienen ist, stellen sich neue Sorgen ein: Wie wird er aufgenommen? Werden die Rezensionen günstig ausfallen? Werden sich Veranstalter für Lesungen finden? Und was unternimmt der Verlag, damit die Resonanz auf das Buch groß und der Verkauf ermutigend ist, die Buchhändler froh sind und vor allem die Leser den Eindruck gewinnen, in der Menge der erscheinenden Bücher habe sie das Buch erreicht, nach dem sie so lange suchten und dessen Lektüre sie zufrieden stellt? Diese und ähnliche Fragen beschäftigen den Autor wie den Lektor. Der Autor tritt aktiver und offensiver denn je auf, und der Lektor versucht sich in der Rolle des Moderators: Für den Kontakt mit den Medien ist die Presseabteilung zuständig, für die Kontakte zum Buchhandel sorgt der Vertrieb – Verbindungen sind herzustellen. Der Lektor hat es mittlerweile mit anderen Buchprojekten zu tun, dennoch liegt ihm das bereits erschienene Buch am Herzen – und der Autor, der so viele Hoffnungen mit seinem Buch verknüpft hat und für den die Welt nach dessen Erscheinen eine andere geworden ist oder hätte werden sollen, ist in seinen fundamentalen Ansprüchen gut zu verstehen.

Wenn von einem Autor mehr als ein Gedichtband in einem Verlag erschienen ist, dann fallen noch weitere Aufgaben an. Sind die Bücher alle lieferbar und, wenn ja, in ausreichenden Stückzahlen? Wie steht es mit Kontakten zu ausländischen Verlagen und hätte nicht schon längst eine Übersetzung der Gedichte erscheinen müssen? Und wie steht es mit Anthologien und Schulbuchabdrucken? Welche davon sind nützlich, welche schädlich, welche lassen sich einfach nicht vermeiden? Und Hör-CDs und

E-Books und illustrierte Ausgaben und Vertonungen der Gedichte? Die Kooperation zwischen Autor, Lektor und Verlag behält durch vielfältige Geschäfte weiter ihren Schwung. Der Autor zieht sich aber dennoch zurück und muss sich schließlich der Frage stellen, wie es weitergehen könnte. Das Erscheinen des eigenen Buchs ist zwar eine wichtige Angelegenheit gewesen, aber sein Leben ist ja nicht damit ausgefüllt, dass er jetzt als Verwalter seiner Texte die Tage verbringt. Und außerdem verschafft sich die zentrale Frage wiederum Gehör: Wie lässt sich die Arbeit fortsetzen? Spätestens an dieser Stelle bekommt es der Autor mit der Urangst zu tun, die Lyriker mehr als andere Schriftsteller spüren und die mit der Ungewissheit zu tun hat, wie er sein Schreiben weiterführen kann. Sicher erlebt er diese Angst nicht in ihrer vollen und verstörenden Unerbittlichkeit, denn noch hallen die schönen Gefühle, die mit dem Erscheinen seines Buchs in ihm verbunden sind, nach. Und wenn er Glück hat, kann er sich wieder mit neuen Notizen beschäftigen und befindet sich auf der Suche nach dem, was ihn als Lyriker am Leben erhält, nach kleinen Anfängen. Wenn er damit beschäftigt ist, hat er einen wichtigen Schritt getan. Die Urangst bekommt etwas Greifbares und äußert sich als das unabweisbare Gefühl, dass immer das nächste Gedicht das am schwersten zu schreibende ist. Mit diesem Eindruck lässt sich leichter umgehen, und wenn sich der Autor erst auf dem Weg zu diesem Gedicht befindet, dann bekommt er es auch bald wieder mit angenehmeren Empfindungen zu tun: Dieses Gedicht ist gar nicht so schwierig zu schreiben, wie er befürchtet hatte. Und plötzlich ist die Sorge um die Fortsetzbarkeit vertrieben und die Arbeit am nächsten Gedicht setzt endlich ein …

INHALT